成熟プラットフォームの
持続的成長戦略

競争環境下の
衰退現象と再成長への着目

木川大輔 ［編著］

東京 **白桃書房** 神田

まえがき

　本書の目的は，一度は成功したプラットフォームビジネスがその競争力を持続させることができないのはなぜか，という問いを出発点に，成熟段階にあるプラットフォームビジネスのマネジメント上の課題に取り組むものである。本書は，「winner-takes-all：WTA（勝者総取り）」に近い地位に到達したプラットフォーム企業が，その地位を失うメカニズムを分析することに本格的に挑戦した恐らく初めての研究書である。

　ところで，本書を手に取ってくださった読者の方々は，「ニコニコ動画」，「クックパッド」，「ミクシィ」といったサービスを利用したことがあるだろうか。少なくとも，サービス名を耳にしたことくらいはあるのではないだろうか。これらのサービスの全盛期と言える時期はそれぞれ多少異なっているが，いずれも 2000 年代後半から 2010 年代にかけて，日本国内で多くの人達が利用していたサービスであり，「勝者総取り」と言っても過言ではない地位に上り詰めたプラットフォームである。しかしながら，本書執筆時点である 2024 年現在，いずれのプラットフォームも，サービスは継続して提供されているものの，「勝者総取り」とは程遠い状態にある。

　経営学の世界においても，実務の世界においても「プラットフォームビジネス」が注目される一方で，誤解を恐れずに言えば，我々経営学者たちは過去 10 年間，上述したサービスのような「一度は勝者総取りに近い地位に到達したプラットフォームビジネスの衰退」という現象に対して，それほど注意を払ってこなかったように思われる。無論，これは，経営学者たちがこうした現象を見落としてしまってきたということでもなければ，それに向き合う価値がなかったということでもない。その背景には次のような事情が存在していると考えられる。

　本書が示すところのプラットフォームビジネスの躍進が顕著になったのは，2010 年代に入ってからのことである。事実，2015 年の世界時価総額ランキングには，1 位の Apple ををを筆頭に，Alphabet（Google.com を運営），Microsoft，Amazon.com，Facebook（現在の Meta Platforms）の 5 社がランクインしていた一方で，2005 年時点でトップ 10 にランクインしているのは，Microsoft の 1 社のみであった[1]。言うまでもなく，この 5

社は，何らかの形でプラットフォームビジネスを営む企業たちである。また，2010年以降に米国で新たにIPO（新規株式公開）を果たした企業の中にも，それぞれの製品・サービス市場でプラットフォームビジネスを提供するプラットフォーム企業が多数含まれている。日本国内に住んでいる者であっても，Spotify，Uber，Zoom，Slack，Pinterest，Airbnbなどは耳にしたことがあるだろう。加えて，2024年現在においてもユニコーン企業[2]の中に多くのプラットフォーム企業が含まれており，これから上場を果たす企業も多く出現するだろう。

　このように，「成功した」プラットフォーム企業は，それぞれの製品・サービス市場で勝者総取りに近い地位を築くことができているため，過去10年から15年の間，我々経営学者たちは，プラットフォームビジネスに働くメカニズムや，成功したプラットフォームビジネスの成功要因，あるいは，成功に至る前に散っていったプラットフォームビジネスの失敗要因を分析するのに躍起になってきた。

　翻って，昨今では，それぞれの製品・サービス市場において一時代を築いたプラットフォームビジネスが，市場での地位を失ったり，後発企業から市場シェアを奪われたりといった事例がそれほど珍しくなくなってきた。例えば，本書本編で取り上げる事例以外にも，メルカリに市場の一部を奪われたYahoo!オークション，ぐるなびや食べログといったグルメサイトのプラットフォームも苦戦をしているし，海外に目を向けると，TikTokに市場の一部を奪われたYouTubeなどの例も挙げられる。ビジネスの世界に栄枯盛衰は付き物であるため，ある時代に一世を風靡したビジネスが，徐々に（あるいは突如として）衰退していくといった現象は必ずしも稀有な現象ではないのかもしれない。

　それにもかかわらず，プラットフォーム研究においては，一度は成功したプラットフォームビジネスによる衰退という現象への十分な解明が進んでいないのが現状である。但し，例えば，Amazon.comが書店や小売業を，Uberがタクシー業界を，Airbnbが宿泊業の過去の常識を一変させてきた過去10年とは異なり，今後はプラットフォーム対プラットフォームの競争が増えていくため，衰退するプラットフォームという現象はあまり珍しくない存在になるだろう。もっとも，経営学の研究者としては，特定の産業や特定の企業の事業セグメントの衰退を予測して満足するよりも，その兆候を踏

まえがき

まえて，実務家へのインプリケーションを導き出すことの方が世の中の役に立つはずであると考える。

そこで本書では，まず，先に挙げた「ニコニコ動画」，「クックパッド」，「ミクシィ」を研究対象に，これらのサービスの共通点である「ソーシャルメディア型プラットフォーム」の衰退のメカニズムの解明に取り組む。ソーシャルメディア型プラットフォームとは，専門家ではなく一般の消費者が作成・公開したインターネット上のコンテンツ（ユーザー生成コンテンツ：UGC）によって成立するプラットフォームのことを指す。本書では，「プラットフォームビジネスの参加プレイヤーである消費者によって生成される情報を，他の参加プレイヤーに媒介するための手段を提供するプラットフォーム」と定義する。

その上で，前述した通り，衰退したプラットフォームの衰退のメカニズムを分析するだけでは，そこに希望が見出せないので，本書の後半にて，プラットフォーム企業が，持続的な成長を実現するためのヒントを「ニコニコチャンネル」と「ピクシブ（pixiv）」の事例分析から導き出すことも試みた。

したがって，本書は大きく分けて2部構成となっている。第Ⅰ部（第1章から第7章）では，成熟したソーシャルメディア型プラットフォームの衰退という現象を分析するために，まず，先行研究に基づき理論的枠組みを整理する（第1章から第3章）。その上で，第4章から第6章にかけて「ニコニコ動画」，「クックパッド」，「ミクシィ」の事例分析，第7章にて各事例の比較分析を行い，成熟したソーシャルメディア型プラットフォームの衰退の背後にある共通したメカニズムを導き出す。第Ⅱ部（第8章から第10章）では，上述した通り，成熟したプラットフォーム企業がさらなる成長を続けるための方法についての萌芽的な研究に取り組む。第8章では，成熟プラットフォームの競争力を向上させるために必要な要因についての理論的検討を行い，その上で，第9章にて「ニコニコチャンネル」，第10章にて「pixiv」の事例分析を行う。そして全体のまとめとして，終章にて，第Ⅰ部，第Ⅱ部を通じた統合的な議論を行う。

最後に本書が想定する読者層を明確にしておきたい。本書は，経営学の研究者，特に経営戦略論を専門とする研究者を主な読者として想定している。また，これから研究を行う大学院生もぜひ本書を参考にして欲しい。本書は，プラットフォームビジネスが登場してから躍進するまでの歴史的な現象

的背景を踏まえた上で，理論的検討を一から行い，単一事例研究を積み重ねるアプローチを採用した。本格的にプラットフォームビジネスを勉強したい大学院生には本書が参考になるものと思う。

　本書は経営学の専門書として執筆されているため，実務家の方々にとってはややとっつきにくいように感じるかもしれないが，経営学の専門知識が無くても読み進められるようにいくつかの工夫を施してある。具体的には，統計分析や数式を用いずに定性研究（ケーススタディ）のみを取り扱った。また，各事例の章だけを読んでも内容が理解できるようになっていると同時に，各章をどの順序で読んでも独立して内容が理解できるように注意を払いながら執筆した。加えて，最初に序章を読むことで本格的にプラットフォーム研究を勉強したことがなくても，ある程度内容が理解できるようになっている。

　本書を手に取って頂いた様々なバックグラウンドの方々それぞれに，本書が何らかの形で貢献できれば幸いである。

2024 年 9 月

編著者　木川　大輔

---

1) 内閣府（2020）「総合科学技術・イノベーション会議　第 6 回　基本計画専門調査会　参考資料 3　第 5 期科学技術基本計画レビューとりまとめ」p. 70。
2) ここでは，企業評価額が 10 億ドルを超えているが未上場のスタートアップを指す。

目　次

まえがき

序章　問題設定：成熟したプラットフォームの衰退……………………001

1. 問題提起………………………………………………………001
2. 問題の現象的背景……………………………………………003
3. 問題の理論的背景……………………………………………009
4. プラットフォーム研究初期の論点…………………………012
5. 研究関心のシフト：初期の成長から成熟段階へ……………018
6. 本書の研究課題と構成………………………………………021

第Ⅰ部　環境変化に直面したソーシャルメディア型 プラットフォームの衰退

第1章　理論的検討⑴：成熟プラットフォームの競争力の促進・ 阻害要因………………………………………………………027

1. 文献レビューの方法と対象…………………………………027
2. プラットフォーム研究におけるプラットフォームの分類………029
3. 媒介型プラットフォームの競争力向上の促進・阻害要因………032
4. 基盤型プラットフォームの競争力向上の促進・阻害要因………038
5. 文献レビューの総括とソーシャルメディア型プラットフォームの理論的位置づけ…………………………………………044
6. 課題の所在……………………………………………………049
7. 小括……………………………………………………………053

第2章　理論的検討⑵：ソーシャルメディア型プラットフォームの企業行動と補完者エンゲージメント……………………055

1. 成熟段階のソーシャルメディア型プラットフォームが直面する課題………………………………………………………055
2. エンゲージメント概念への着目……………………………057

v

3. 環境変化との関係 …………………………………………………… 062
4. 小括 ………………………………………………………………… 067

第3章　第Ⅰ部のリサーチクエスチョンと研究方法 …………………… 069
1. これまでの議論の振り返りとリサーチクエスチョンの導出 …… 069
2. リサーチの範囲設定と分析枠組み ……………………………… 071
3. 研究方法と事例の選択 …………………………………………… 076
4. 小括 ………………………………………………………………… 080

第4章　環境変化と認知的慣性　―ニコニコ動画の事例― ……………… 083
1. 事例分析の視点 …………………………………………………… 084
2. 研究の方法 ………………………………………………………… 086
3. 事例 ………………………………………………………………… 087
4. 議論 ………………………………………………………………… 096
5. 小括 ………………………………………………………………… 101

第5章　認知的慣性の克服後に待ち受け得る二重の慣性
　　　　　　―クックパッドの事例― …………………………………… 103
1. 事例分析の視点 …………………………………………………… 104
2. 研究の方法 ………………………………………………………… 106
3. 事例 ………………………………………………………………… 107
4. 議論 ………………………………………………………………… 121
5. 小括 ………………………………………………………………… 128

第6章　後発者への同質化の陥穽　―ミクシィの事例― …………………… 131
1. 事例分析の視点 …………………………………………………… 132
2. 研究の方法 ………………………………………………………… 134
3. 事例 ………………………………………………………………… 135
4. 議論 ………………………………………………………………… 146
5. 小括 ………………………………………………………………… 153

目　次

第7章　環境変化に直面したソーシャルメディア型プラット
　　　　フォームの比較事例分析 ……………………………………………155
　1．リサーチクエスチョン（RQ1）と分析枠組みの整理 ……………155
　2．各事例の発見事実の振り返りと整理 …………………………………157
　3．議論：補完者マネジメント失敗の背後にある論理 ……………165
　4．結論とインプリケーション ……………………………………………174
　5．小括 ……………………………………………………………………………179

　　　　　第Ⅱ部　ソーシャルメディア型プラットフォームの
　　　　　　　　　持続的な成長に向けた萌芽的研究

第8章　理論的検討：プラットフォーム企業の持続的な成長に
　　　　向けた検討 ……………………………………………………………183
　1．成熟プラットフォームの長期的な成長と多角化 …………………183
　2．リサーチクエスチョンの導出と研究の方法 …………………………191
　3．小括 ……………………………………………………………………………195

第9章　プラットフォーム境界資源と補完者エンゲージメント
　　　　―ニコニコチャンネルの事例― ……………………………………197
　1．事例分析の視点 ……………………………………………………………198
　2．研究の方法 …………………………………………………………………201
　3．事例 ……………………………………………………………………………202
　4．議論とインプリケーション ……………………………………………208
　5．小括 ……………………………………………………………………………213

第10章　水平的補完性を活用したプラットフォームの多角化
　　　　― pixiv の事例― ……………………………………………………215
　1．事例分析の視点 ……………………………………………………………216
　2．研究の方法 …………………………………………………………………220
　3．事例 ……………………………………………………………………………221
　4．考察とインプリケーション ……………………………………………228
　5．小括 ……………………………………………………………………………233

vii

終章　プラットフォームビジネスの持続的成長に向けて ……………………… 235

  1.　研究の背景と研究課題の再確認 ………………………………… 235

  2.　主要な発見の総括 ………………………………………………… 236

  3.　本書のインプリケーション ……………………………………… 240

  4.　本書の限界と境界条件について ………………………………… 243

  5.　本書の意義と今後の展望 ………………………………………… 244

あとがき

補表「レビュー対象文献一覧」

参考文献

索引

初出一覧

序　章　書き下ろし

第 1 章　足代訓史・木川大輔（2022）「成熟プラットフォームビジネスの競争力の促進・阻害要因」『赤門マネジメント・レビュー』第 2 巻第 4 号，105-138.

第 2 章　木川大輔（2025）「衰退する成熟プラットフォームビジネスの分析視角：補完者エンゲージメントの喪失に着目した理論的検討」『経済研究（明治学院大学経済学部）』第 169 号，85-98.

第 3 章　書き下ろし

第 4 章　木川大輔・足代訓史（2022）「補完者エンゲージメントのマネジメントによるプラットフォームの生存戦略」『東洋学園大学社会科学系 Working Paper Series』No.005

第 5 章　足代訓史・木川大輔（2022）「CGM 型プラットフォームにおける規模追求がもたらす慣性」『日本経営学会誌』第 51 巻，3-17.
　　　　木川大輔・足代訓史（2023）「既存プラットフォームが存在する市場への参入戦略：オンラインレシピサービス市場の事例に基づく探索的研究」『VENTURE REVIEW』No.42，51-65.

第 6 章　足代訓史（2022）「プラットフォームの独自性の変容：ミクシィにみるユーザーのエンゲージメント行動の変化」『VENTURE REVIEW』No.39，47-61.

第 7 章　書き下ろし

第 8 章　書き下ろし

第 9 章　木川大輔（2024）「プラットフォーム境界資源と補完者エンゲージメント：ニコニコ動画・ニコニコチャンネルの事例分析」『組織科学』第 58 巻第 2 号，60-72.

第 10 章　木川大輔・足代訓氏（2024）「ソーシャルメディア型プラットフォームにおける水平的補完性と補完者エンゲージメント」明治学院大学経済学部 Discussion Paper No.24-03，1-18.

終　章　書き下ろし

※いずれの章も，本書の問題設定と整合するように，主として依拠する理論および考察部分を大幅に加筆・修正している。

序 章

問題設定：
成熟したプラットフォームの衰退

1. 問題提起

　近年，それぞれの製品・サービス市場において一定の地位を築いたプラットフォームビジネスが，その地位を維持できずに，利用者数ベースでの成長を鈍化させてしまうといった現象がしばしば観察される。それどころか，プラットフォームビジネスの利用者数が減少し，営業赤字に転落してしまうといった現象も決して稀有な事例ではなくなってきた。

　もっとも，ある時代に一世を風靡したビジネスが時代の変化とともに顧客の支持を失い，やがて衰退していくといった現象は，必ずしも現代特有のものではないし，プラットフォームビジネスに限定しなければ，それほど珍しいことでもない。それでは，特定の製品・サービス市場において支配的（dominant）な地位を確立していたプラットフォームビジネスが衰退することの何が問題なのだろうか。

　筆者が数年に渡って取り組んできたこの問題が，学術的に見て取り組むべき重要な問題であるということを明らかにするためには，まず，プラットフォームビジネスに働く特有の競争力学の性質と研究上の論点について言及しておく必要があるだろう。

　プラットフォームビジネスとは，プラットフォームを提供するプラットフォーム企業と，プラットフォームが提供する製品・サービスと合わさって利用される補完製品，補完財，補完的サービス（以下，合わせて全て補完品と呼称する）を提供する補完者，そしてエンドユーザー（以下，ユーザー）

001

という，それぞれタイプの異なるプレイヤーから構成されることで初めて価値を持つビジネスを指す（Hein et al., 2020; Karhu & Ritala, 2021）。一口にプラットフォームと言っても，学術的にはいくつかのカテゴリに分類することができる。

　詳細は第 1 章で言及するが，プラットフォームは，（1）コミュニケーションや取引の媒介となるプラットフォーム，（2）顧客の求める製品・サービスの基盤となるプラットフォーム，の 2 つに大別することができる。前者は，VISA や Mastercard などのクレジットカード事業者（ユーザーと加盟店を媒介する），Yahoo! オークションやメルカリなどのフリマアプリ事業者（売り手と買い手を媒介する），YouTube や Instagram などの消費者生成メディア（投稿者と閲覧者を媒介する）などの例が挙げられる。後者は，Windows や iOS といった PC やスマートフォンの OS（OS とアプリケーションを組み合わせて利用する）はもちろんのこと，PlayStation や Xbox などのビデオゲームコンソールなどが該当する。

　どちらのプラットフォームにも共通する特徴がある。それは，プラットフォームビジネスには，それを構成するプレイヤーの間にネットワーク効果（Katz & Shapiro, 1985）が働くという点である。ネットワーク効果とは，プラットフォームを利用するユーザー数が増えるほど，ユーザーが知覚するプラットフォームへの便益が高まる効果を指す。ネットワーク効果には，より具体的には，ユーザー（または補完者）同士の間で働く直接ネットワーク効果と，ユーザーが増えるほど補完者が知覚するプラットフォームへの便益が高まる（その逆も然り）間接ネットワーク効果の 2 種類が存在する。このネットワーク効果により，それぞれの製品・サービス市場において勝者総取り（winner-takes-all：WTA）を生みやすい性質を有していることから，プラットフォームビジネスに関する経営学分野における初期の研究では，プラットフォームビジネスの競争力を左右する要因としての勝者総取りの論理（WTA logic）が有力な研究パラダイム[1]であった（Lee et al., 2006）。

　実務の世界においても，創業期の Amazon.com は，目先の利益を度外視して規模の拡大を追求し，将来の収益をより大きなものにする戦略を採用し

---

1) ここでの研究パラダイムとは，その時代の現象を読み解く上での支配的な研究潮流を指している。

序章　問題設定：成熟したプラットフォームの衰退

た。この戦略，すなわち「get-big-fast」戦略は，同社のマントラ[2]になり，同時期のインターネット関連企業も早々にこの考え方を取り入れていった（Spector, 2000）。それと同時に，上述の通り，初期のプラットフォームビジネス研究においても，プラットフォーム企業が，いかにして自社のユーザーと補完者（補完品）の基盤を大きくすることでネットワーク効果を通じた競争力を確保するか，ということが主な研究パラダイムとなった（e.g., Cusumano et al., 2019; Hagiu & Yoffie, 2009; Moazed & Johnson, 2016; Parker & Van Alstyne, 2005）。

　プラットフォームビジネスに関わる多くの実務家やプラットフォーム研究者が，get-big-fast 戦略を信奉し，「規模が大きいことは素晴らしいこと」というドグマから抜け出せなかったのも無理はない。なぜならば，get-big-fast 戦略の旗手であった Amazon.com はもちろんのこと，PC の OS である Windows や動画共有サービスの YouTube，ソーシャルメディアの Facebook など，それぞれの製品・サービス市場を代表する巨大プラットフォームが，ネットワーク効果を梃子とした戦略を追求することで，実際に多くのユーザーや補完者を集客・動員することに成功し，各市場を支配してきたことは紛れもない事実だからである。

　本書の出発点となる問題意識は，このような巨大プラットフォームによる特定市場の寡占の事例が存在する一方で，なぜネットワーク効果を享受しやすいはずのドミナントな地位にある既存プラットフォームの競争力が低下したり，持続しなかったりするといった現象が起こり得るのかという点にある。次節では，この問題の背景にある現象，そしてそれを読み解く理論の両面からもう少し詳しく説明する。

2. 問題の現象的背景

　前節では，一定の地位に到達したプラットフォームビジネスが，その地位を維持できなくなる現象が散見されることを指摘した。この現象がなぜ問題であるのかを正しく理解するためには，近年のプラットフォームビジネスの

---

[2] 「マントラ」という用語は原典に忠実に使用した。「マントラ」の本来の意味は，宗教における呪文などを指す。転じて，ここでは同社の社員が信奉する標語や合言葉のような意味で用いられている。

003

躍進の背後にある産業構造の変化について触れておく必要があるだろう。

2.1 産業構造の変化とデジタル化

2.1.1 1990年代のコンピューター産業で起こった出来事

　半導体メーカーで CPU 市場における最大手の Intel（同社もまた, プラットフォーム企業である）の元 CEO であるアンドリュー・グローブ氏によれば, 1980 年頃までのコンピューター産業は, 縦割り型の産業構造であった（Grove, 1996）。つまり, コンピューターの重要部品であるチップの製造から, ハードウェア, OS, アプリケーションソフトまでの開発・製造をメーカー各社が全て自社で行い, それを自社の営業担当者が販売するというように, 垂直統合によって囲い込まれた産業構造だったのである（図序-1）。この産業構造における利点は, メーカーが自社でチップからハード, OS, アプリケーションソフトを開発・製造し, 自社のスタッフが, 販売からアフターサポートまでを手掛けるため, 総体的にスムーズな顧客対応が可能なことである。他方で, 顧客から見ると, 一連の専売システム[3]を一度購入してしまうと, そのメーカーから離れることが困難になり, 問題が起きても縦割り型システムの一部だけを辞めるということができないという欠点があった（Grove, 1996）。

　その後, 1980 年代中盤にかけて, マイクロプロセッサーが実用化されていったことによって, 産業構造に変化が訪れることとなった。具体的には, 1 つのマイクロプロセッサーであらゆるパソコン（PC）を作ることができるようになり, マイクロプロセッサーが産業の基本部品となったのである。さらには, Intel や Motorola など一部の有力半導体メーカーのみが規模の経済を活かして競争力を高め, 当該分野の市場を占有していった。

　ほぼ同時期に, IBM から PC 向けの OS の提供を求められた Microsoft は, 同社だけが他の PC メーカーにソフトウェアをライセンス供与できるという条件で, IBM に MS-DOS を提供した（Cusumano & Yoffie, 1998）。その結果, PC の OS は Microsoft の MS-DOS（その後 Windows を発表）, IBM の OS/2, Apple の Mac OS などに集約されていった。このよ

---

[3] 「専売」という用語は邦訳版に忠実に引用しているが, 「proprietary」の意味で用いていると記述されている（Grove, 1996 邦訳, p. 55）。

序章　問題設定：成熟したプラットフォームの衰退

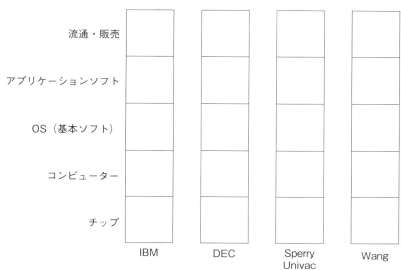

図序-1　縦割り型コンピューター産業（1980年頃）

出所：Grove（1996 邦訳 p. 56）

図序-2　横割り型コンピューター産業（1995年頃）

出所：Grove（1996 邦訳 p. 56）固有名詞の表記は原文ママ

うにして，縦割り型であったコンピューター産業は，1990年代中盤を迎えるにつれて，徐々に横割り型構造に変化していったのである（図序-2）。しかし，先述したグローブ氏によれば，こうした産業構造の変化は「モーフィング[4]」のようであり，振り返ってみても明確な転換点を示すことはできな

005

いそうである（Grove, 1996）。

2.1.2 モジュール化とネットワーク化

　1980年代から1990年代にかけての劇的な産業構造の変化の中核に位置づけられるのが「モジュール化（モジュラー化）」という概念である（Baldwin & Clark, 1997）。一般的に，大規模なシステムであるほど，システムの構成要素間の相互依存関係は複雑になる。そこで，全体をいくつかのサブシステムに分解することで，ある構成要素に変更の必要が生じた場合でも，システム全体の影響を抑え，サブシステム間の調整のみで対応を可能とする解決策が生み出された（Simon, 1996）。このように，構成要素間の相互依存度を低くして，事前に定めたルールによって，設計上の問題解決を行う設計思想をモジュラー型アーキテクチャと呼ぶ（Baldwin & Clark, 2000; 青木昌彦, 2002）。

　コンピューター産業に最初に誕生したモジュラー型アーキテクチャのコンピューターは，IBMのSystem/360である（Baldwin & Clark, 2000）。モジュラー型のアーキテクチャを採用することによって，コンピューターを構成する部品あるいはソフトウェアのメーカーは，各々の企業が相互に依存することなく得意な領域に経営資源を集中させることができるようになり，イノベーションの速度が飛躍的に高まった（Baldwin & Clark, 1997）。その結果，図序-3のように，一部の顧客ニーズ全てを自社製品で満たすという囲い込み型の戦略から，全顧客のニーズの一部を自社の製品（機能）で満たすプラットフォーム型[5]の戦略への転換が行われていった（國領, 1998）。これこそが，1980年代から1990年代（図序-1から図序-2）にかけて生じた，縦割り型から横割り型への産業構造の転換の本質である。

　こうした産業構造の転換が，どのような意味をもたらしたかと言うと，池田（2002）は次のように指摘している。モジュラー型の製品の場合，特定の規格の部品の流用範囲を拡大して範囲の経済性を追求するよりも，標準化した規格の部品（またはソフトウェア）で規模の経済性とネットワーク外部

---

[4]　コンピューターグラフィックの手法の1つで，ある物体から別の物体への変化を連続的に行うことによって，変化の切れ目を滑らかにする技法である。

[5]　ここでの「プラットフォーム型」と本書が指し示すプラットフォームには若干の違いが生じるが，引用元の表現に忠実に記載した。

序章　問題設定：成熟したプラットフォームの衰退

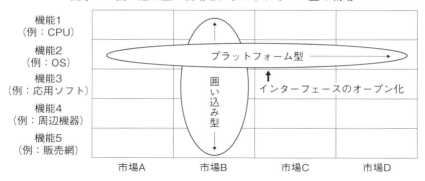

図序-3　囲い込み型の戦略とプラットフォーム型の戦略

出所：國領（1998）

性[6]を同時に追求するほうが効率は良い。さらに，コンピューターが行う処理の多くをハードウェアからソフトウェアに移すことによって，複製コストが低いソフトウェアによる収穫逓増が実現し，それが規模の経済性とネットワーク外部性を梃子とした企業の競争力拡大に拍車をかけた。

加えて，2000年代以降のインターネットの普及と通信速度の進化によって，水平化した産業構造における企業間の連結が，それまでの物理的な連結から，インターネットを介したネットワークによる連結に変化（ネットワーク化）したことによって，規模の経済性とネットワーク外部性の同時追求を目指す傾向はさらに高まり，戦略としてのプラットフォームビジネスの有効性は高まっていった（木川ほか, 2020）。

2.2　勝者総取り vs. 成長段階での失敗

これまで見てきたようなコンピューター産業の産業構造の変化の下で，MicrosoftやIntelがプラットフォーム企業としての確固たる地位を確立させた1990年代中盤以降は，そのPCの上で動作する製品やサービスを手掛ける多くの企業がそれぞれの市場を作り上げた。例えば，Amazon.com, Netscape, eBay, Yahoo!, Google, 楽天市場, Tencent, Alibabaなどの名だたるインターネット系のプラットフォーム企業が挙げられる。2000

---

[6]　本書ではネットワーク外部性とネットワーク効果は同様のものとして取り扱うが，引用元の表現に忠実に「ネットワーク外部性」と記載した。

年代には，Facebook と Twitter（現 X）が続いた（Cusumano et al., 2019）。

　2010 年代以降にも数多くのプラットフォーム企業が出現した。近年では，Spotify，Uber，Zoom，Slack，Pinterest，Airbnb といった，それぞれの製品・サービス市場でプラットフォームビジネスを提供する企業が新規で上場を果たした。そして，GAFAM5 社の時価総額の合計は今や 10 兆ドルを超えた[7]。このように，「成功した」プラットフォーム企業は，それぞれの製品・サービス市場で一人勝ちに近い地位を築くことができている。例えば，世界の音楽ストリーミング市場における Spotify と Apple Music，日本の旅行サイト市場における楽天トラベルとじゃらんのように，製品・サービス市場のジャンルや地理的範囲にもよるが，同じ市場に複数の成功したプラットフォーム企業が併存していたとしても，せいぜい 2-3 社程度だろう。

　無論，成功したプラットフォーム企業の影には，一人勝ちに到達する前に敗れていったプラットフォーム企業も存在する。失敗した事例を全て捕捉することは理論上困難であるが，少なくとも Facebook に駆逐された Friendster や，中国市場において Alibaba に駆逐された eBay，インターネットブラウザ戦争で Internet Explorer に敗れた Netscape などは，一人勝ちに到達したと言える地位を確立する前に競合に駆逐されてしまった例と言えるだろう。

　このような，一人勝ちに到達できない多くのプラットフォーム企業は，十分なネットワーク効果の影響を享受できる程度にユーザーを確保する前に資金が枯渇したり，補完的なインフラが整う前に参入したりするといった，事業の成長段階で失敗することが多い（Cusumano et al., 2019）。事実，プラットフォームビジネスの失敗要因に関する研究やその結論は，十分なユーザーや補完者を確保する前の段階に集中する傾向にある（e.g., Parker et al., 2016; Cusumano et al., 2019; Zhu & Iansiti, 2019）。

2.3　成熟プラットフォームの停滞・衰退

　これまで見てきたように，プラットフォームビジネスに関する先行研究は，成功したプラットフォームビジネスの成功要因や成長段階での失敗を取り上げる傾向にあった。他方で，勝者総取り，あるいはそれに近い状態に到

---

[7]　本書を執筆している 2024 年の年初時点のデータ。

達した成熟段階のプラットフォームビジネスの停滞や衰退といった現象がしばしば見受けられるようになってきた。

本書で取り上げるニコニコ動画，クックパッド，mixi（ミクシィ）といったサービスの近年の苦戦はその典型例と言えるだろう。他にも，ぐるなびや食べログに対する Instagram や Google マップ，Yahoo! オークションに対するメルカリのように，一時は市場で成功したサービスが，代替品の登場によって市場での一人勝ちに近い地位を失う例も確認できる。

また，第 1 章で詳しく言及するように，近年のプラットフォーム研究においても，成熟段階におけるプラットフォームビジネスの競争力を論じる研究が増加傾向にある。例えば，市場で一定の地位を築いたプラットフォームが安定成長するための方策（Reillier & Reillier, 2017），プラットフォームが成長段階で直面する後発企業への対処法（Isckia et al., 2020; McIntyre et al., 2021）などである。但し，これらの研究は，成功したプラットフォームが，いかにしてさらなる成長をするかを検討するものである。つまり，Wareham et al.（2014）が，批判的文脈で言及したプラットフォームビジネスの戦略「"より大きいことは良いことだ"という近視眼的な焦点に基づく過度に成長を促す戦略」（p. 1210）に基づく考え方，具体的には，規模の経済性やネットワーク外部性といった，成功したプラットフォームの競争力を説明するための論理を前提とした研究関心に応えるものだと言えるかもしれない。裏返せば，本書が着目する，成功したプラットフォームがなぜ，どのように停滞あるいは衰退するのかという問題意識とは異なるものとなっている。

3. 問題の理論的背景

本節では，第 1 節で述べた問題をプラットフォーム研究の理論的背景に遡り整理した上で，初期のプラットフォーム研究でどのような論点が提示されてきたのかを検討する。とりわけ，プラットフォームという概念がどのような現象（あるいは対象）の観察を通じて生み出され，どのように発展してきたのかを中心に確認する。

3.1　プラットフォーム概念の登場

　第1節でも述べた通り，プラットフォームビジネスとは，プラットフォームを提供するプラットフォーム企業と，プラットフォームが提供する製品・サービスと合わさって利用される補完品を提供する補完者，そしてユーザーという，大きく3つの異なるプレイヤーから構成されることで初めて価値を持つビジネスを指す（Hein et al., 2020; Karhu & Ritala, 2021）。プラットフォームビジネスの特徴となるのは，補完者やユーザーといった，プラットフォーム企業とは異なる性質を持った他プレイヤーの存在を前提としている点にある。

　もっとも，プラットフォームという概念が経営学の研究において用いられるようになった当初，この概念は，技術・製品開発の効率化を目的とした，各技術や部品の共通要素の標準化を示す概念として用いられていた（e.g., Meyer, 1997; 延岡, 2006）。例えば，通信技術のような企業間をまたぐ基盤技術や，液晶技術のような特定企業内の製品開発上の基盤部品などがその例となる。中でも代表例と言えるのが，自動車の複数の製品開発プロジェクト間における部品の共通化であり，1980年代から1990年代前半にかけて自動車産業においてプラットフォームという概念は一般的なものとなっていった（延岡, 1996）。これらの意味におけるプラットフォームは，プラットフォーム技術・部品（platform technology / components）と呼べるものであり（Negoro & Ajiro, 2013），その適用範囲は特定の企業内あるいは特定の産業や企業間にとどまるものである。本書においては，このプラットフォーム技術・部品に該当するプラットフォームは検討の対象外とする。

3.2　プラットフォーム概念の拡張と研究の発展

　本書が検討の対象とするプラットフォームビジネスは，補完者やユーザーといった，プラットフォーム企業とは異なるプレイヤーの存在や参画を前提として成立するという点において，上記のプラットフォーム技術・部品とは異なる性質を持つものである。今日的な意味におけるプラットフォームビジネスの概念は，1990年代中盤から2000年前後にかけて，大きく2つの視点による分析から発展してきた。

　第1は，IT・コンピューター業界の製品・サービスを対象とした分析で

ある（e.g., 出口, 1995; Gawer & Cusumano, 2002）。この研究群において
は，特定のソフトウェアや規格を基盤として階層的にサービスが提供され
る，PC や携帯電話のビジネス（OS や CPU が基盤）のような産業や製品
が分析対象となっている（先述の図序-1 に示される縦割り型コンピューター
産業が典型例）。そのため，例えば，Gawer & Cusumano（2002）は，プ
ラットフォームを「さまざまな企業によって生産された製品やサービスの 1
つのシステムの中に存在する，あるコア製品」（邦訳, p. i）と捉え，①それ
自身が進化するシステムの一部分であり，②補完財がなければそれ自身では
意味がない（邦訳, p. 165）ものとしている。これは，特定の企業（プラッ
トフォーム）以外のプレイヤーが提供する補完財（補完品）を前提とした考
え方であり，今日的なプラットフォームビジネスの概念と同一のものである
と言える。

　第 2 は，企業やユーザーなどのプレイヤー間の媒介や仲介を行うサービス
を対象とした分析である（e.g., 今井・國領, 1994; 國領, 1995, 1999; 根来・
木村, 1999）。この研究群が着目するのは，1980 年代後半から 1990 年代にか
けて巻き起こった情報通信技術を利用した電子市場的な取引の進行という現
象である（e.g., Malone et al., 1987; Rayport & Sviokla, 1994）。例えば，
Malone et al.（1987）は，コンピューターを利用した市場活動の活発化に
より，企業間の取引構造やユーザーに対するサービス提供方法が変化するこ
とを論じている。

　その後，この第 2 の研究群は，インターネットやその他の電子的手段を用
いたプラットフォームビジネスの研究へと発展した。例えば，國領（1999）
は，クレジットカード，中古車のオークションサイトなどのプラットフォー
ムビジネスを分析対象として，その提供機能を，①取引相手の探索，②信用
の提供，③経済価値評価，④標準取引手順，⑤物流などの諸機能の統合，の
5 つに整理している。あるいは，根来・木村（1999）も同時期に，インター
ネットビジネスを分析対象として，プラットフォームビジネスの持つ取引や
コミュニケーションの媒介機能を検討している。これらの研究は，プラット
フォームビジネスを，企業とユーザーの間の，あるいはユーザー間の媒介機
能を持つ取引ネットワークとして捉えていたと考えることができ，後に出現
することになるマルチサイド・プラットフォーム（multi-sided platform）
に着目した研究（Eisenmann et al., 2006; Parker et al., 2016; Hagiu &

Yoffie, 2009）とも問題意識が通底していると考えられる。

　上記の2つの研究群が捉えていたプラットフォームは，補完者やユーザーといったプラットフォーム企業以外の存在を重視している点，そして，これらプレイヤーとプラットフォームの結びつきによるプラットフォームの価値の増大にネットワーク効果が働くことを想定しているという点において，今日的なプラットフォームビジネスとの共通点を見出すことができる（木川ほか, 2020）。こうして1990年代中盤から経営学におけるプラットフォームビジネスの研究が出現し，その後現在に至るまで研究の蓄積が続いている。

4. プラットフォーム研究初期の論点

　本節では，1990年代中盤から2000年前後における初期のプラットフォーム研究においてどのような議論がなされてきたのか，どのような論点が提起されてきたのかを整理する。

4.1　ネットワーク効果と勝者総取り

　プラットフォームビジネスの特徴を捉える上で重要な概念の1つが，ネットワーク効果である。ネットワーク効果とは，主に経済学分野において用いられるようになった概念であり，ユーザー数が増大するにつれて，ユーザーが当該製品から得られる便益が増大する効果を指す（Katz & Shapiro, 1985）。典型的な例を1つ挙げるとすれば，メッセンジャーアプリのLINEがこれに該当するだろう。2010年代中盤以降，わが国におけるスマートフォンのプライベートなメッセージ交換は，ごくわずかな例外を除いてLINEを用いるのが事実上の標準（デファクト・スタンダード）となっており，ユーザー数の増大（多くの利用者数）が，他者に連絡が取りやすいというユーザーの利便性を高めている。これは，まさしくネットワーク効果がもたらした帰結にほかならない。

　プラットフォームビジネスにおけるネットワーク効果には，直接ネットワーク効果と間接ネットワーク効果の2種類が存在する。直接ネットワーク効果は，ユーザー数が増加するほど，ユーザーが知覚するプラットフォームの利用に関する便益が高まる効果を指す。これは，上述した経済学由来のネットワーク効果の本来的意味と同様である。

序章　問題設定：成熟したプラットフォームの衰退

図序-4　間接ネットワーク効果の一例

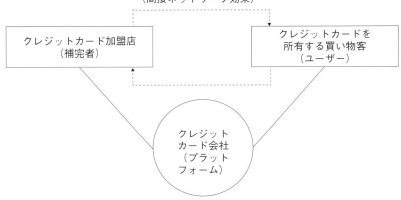

出所：筆者作成

　他方の間接ネットワーク効果をよりよく理解するためには，プラットフォームがユーザーと補完者という2つの異なる市場（サイド）のプレイヤーを結びつける役割を担っているという点を踏まえるとよいだろう。間接ネットワーク効果とは，一方のサイド内のプレイヤーの数が増加するほど，他方のサイド内のプレイヤーが知覚するプラットフォームの利用に関する便益が高まる効果を指す。例えば，図序-4に示すように，VISAやMastercardなどのクレジットカードの加盟店（補完者）数が増加するほど，買い物客（ユーザー）にとってのクレジットカード（プラットフォーム）の便益が高まる（補完者とユーザーが逆の場合も同様である）ように，一方のサイド内のプレイヤーにとってのクレジットカードの価値は，他方のグループ内にいるプレイヤーの数によって決定される（Eisenmann et al., 2006）。これは間接ネットワーク効果がプラットフォームにもたらした影響にほかならない。
　先に挙げたLINEの例に代表されるように，SNSや検索エンジン，メッセンジャーアプリなど，ネットワーク効果が働く市場においては，製品やサービスを利用するユーザーが増加するほど，ユーザーが知覚する当該製

013

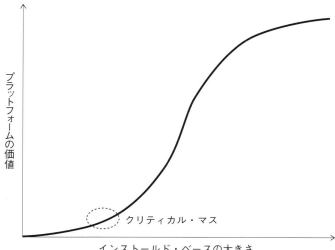

図序-5 ネットワーク効果とクリティカル・マス

出所：筆者作成

品・サービスの利便性が高まる。そのため，プラットフォーム企業がこのネットワーク効果をうまくマネジメントすることで，それぞれの製品・サービス市場において，特定のプラットフォーム企業を勝者総取り（WTA）へと至らしめる要因の1つになることが指摘されてきた（Cusumano et al., 2019; Eisenmann et al., 2006; Evans & Schmalensee, 2010）。その際に重要となるのが，ネットワーク効果が大きく変化するとされる屈曲点[8]であるクリティカル・マス（critical mass）（図序-5）を越えることであると言われている（Evans & Schmalensee, 2010）。それゆえ，プラットフォーム企業は，製品・サービスの総ユーザー数であるインストールド・ベース（installed base）の拡大を目指し（Katz & Shapiro, 1985），ネットワーク効果の恩恵を得ようとするのである。

---

[8] この屈曲点を製品・サービスの普及率によって示す言説もあるが（Rogers, 2003），プラットフォーム研究においては明確にコンセンサスの取られた屈曲点の普及率が存在するわけではない。

4.2　チキンエッグ問題の克服

　これまで見てきたように，ネットワーク効果には正のフィードバック・ループが働くと考えられているため，ユーザー数や補完者数を他のプラットフォームよりも増加させたプラットフォームが市場において優位な立場になるとされる（Shapiro & Varian, 1998）。他方で，ユーザー数や補完者数の少ない局面のプラットフォームは，いかにして補完者やユーザーをひきつけるべきかという問題，いわゆるチキンエッグ問題（Rochet & Tirole, 2003）に直面することになる。この問題は，保有資源や外部とのネットワークが乏しい，事業をスタートして間もないプラットフォーム企業にとっては，とりわけ重要な課題となる（Parker et al., 2016）。

　チキンエッグ問題に対して，先行研究では様々な方策が議論されてきた。ここでは，その全てを網羅することは困難であるが，代表的なものを確認しておく。

4.2.1　多面市場戦略

　多面市場（multi-sided market）戦略は，上述した直接ネットワーク効果と間接ネットワーク効果の両方を効果的に利用する戦略である（立本, 2017）。直接ネットワーク効果のみが働く市場においては，互換性のある製品やサービスの普及のみがプラットフォームの普及のカギというパラドックスが生じてしまうのに対して，間接ネットワーク効果の働く市場においては，一方のサイドのプレイヤーを意図的に増加させることで，他方のプレイヤーを増加させるという戦略を採用することが可能となる。

　例えば，QRコード決済サービスのPayPayは，サービス開始直後からポイント還元をはじめとした大々的なキャンペーンを繰り返し，まずユーザーサイドのインストールド・ベース拡大を目指した。そして，他のQRコード決済事業者（プラットフォーム）よりも大きなインストールド・ベースを確保したことによって，PayPayによる決済を採用する加盟店（補完者）が増加することになる。すると，ユーザーにとっては利用機会が拡大するため，他のQR決済サービスではなくPayPayを利用するインセンティブが高まる。これは間接ネットワーク効果による影響である。また，ユーザー同士が飲食店などで割り勘での支払いを行う際などに，同じQR決済

図序-6 多面市場とネットワーク効果の一例

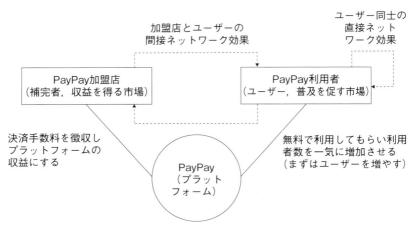

出所：筆者作成

サービスを使用していればユーザー間の送金を行うことができることから，ユーザー同士も同じQR決済サービスを利用している方が，各々にとって都合が良い。これは直接ネットワーク効果による影響である。これらをまとめたのが図序-6である[9]。

このように，多面市場戦略を採用するプラットフォームは，直接ネットワーク効果と間接ネットワーク効果の両方を効果的に使うことによって，チキンエッグ問題を克服できる可能性がある。その際，一方のサイドのプレイヤーに製品・サービスを無償提供し，他方のサイドのプレイヤーから収益を得ることが多い（Evans et al., 2006; Parker & Van Alstyne, 2005）。他にも，ユーザーに対する金銭的な補助や機能的な補助を行うこともある（Moazed & Johnson, 2016）。また，金銭面以外でも，魅力のある看板ユーザーや補完者を用意することで間接ネットワーク効果を働かせるといった方策も指摘されている（Eisenmann et al., 2006）。

---

[9] 図序-6はあくまでも一例であり，例えば収益を得る市場側に直接ネットワーク効果が働くケースもあり得るし，どちらの市場側から収益を得るかもケースによって異なる点を付記しておく。

4.2.2　バンドリング戦略

　プラットフォームビジネスにおけるバンドリングとは，プラットフォーム企業が自社プラットフォーム製品と補完品をセットでユーザーに提供することで，ネットワーク効果を独り占めし，自社の競争力を拡大する戦略である（立本, 2017）。バンドリング戦略は，その性質上，基盤型プラットフォームに多く見られる戦略だろう。例えば，iOS（プラットフォーム）を提供するApple は，ミュージックアプリ（Apple Music）をデフォルトでバンドリングすることで，音楽のサブスクリプションサービスという，スマートフォン OS とは異なる階層のプラットフォーム間競争においても，競合他社（例えば Spotify など）に対して有利に競争を展開することができる。

　バンドリング戦略が有効なのは，既存プラットフォームが隣接する市場に参入する局面である。これは，Eisenmann et al.（2011）がプラットフォーム・エンベロープメント（platform envelopment：プラットフォーム包囲）と呼称した戦略である。具体的には，あるプラットフォーム企業が，ターゲットとなるプラットフォームの機能を自社のプラットフォームにバンドルすることで，自社の既存プラットフォームと共通するユーザーとの関係性やコンポーネントを活用しながら他の市場に参入することである（Eisenmann et al., 2011, p. 1271）。そしてその代表例とされるのが，動画メディアの再生ソフトをめぐる競争である。かつて動画ストリーミングサービスのアプリケーションである Real Player が台頭し，PC 上での動画メディアの再生ソフトの大きなシェアを握りかけた頃，Microsoft は再生ソフトのWindows Media Player を PC のプラットフォームである Windows にバンドルして提供した。それにより，Windows で囲い込んだユーザーをそのまま Windows Media Player のユーザーにすることができ，動画メディアの再生ソフトのインストールド・ベースを Real Player から奪った（Eisenmann et al., 2011）。同様に，Microsoft は Web ブラウザ市場においても，Internet Explorer の提供によって有力ブラウザであった Netscape からユーザーを奪うことに成功した（Cusumano & Yoffie, 1998）。

　上記で見た多面市場戦略とバンドリング戦略は，プラットフォームビジネスにおける 2 大戦略であり（立本, 2017），どちらが有効であるかは，プラットフォームのユーザーのオーバーラップが多いか少ないかで表すことが可能である（図序-7）。もっとも，バンドリング戦略，特にプラットフォーム・

図序-7　多面市場戦略とバンドリング戦略における
ユーザー・オーバーラップの有無

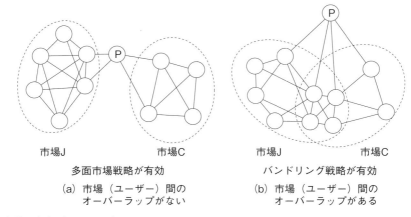

出所：立本（2017 p. 43）

エンベロープメント戦略は，既に別のプラットフォーム市場で大きなインストールド・ベースを確保したプラットフォーム企業が隣接する市場に参入する際の戦略という，極めて限定された状況下において有効な戦略であるためか，論者である Eisenmann et al.（2011）以降，それほど理論が発展してきたとは言い難い。

5. 研究関心のシフト：初期の成長から成熟段階へ

以上，初期のプラットフォーム研究における関心，つまりネットワーク効果を梃子にしたプラットフォームビジネスの競争力構築の方策を確認したが，本節では，既に競争力を構築した既存プラットフォームが直面する課題について論じる。

5.1　初期のパラダイムとしての get-big-fast 戦略とその問題点

これまで検討してきたように，プラットフォーム企業はネットワーク効果を前提としたユーザーや補完者のマネジメントを行うことで，自らのプラットフォームビジネスの事業規模を拡大させる。そして，時に市場においてド

ミナントな地位に至るプラットフォームや，強い競争力を有するプラットフォームが出現する。

それゆえ，初期のプラットフォーム研究の関心事項は，もっぱら，いかにしてチキンエッグ問題を克服し，プラットフォームビジネスの規模を拡大するかという点にあった。こうしたプラットフォーム企業によるマネジメントは，いかに（1）自社プラットフォームのインストールド・ベースを迅速に獲得し成長させ，（2）そのユーザーを囲い込み，（3）競合プラットフォームの競争力を低下させるかという戦略，すなわち「get-big-fast 戦略」（Lee et al., 2006）によるものであり，これが初期のプラットフォーム研究の主要なパラダイムとなっていた（Cennamo & Santalo, 2013）。

しかし，プラットフォーム企業が，競合プラットフォームに対して，相対的に高い市場地位や競争力を有したとしても，それで安泰ではないということもまた，後発プラットフォームの追い上げの問題の観点から議論が行われつつある。例えば，根来・加藤（2010）は，OS や Acrobat Reader のようなドキュメントリーダーといった PC のソフトウェアを例にとって，プラットフォームの一人勝ち要因を妨害することによって，後発企業が一定の市場シェアをとれると主張した。また，根来（2017）は，ブラウザ競争における Microsoft の Internet Explorer の市場シェア低下や，楽天トラベルとじゃらん，ぐるなびと食べログのプラットフォーム間競争を事例にして，一人勝ちあるいは高い市場地位を一度は得たプラットフォームの地位低下問題について論じている。こうした現象はごく近年でも実際に観察されており，例えば Skype や Cisco Webex は後発の Zoom にビデオ会議アプリケーションの市場を大きく奪われてしまったし，動画アプリ市場における後発者である TikTok は，2020 年に総再生時間で YouTube を上回った[10]。

5.2　成熟段階のプラットフォームへの着目

近年のプラットフォーム研究では，自らのプラットフォームに動員した補完者やユーザーを維持しながら安定的に利益を獲得したり，プラットフォームをさらに活性化させたりするべき局面への注目が高まっている（Reillier

---

[10]「TikTok の平均月間視聴時間，YouTube を上回る　22 年 1 ～ 3 月期」『36Kr Japan』2022 年 7 月 26 日付記事（https://36kr.jp/195420/）

& Reillier, 2017)。あるいは，市場地位を確立したプラットフォームがさらなる事業のスケールアップを図ろうとする局面におけるマネジメント上の要諦や，それらの局面における後発の競合プラットフォーム企業への対処法についての研究の関心が高まりつつある（e.g., Isckia et al., 2020; McIntyre et al., 2021）。

このような研究関心のシフトの背景には，現実において観察される現象の変化が存在していると考えられる。具体的には，Cusumano et al.（2019）や，Parker et al.（2016）が描き出していた競争環境は，プラットフォーム企業が類似の製品やサービスを提供する非プラットフォーム企業を破壊してきた時代が中心である[11]。

翻って昨今では，プラットフォーム企業同士の競争が様々な製品やサービス市場において行われるようになった。それゆえ，プラットフォームビジネスも，通常のビジネスと同様に時間経過に伴い市場シェアが著しく向上することもあれば，横ばいになることも，低下することもある。この問題について，Reeves et al.（2019）は，ビジネス・エコシステム[12]の成長軌道を市場シェアと時間軸の二軸から考察し，市場シェアを築いた後にも，その地位が一時的なものとなってしまったり，逆にビジネスモデルを進化させることで市場でのリーダーシップを強固なものとしたり，といったビジネス・エコシステムの成長軌道のパターンを示している。

これら近年の研究に見られるように，ネットワーク効果を活用することで市場においてドミナントな地位を築いたプラットフォームビジネスであっても，成長率の鈍化や，市場地位の低下という問題に直面することはあるし，またそれらへの対処も求められる。上述の通り，これは現実においても確認できる現象となっている。

本書では，この一度は市場地位を築いた競争力[13]を有する既存プラット

---

[11] 例えば，Amazon.com vs. 小売業（ウォルマートやトイザらス），Airbnb vs. 宿泊業，Uber vs. タクシー業界などの事例が取り上げられている。

[12] 本書が分析対象とするプラットフォームビジネスと Reeves et al.（2019）のビジネス・エコシステムはほぼ同義として扱うこととする。

[13] ここで，「競争力」とは，売上高や利益，ユーザー数といった経営パフォーマンスで計測でき，他プラットフォームと相対的に比較可能なものとして捉える。なお，本書においては，ユーザーの利用率や利用者数を，計測可能な競争力の指標として採用する（詳細は第Ⅰ部各章で後述する）。

フォーム企業が，成長率を鈍化させたり，市場地位を低下させたりする局面，つまり事業の再活性化や成長が求められる局面にあるプラットフォームビジネスを，「**成熟プラットフォームビジネス**（以下，成熟プラットフォームまたは成熟段階のプラットフォーム）」として捉える。

その上で，本書においては，成熟プラットフォームの経営パフォーマンスを伸長させる要因を，競争力向上の「促進要因」，逆にそれを低下傾向へともたらす要因を競争力向上の「阻害要因」として捉える。つまり，特定の要因によってプラットフォームの競争力向上が阻害された場合，当該プラットフォームの競争力が低下する（した），と本書では捉える。

6. 本書の研究課題と構成

6.1 本書の研究課題

本書の出発点となる問題意識を改めて確認すると，「巨大プラットフォームによる特定市場の独占や寡占の事例が存在する一方で，なぜネットワーク効果を享受しやすいはずのドミナントな地位にある既存プラットフォームの競争力が低下したり，持続しなかったりするといった現象が起こり得るのか」という点である。

この問題意識の背景には，近年のプラットフォームビジネスに関する現象が，かつての「プラットフォーム企業対既存産業の非プラットフォーム企業」という構図から，次第に「プラットフォーム企業同士の競争」に変化してきたという事実が存在している。この競争環境の変化に伴い，一定の地位を築いたプラットフォームが衰退するという現象が多く観察されるようになった。この成熟段階からの衰退という現象は，ネットワーク効果や規模の経済性に支えられて成長してきたプラットフォームビジネスが，成熟段階において直面する新たな課題を示している。そこで研究課題１として，このような現象に注目し，プラットフォームの競争力向上の阻害要因を明らかにし，理論的インプリケーション，実践的インプリケーションを導き出すことを目指す。

〈研究課題 1〉
成熟プラットフォームの競争力向上の阻害要因を明らかにする。

研究課題 1 の一方で，本書は単に「衰退そのもの」のみに注目することが目的ではない。むしろ，衰退の背後にあるメカニズムを詳細に分析することで，プラットフォーム「企業」として持続的な成長に関する理論的および実践的なインプリケーションを導き出すことが目的である。すなわち，プラットフォームがどのような戦略や設計を採用すれば，成熟段階でも競争力を維持し，さらなる成長を遂げることができるのか，その方策を検討する。

プラットフォームビジネスは，その初期成長期においてはネットワーク効果や規模の経済性に基づき，急速に市場でのシェアを拡大することが可能であるが，成熟段階に入ると，これらの成長要因が徐々に弱まり，従来の競争力を維持するだけではなく，新たな成長の機会を見出すことが難しくなる。この局面で，単に競争力を維持するのではなく，さらなる成長を目指すためには，従来のビジネスモデルやプラットフォームの設計に依存するのではなく，新たなアプローチが必要とされるかもしれない。それゆえに以下の研究課題 2 を設定する。

〈研究課題 2〉
成熟プラットフォームがさらなる成長を目指す上での課題についての萌芽的な検討を行う。

6.2　本書の構成

本書は，前項で設定した 2 つの研究課題に取り組むために 2 部構成からなる。第Ⅰ部は研究課題 1 に，第Ⅱ部は研究課題 2 にそれぞれ対応している。まず第 1 章で本書が分析対象とするプラットフォームビジネスの理論的位置づけを明らかにし，対象を絞り込むために文献レビューを行う。続く第 2 章では，対象となるプラットフォームビジネスを読み解くための分析の枠組みを検討し，第 3 章にて研究課題 1 に対応する具体的なリサーチクエスチョンを導き出す。その後第 4 章から第 6 章の各章にてそれぞれ単一事例分析を行い，第 7 章にて統合的な比較分析と考察を行い，リサーチクエスチョンに対

する結論を明らかにする。

　第Ⅱ部では，第Ⅰ部の結論を踏まえた上で，第 8 章にて追加の理論的検討を行い，研究課題 2 に対応する第Ⅱ部のメジャーリサーチクエスチョンを導き出す。その後，第 9 章と第 10 章にてそれぞれの追加的な理論的検討を行い，各章のサブリサーチクエスチョンを導出した上で，事例分析を行う。そして，最後に終章にて各章から導き出されたインプリケーションを踏まえ，本書全体のインプリケーションおよび本書の限界と今後の展望，そして本書の意義を確認する。

図序-8　本書の見取り図

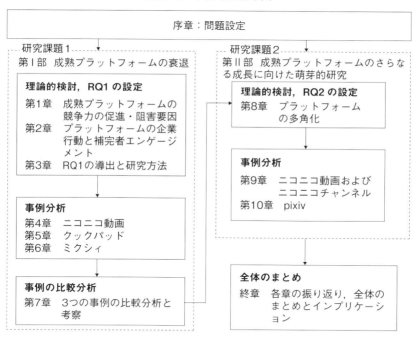

第 I 部

環境変化に直面した
ソーシャルメディア型
プラットフォームの衰退

第1章

理論的検討⑴：成熟プラットフォーム の競争力の促進・阻害要因

　本章では，成熟プラットフォームにおける競争力向上の促進要因と阻害要因を，文献レビューを通じて検討する。成熟プラットフォームのマネジメントを取り巻く環境に関しては，市場において地位を築いている既存プラットフォームの競争力向上の促進・阻害要因が，プラットフォームの種別を意識した上で十分に検討がなされているとは言いがたい。例えば，プラットフォームの種類が，後述する基盤型プラットフォームなのか，それとも媒介型プラットフォームなのかによって，プラットフォームビジネスにおける補完品の位置づけや特質，ユーザーの性質や需要の相違などが存在するはずである。そのため，プラットフォームビジネスの競争力を左右する要因は，プラットフォームビジネスの種別によって，プラットフォームビジネスの規模であるのか，あるいはユーザーや補完者を動員する仕組みにあるのか，または他社との間にある独自性にあるのかなどといった違いが生まれる（Cennamo, 2021）。

　以上を踏まえた本章の目的は 3 つある。具体的には，成熟プラットフォームの競争力向上の促進・阻害要因を従来のプラットフォームの種別ごとに整理すること（本章の目的①），その整理を踏まえ，本書が着目するソーシャルメディア型プラットフォームの理論的位置づけを明らかにすること（本章の目的②），そしてソーシャルメディア型プラットフォーム特有のマネジメントを検討する際の課題を明らかにすること（本章の目的③），の 3 点である。

1.　文献レビューの方法と対象

1.1　文献レビューの方法

　プラットフォーム研究に関する文献は経営学分野に限定したとしても多岐に渡る。そのため，本書では以下の手順でレビューを行う文献（学術論文）

027

第Ⅰ部　環境変化に直面したソーシャルメディア型プラットフォームの衰退

を抽出した。具体的には，学術文献データベースの，"ScienceDirect"や"Web of Science"，学術コミュニティサイトの"INFORMS"において，"platform"，"ecosystem"，"complementor（補完者）"を検索キーワードとし，また，2010年以降に刊行されたという条件を付加して（2021年4月検索），プラットフォーム企業によるマネジメントを研究対象としている文献を絞り込んだ[1]。そのうち，ビジネス・エコシステムを扱った文献で，明示的にはプラットフォームという用語や概念を用いていない文献であっても，プラットフォームビジネス（プラットフォーム企業＋補完者＋ユーザーから成る）とビジネス・エコシステム（エコシステムのコア企業＋補完者＋ユーザーから成る）がほぼ同義とみなされる，"ecosystem-as-affiliation（系列としてのエコシステム）"（Adner, 2017）に関する文献（e.g., Iansiti & Levien, 2004）に関してはレビュー対象とした。一方，エコシステム内の中心的アクターであるコア企業（プラットフォーム企業）の存在を必須としない，"ecosystem-as-structure（構造としてのエコシステム）"（Adner, 2017）に関する文献はレビューの対象外とした（e.g., Adner, 2006）。また，プラットフォームという用語を文献中に用いているものの，プラットフォームビジネスとは異なるテーマ（例：ビジネスモデルイノベーション）を主として論じているものも対象外とした。

1.2　レビュー対象文献とその概要

　上記の結果として，経営戦略論や経営組織論分野のジャーナルである*Strategic Management Journal*, *Organization Science*, *Management Science*, *Long Range Planning* を中心として，25本の論文を抽出した。さらに，この抽出法に該当しないものから，左記の25本の文献の重要な箇所で引用されていた文献のうち，25本の文献には明確に見られない新たな論点を提起していた本書の研究課題と適合する9本の文献を加え，計34本の文献をレビューの対象とした。ここで，新たな論点を提起している文献とは，例えば，次のようなものである。

　すなわち，プラットフォームにおける価値提案の変化（Isckia et al.,

---

[1] 検索時点でオンライン先行公開されており，データベースから抽出可能であった文献も含めている。

2020），デジタル・インターフェース（Gawer, 2021），補完者エンゲージメント（Saadatmand et al., 2019）など，他の文献には見られない理論的切り口や概念を提起しているものを指している。レビュー対象となった文献に関しては，当該論文が想定している（論文内で扱っている）プラットフォームの種別や，研究目的，研究方法，当該論文が提起した仮説または命題，結論等を意識して，内容を読み解いていった。その概要を，（当該論文が）扱うプラットフォームの種別，著者，研究類型（研究方法），主張や結論の概要，論文が展開するメタレベルの議論（主張や結論が適用される対象や範囲）から整理したのが巻末の補表である。

2. プラットフォーム研究における
プラットフォームの分類

既に述べた通り，一口にプラットフォームビジネスと言っても，対象となる製品やサービスによってその性質は異なる。プラットフォームビジネスの代表的な分類としては，呼称こそ論者によって多少異なるものの（表1-1），①コミュニケーションや取引の媒介となるプラットフォーム（媒介型プラットフォーム），②顧客の求める製品・サービスの基盤となるプラットフォーム（基盤型プラットフォーム），の 2 つに大別する見方が有力である（Cusumano et al., 2019; Negoro & Ajiro, 2013; 根来, 2017）。

① 媒介型プラットフォーム

媒介型プラットフォームとは，ユーザーや補完者といったプラットフォームの参画プレイヤーの間を直接媒介し，両者間の取引や価値交換を促進するプラットフォームのことを指す（Eisenmann et al., 2006; Eisenmann et al., 2011; Hagiu & Yoffie, 2009; Parker et al., 2016; 根来, 2017）。

このプラットフォームは，経済学分野の研究（Rochet & Tirole, 2003, 2006）に影響を受けた，いわゆるマルチサイドプラットフォーム（multi-sided platform）と呼ばれるものである（Eisenmann et al., 2006; Parker et al., 2016; Hagiu & Yoffie, 2009）。代表例としては，Amazonマーケットプレイスのようなショッピングサイト（出品者が補完者），VISA のようなクレジットカードサービス（加盟店が補完者）である。媒介

第Ⅰ部　環境変化に直面したソーシャルメディア型プラットフォームの衰退

表1-1　代表的なプラットフォームの分類とその論者

論者	プラットフォームの分類と呼称	当該プラットフォームの性質や役割
Cennamo (2021)	多面取引市場のプラットフォーム (Platforms in the Multi-sided Transaction Market)	財やサービスの提供者と最終顧客とをつなぐインフラを提供し，それらの間の価値交換取引を促進する。
	補完的イノベーション市場のプラットフォーム (Platforms in the Complementary Innovation Market)	他の企業がプラットフォームの中核機能と最終ユーザーへのリーチを拡張する新製品を作成するために構築する中核技術的アーキテクチャを提供する。
	情報市場のプラットフォーム (Platforms in the Information Market)	関連情報の分類や検索を可能にし，ユーザーの情報交換やマッチングを促進する情報チャネル基盤。
Cusumano et al. (2019)	取引プラットフォーム (Transaction Platforms)	ネットワーク効果の働く直接的な交換や取引の仲介者。
	イノベーションプラットフォーム (Innovation Platforms)	他企業が補完的イノベーションを生み出すための技術的基盤。
	ハイブリッドプラットフォーム (Hybrid Platforms)	1つのタイプのプラットフォームからはじめて，もう1つのプラットフォームを追加したり，2つを組み合わせたりして結合する企業。
Moazed & Johnson (2016)	交換型プラットフォーム (Exchange Platforms)	消費者とプロデューサーの直接取引を最適化することで価値を提供するプラットフォーム。
	メーカー型プラットフォーム (Maker Platforms)	プロデューサーが補完商品を作り，それを大規模なオーディエンスに向けて公開または頒布できるようにすることで価値を生み出すプラットフォーム。
Negoro & Ajiro (2013), 根来 (2017)	媒介型プラットフォーム	コミュニケーションや取引の媒介となるプラットフォーム。
	基盤型プラットフォーム	顧客の求める製品・サービスの基盤となるプラットフォーム。

出所：各文献に基づき筆者作成

第 1 章　理論的検討(1)：成熟プラットフォームの競争力の促進・阻害要因

型プラットフォームに関しては，ユーザーと補完者という性質の異なるプレイヤーを媒介することがプラットフォームの機能となるため，ユーザーはもちろんのこと，いかにしてプラットフォームに補完者を動員するかということが重要な論点となる。

②　基盤型プラットフォーム

　基盤型プラットフォームとは，補完品と合わさってユーザーへの価値を生み出す際の中核的な技術的基盤を提供するプラットフォームを指す（Karhu & Ritala, 2021）。この分類のプラットフォームにおける「基盤」とは，プラットフォームに参加する企業が利用できる中核的な技術的アーキテクチャ[2]を指す（Cennamo, 2021）。基盤型プラットフォームの例としては，Windows や MacOS のような PC の OS, Android や iOS のようなスマートフォンの OS が該当し，この場合アプリケーションソフトウェア（以下，アプリ）が補完品となる。また，ビデオゲームのハードも代表的な基盤型プラットフォームの例であり，この場合ゲームソフトが補完品となる。

　これらの例示からも分かるように，基盤型プラットフォームに関する議論は，序章で確認したプラットフォーム研究の出現期における IT・コンピューター業界の製品・サービスを対象とした研究（e.g., 出口, 1995; Gawer & Cusumano, 2002）と問題意識が通底している。基盤型プラットフォームに関しては，例えばアプリやゲームソフトが，PC やスマートフォン，ビデオゲームの有する価値に関わるように，補完品の種類や機能がプラットフォームビジネス全体の競争力へと結びつく特徴を有している。

　このように，プラットフォームビジネスの分類は大きく 2 つに大別することができる。ここで注意しておきたいのは，現実的には特定のプラットフォームビジネスがこれらの 2 つの種別に関わる機能を同時に備えることが起こり得るという点である（Cusumano et al., 2019; Negoro & Ajiro, 2013; 根来, 2017）。例えば，Facebook は，SNS としてユーザー同士を媒介する機能を有するという点において，媒介型プラットフォームに位置づけることができる一方で，Facebook が提供するゲームサービスのアプリの

---

[2]　ここでのアーキテクチャとは「どのモジュールがシステムの構成要素となり，どのように機能するかを特定するもの」（Baldwin & Clark, 1997, 邦訳 p. 41）を指す。

開発業者にとっては，基盤型プラットフォームにも位置づけられる。こうした現象について，例えば Cusumano et al.（2019）は，2つのプラットフォームの分類が重なる「ハイブリッド・プラットフォーム」という考え方を提案し，基盤型プラットフォームとして事業を開始したプラットフォームが，媒介型プラットフォームとしての側面を追加していくような現象（その逆のパターンも然り）を分析している。

　Cusumano et al.（2019）が指摘するように，現実の世界におけるプラットフォームビジネスには，ハイブリッド・プラットフォームの特徴を持つプラットフォームビジネスも確認される。他方で，2つのプラットフォームそれぞれの性質や提供機能は異なり，それぞれの独自の論点も存在している。それらについての詳細を次節にて詳しく検討する。

3. 媒介型プラットフォームの競争力向上の促進・阻害要因

3.1 媒介型プラットフォームと勝者総取りの論理

　前章で検討した通り，初期のプラットフォーム研究が着目してきたのは，ネットワーク効果を梃子としてプラットフォーム企業が「get-big-fast 戦略」（Lee et al., 2006），つまりプラットフォームの規模を追求するという戦略であった。ここで，成熟プラットフォームの競争力向上の促進・阻害要因を検討するにあたり，プラットフォームビジネスが価値を生み出す上で，プラットフォームの規模が最も重要なドライバーになる条件について確認しておく必要があるだろう。それは，（1）ユーザーと補完者がネットワークの大きさに価値を与えるという点において同質的であり，（2）プラットフォーム内の同じ性質を持ったユーザー（または補完者）の増加がその中にいる他ユーザー（または補完者）の効用を妨げない，（3）ユーザーの効用がコンテンツや補完品の量に応じて増加する，という条件が満たされる時であるとされる（Cennamo, 2021）。

　媒介型プラットフォームが，ユーザーと補完者という性質の異なるプレイヤーを媒介するネットワークであることもあり（McIntyre & Srinivasan, 2017），相対的に見れば，基盤型プラットフォームよりも媒介型プラット

第1章　理論的検討(1)：成熟プラットフォームの競争力の促進・阻害要因

フォームの方がこれらの条件が揃いやすい性質を有しているだろう。それゆえ，媒介型プラットフォームを対象とした研究では，初期のプラットフォーム研究が着目してきたプラットフォーム企業による規模の追求，つまり総利用者数の大きさを追求することで競争力を構築する，「勝者総取りの論理（winner-takes-all logic）」（Cennamo, 2021; Karhu & Ritala, 2021）が支配的な論理として取り扱われてきた。

　勝者総取りの論理のみに基づけば，同一の製品・サービス市場におけるプラットフォーム間の競争は，プラットフォーム間で提供機能に大きな違いが無い限り，原則として規模の最も大きなプラットフォームが，あるいはそのプラットフォームとアベイラビリティ（availability）の面で小さな差別化を図りつつも同程度の競争力を有するプラットフォームも合わせた少数のプラットフォームが勝者となる。それにもかかわらず，一定の規模まで拡大した成熟段階にある媒介型プラットフォームが，しばしば自らのプラットフォームビジネスから得られる経営パフォーマンスを低下させてしまうのはなぜであろうか。

3.2　マルチホーミングやプラットフォームの選択・利用

　成熟段階にある媒介型プラットフォームの競争力を阻害する要因として挙げられる代表的な問題が，ユーザーや補完者によるプラットフォームのマルチホーミング（multi-homing：複数同時並行利用）の問題である（e.g., Eisenmann et al., 2006; Rochet & Tirole, 2003）。同程度の規模でありながら差別化要素がほとんど見当たらない媒介型プラットフォームの場合，ユーザーが単一のプラットフォームのみを利用し続けるのか，それとも他のプラットフォームも同時並行利用を行うのかは，ユーザーが負担するスイッチングコスト次第である。仮にスイッチングコストが低ければ，ユーザーは容易に複数の媒介型プラットフォームを同時並行利用できる。例えば，クレジットカードサービスの VISA と Mastercard のように，どちらも無料か低価格で維持でき，単一のサービスに囲い込まれることによる便益が相当程度無いサービスであれば，ユーザーはどちらか一方をメイン，他方を予備として維持し続けることにそれほどの負担はないだろう。

　このように，プラットフォーム企業にとって，ユーザーのマルチホーミングの程度は自社の競争力を左右する問題となる（Isckia et al., 2020; Li &

033

第Ⅰ部　環境変化に直面したソーシャルメディア型プラットフォームの衰退

Zhu, 2021)。とりわけ，ユーザーのスイッチングコストが低く，マルチホーミングを行いやすい SNS や口コミサイトのような媒介型プラットフォームは（Subramanian et al., 2021），たとえプラットフォームが成熟段階にあったとしても，特定のプラットフォームがユーザーをロックインすることは困難になる。

　さらに近年では，マルチホーミングに至る以前に，補完者が参画するプラットフォームを自ら選択する際の問題も指摘されている（Li & Zhu, 2021; Wang & Miller, 2020）。例えば，Wang & Miller（2020）は，Amazon の電子書籍のプラットフォームである Kindle に対して，海外旅行用ガイドブックを出版している個別プレイヤー（補完者）がどのように出版の意思決定を行っているか，いかにしてプラットフォームの関与の範囲を限定して自社の交渉力を保っているかを検討し，プラットフォームに依存しない出版者の活動を論じている。この，Wang & Miller（2020）の例示の通り，補完者が複数の媒介型プラットフォームを選択するのは，特定のプラットフォーム企業への依存を減らし，プラットフォーム企業に対する交渉力を維持する目的（Wang & Miller, 2020）や，自らが提供する補完品から得られる経済的価値を最大化させるといった目的（Li & Zhu, 2021）を有するためであることが指摘されている。

　これらの指摘に沿うように，媒介型プラットフォームと向き合う補完者が，プラットフォームが網羅できないサービス・機能領域につけ込むことや，プラットフォームを介さない直接取引を強化することも，補完者が取り得る戦略としても提案されている（Edelman, 2014）。この補完者の戦略的行動は，プラットフォームの経営パフォーマンスを脅かすものであると言える。

3.3　価値提案の見直し

　プラットフォーム企業がユーザーや補完者のマルチホーミングを招いてしまう要因としては，上述の通りスイッチングコストの問題が挙げられる（McIntyre & Srinivasan, 2017）。ここで，なぜこの点が問題になるかというと，ユーザーや補完者にとってプラットフォーム間における機能面での差別化が十分になされていないためである。媒介型プラットフォームにおいては，間接ネットワーク効果を駆動させるために，例えば，特定のユーザーま

第 1 章　理論的検討⑴：成熟プラットフォームの競争力の促進・阻害要因

たは補完者に対してプライシング上の優遇を行ったり（Evans et al., 2006;
Parker & Van Alstyne, 2005），あるいは，自らのプラットフォーム上に魅
力のある看板ユーザーや補完者を用意したりするといった方策が指摘されて
きたが（Eisenmann et al., 2006），これらの方策自体を特定のプラット
フォームが専有できる可能性が低い場合は，差別化をもたらさない。

　それゆえ，近年の研究では，成熟プラットフォームによる自らのプラット
フォームビジネスのユーザーや補完者に対する価値提案（value proposi-
tion）の見直しが，中心的な議論の 1 つになっている（e.g., Isckia et al.,
2020; McIntyre et al., 2021）。価値提案とは，企業が提供する製品やサービ
スを通じて顧客が期待できる便益のことである（Osterwalder et al.,
2015）。

　例えば Isckia et al.（2020）は，3 社の媒介型プラットフォームの事例研
究に基づき，プラットフォームビジネスのサイクルを 4 つのステージに分類
し，それぞれのステージに応じた事業機会の創出と価値提案の変化を論じて
いる。当該研究では，この変化をもたらすため，本書でいうところのプラッ
トフォームの成熟段階に該当するプラットフォームビジネスのリーダーシッ
プ段階とリニューアル段階においては，新サービスをプラットフォームに展
開することでマルチホーミングやコモディティ化のリスクを抑制する必要性
や，複数のプラットフォームサービスを統合した「プラットフォームのプ
ラットフォーム（platform on platform）」となることを模索する必要性が
提案されている（Isckia et al., 2020）。

　上述した通り，これまで媒介型プラットフォームに関しては，プラット
フォームビジネスの規模が競争力の主要因として指摘されてきた。しかし，
このような価値提案の見直しにあたっては，規模ではない要因への着目も必
要となる。

　McIntyre et al.（2021）はこの点に関して，プラットフォームの持続性
（persistence）というコンセプトを導入することで，いかなる持続要因が成
熟プラットフォームを長寿化あるいは短命化させる傾向にあるのかを検討し
ている。具体的には，McIntyre et al.（2021）は，単純なユーザー数や補
完者数ではなく，例えば，プラットフォームビジネスに参加しているユー
ザーまたは補完者のネットワークの密度（density）や，補完者の性質がプ
ラットフォームの持続性を左右する要因となり得ることを整理し，それらを

035

第Ⅰ部　環境変化に直面したソーシャルメディア型プラットフォームの衰退

仮説的に命題化している。しかし，McIntyre et al.（2021）の検討は，命題化にとどまっており，実際にプラットフォームの競争力が持続しないメカニズム自体は実証的な説明がなされていない。

3.4　プラットフォームの境界の見直し

　価値提案の見直しにあたって，媒介型プラットフォームに求められることの1つが，プラットフォームの境界の見直しである。その際に鍵となるのが，デジタル・インターフェース（digital interface）（Gawer, 2021）の設計である。

　ここでプラットフォームの境界とは，プラットフォームの範囲，プラットフォームを構成（参加）するプレイヤー，デジタル・インターフェースによって決定される。デジタル・インターフェースとは，プラットフォームとユーザーや補完者との間のデータ交換を規定するものであり（Gawer, 2021），どういったデータを誰と共有するか，または，誰にデータをどのように提供させるかといった問題に関わるものである。

　Gawer（2021）は，このデジタル・インターフェースを鍵概念として，Facebook のような媒介型プラットフォームの事例検討を通じてプラットフォーム企業の範囲やプラットフォームビジネスに参加・アクセスするプレイヤーの考察を行っている。そして，成熟段階のプラットフォームにおける施策として，プラットフォーム企業の新規市場への参入や買収による企業の範囲の拡大，競合プラットフォームからのデータやユーザーへのアクセスを防止するためのインターフェースの閉鎖などを提起している。

　なお，デジタル・インターフェースをより具体的に論じているものとしては，プラットフォーム境界資源（platform boundary resources）がある（Engert et al., 2022; Karhu et al., 2018）。プラットフォーム境界資源とは，プラットフォーム企業がアプリ開発者に提供するツールや開発標準規則といった資源を指す（Engert et al., 2022）。プラットフォーム企業は，どのようなプラットフォーム境界資源を補完者に提供するか（Karhu & Ritala, 2021），それをどの程度開放するか（Boudreau, 2010; Tiwana, 2015）を工夫することで，自らが提供する製品・サービスと組み合わせてプラットフォームの価値を増大させることができる。

　こうした例示からも分かる通り，プラットフォーム境界資源はアプリケー

036

ションの開発者をいかにして動員するかといった問いに基づき，基盤型プラットフォームを分析対象とした研究から発展してきた概念である。また，日本では，國領（1999）が，プラットフォームの提供機能としてBtoB取引を促進するために特定の業界の標準取引手順の提供を挙げている。これも，プラットフォーム境界資源の一例と言える。

　さらに，プラットフォームの境界の見直しに関しては，媒介型プラットフォームのFacebook（プラットフォーム企業）によるInstagram（潜在的な競合）の買収行動の事例に見られるプラットフォームやサービスのアプリケーションの「アプリケーションのファーストパーティ化」のような打ち手（Li & Agarwal, 2017）や，序章で述べたプラットフォーム・エンベロープメント戦略（Eisenmann et al., 2011）も関連した議論としては存在する。これはつまり，他のプラットフォーム企業が担っていたり，これまで補完者に頼ったりしていた製品・サービスを，自らのプラットフォームに取り込むことで，プラットフォームの境界を見直そうとする動きである。

3.5　競合プラットフォームによる模倣

　自社プラットフォームの価値提案を見直すことで，ユーザーや補完者によるマルチホーミングのリスクを回避したり，コモディティ化から脱却したりしようとする媒介型プラットフォームにとって厄介なのが，模倣者の存在である。Zhao et al.（2020）が分析対象とした，中国のオンライングループバイイング（共同購入）サービス12社の媒介型プラットフォームの事例分析からは，複雑な設計のビジネスモデルに基づくプラットフォームビジネスを創出したプラットフォーム企業が引き続き市場のリーダー的地位を維持した一方で，他プラットフォーム企業にとっては，単純なビジネスモデルのプラットフォームビジネスを新規創出するよりも，リーダー的地位にあるプラットフォーム企業のビジネスモデルを模倣した方が，その後の市場での生存率が高いことが示唆される。

　模倣者が増加するにつれ，プラットフォーム間で機能的な差異が無くなれば，成熟プラットフォームにとっては再びマルチホーミングのリスクにさらされる。加えて，媒介型プラットフォームに関しては，差別化された特色（differentiated feature）への需要が市場内にある場合，それに応えるニッチプレイヤーが市場に存在することになり，圧倒的な一人勝ちは形成されに

第Ⅰ部　環境変化に直面したソーシャルメディア型プラットフォームの衰退

くい傾向にある（McIntyre & Srinivasan, 2017）。プラットフォーム企業が価値提案を再設計し，その結果として他プラットフォームと差別化を図ったとしても，プラットフォーム間で模倣が続けば，市場内に差別化された特色をめぐる需要の中でも模倣のリスクにさらされ，差別化の結果分化し，ただでさえ少ない市場の需要をプラットフォーム間で奪いあうことも起こり得る。

　模倣への対処に関しては，共同購入サービスを事例にして，市場でリーダー的地位にあるプラットフォーム（成熟プラットフォーム）が自社サービスの情報（コンテンツ）の透明性を制限することで，他社からの模倣を減らすといった具体的検討もなされている（Li & Zhu, 2021）。成熟段階にある媒介型プラットフォームにとって，模倣への対処は自社競争力を左右する重要な課題であると言えるだろう。

4. 基盤型プラットフォームの競争力向上の 促進・阻害要因

4.1　基盤型プラットフォームとアーキテクチャ

　基盤型プラットフォームに関する研究は，PC やスマートフォンの OS やソフトウェア，ビデオゲームのハードなどの，プラットフォーム企業以外の他企業が利用する中核的な技術的アーキテクチャを提供するプラットフォーム（Cennamo, 2021）を主たる分析の対象としている。上述した通り，第1章で確認したプラットフォーム研究の出現期における IT・コンピューター業界の製品・サービスを対象とした検討（e.g., 出口, 1995; Gawer & Cusumano, 2002）と問題意識が通底している。

　そのため，基盤型プラットフォームに関する研究においては，製品・サービスがシステム性を有しているものとして捉える際の「アーキテクチャ」や「インターフェース」を鍵概念とした議論が中心を占める傾向にある。ここで，アーキテクチャとは「どのモジュールがシステムの構成要素となり，どのように機能するかを特定するもの」（Baldwin & Clark, 1997, 邦訳, p. 41）を指し，インターフェースとは「どのようにモジュールが相互作用するか，相互にどう置けるか，つながるか，情報交換するかという点を詳細まで

第 1 章　理論的検討(1)：成熟プラットフォームの競争力の促進・阻害要因

規定するもの」（Baldwin & Clark, 1997, 邦訳, p. 41）を指す。

　これは，基盤型プラットフォームの補完者が，アプリやソフトウェア，コンポーネントといった IT・コンピューターに関する補完品の開発者（開発業者）であることが多いという点と関係しているだろう。それゆえ，基盤型プラットフォームの研究においては，プラットフォーム企業とソフトウェアやサードパーティ製品の開発者とのアーキテクチャを通じた関係性を分析した研究が多く見られる（e.g., Boudreau, 2010; 2012; Gawer, 2009; Rietveld et al., 2019; 立本, 2017）。

　前節で述べたように，媒介型プラットフォームの競争力を説明する上では，勝者総取りの論理が支配的になりやすいことが指摘されてきた（Cennamo, 2021）。もっとも，基盤型プラットフォームにとって補完品やユーザーの規模が不要というわけではなく，プラットフォームが事業の初期に補完者数の基盤の大きさを目指すことは，媒介型プラットフォームと同様である。例えば，Boudreau（2010）は，ハンドヘルドコンピューターの OS をプラットフォームとみなし，OS を提供するプラットフォーム企業がデバイスメーカー（補完者）に対して OS へのアクセスを一部許可することによって，デバイスメーカーによるハンドヘルド本体の開発が促進されることを統計的に示した。立本（2017）も同様に，携帯電話市場を分析対象とし，プラットフォーム企業である通信事業者がインターフェースをオープンにしたサブシステム部分のみ，事業者の参入が促進されたことを実証している。

　このように，補完者数の拡大を目指す段階の基盤型プラットフォームの戦略においては，自社プラットフォームのインターフェースのどの部分をオープンにして補完者を呼び込みつつ，インターフェースのどの部分をクローズドにして収益を確保するかという点が重要となる。つまり，プラットフォームのアーキテクチャ設計を通じた「オープン／クローズ」のトレードオフに関する意思決定が，基盤型プラットフォーム研究に関する中心的な議論であった（e.g., Boudreau, 2010; 2012; 小川, 2015; 立本, 2017）。

4.2　ネットワーク効果の限定性

　上述の通り，基盤型プラットフォームは自社プラットフォームのインターフェースの適切な設計を通じて，補完者数の拡大を目指す。その結果として，プラットフォーム企業はプラットフォームビジネスの基盤を拡大し，

039

第Ⅰ部　環境変化に直面したソーシャルメディア型プラットフォームの衰退

ネットワーク効果を梃子とした競争力を構築しようとする。しかしながら，前節で述べたように，基盤型プラットフォームは媒介型プラットフォームと比較して，プラットフォームビジネスから価値を生み出すにあたって，プラットフォームの規模が最も重要なドライバーになる条件が相対的に揃いづらい（Cennamo, 2021）。

　その理由として挙げられるのが，基盤型プラットフォームにおけるユーザーの需要や補完者の特質が異質的（不均質的）であるということである（Cennamo & Santalo, 2013; Rietveld & Eggers, 2018）。例えば，Rietveld & Eggers（2018）は，ビデオゲーム産業のデータを用いて，ビデオゲームビジネスにおける補完品であるゲームソフトの販売数量が，ゲーム機器のライフサイクルの進行に伴って減少することを明らかにしている。彼らはその要因として，ユーザーの嗜好は同質的（homogeneity）ではなく，異質的（heterogeneity）であることを挙げており，それゆえに製品の需要とプラットフォームビジネスの規模の拡大との関係も単調関係（monotonic relationship）にはならないことを示唆している。

　通常，ある時点（t）におけるネットワーク効果の大きさを検証する際，主たる説明変数には，その直前（t-1）までの累積的なユーザー数や補完品の数などを用いるのが一般的であろう。しかし，ユーザーの需要や嗜好が異質的であるため，ネットワーク効果の大きさは説明変数に対して常に一定とは限らない。その結果として起こるのが，時間経過に伴うネットワーク効果の減少である。例えば，山口（2016）は，ビデオゲーム産業のデータを用いた実証分析を通じて，ネットワーク効果が時間経過とともに減少することを明らかにしている。

　さらに，ネットワーク効果の減少をもたらす要因として指摘されているのが，補完者間の関係性である。通常，基盤型プラットフォームの補完者である，例えばPCやスマートフォンのアプリケーションの開発者間の関係は，協力的であったり補完的であるというよりもむしろ，ユーザーからの選好を巡って代替的であったり，競争関係にあったりする（Boudreau, 2012）。そのため，補完者数が過度に増加することで，プラットフォームから収奪できる価値が減る補完者は，当該プラットフォームから退出する可能性がある。Boudreau（2012）はこれを，補完者のクラウディングアウト（crowding out）と指摘している。あるいは，同様の問題意識のもと，Tiwana（2015）

040

第 1 章　理論的検討(1)：成熟プラットフォームの競争力の促進・阻害要因

は，プラットフォーム内の補完者の増加に嫌気が差して，補完者がプラット
フォームを離脱することを"platform desertion（プラットフォーム離脱）"
と表現している。このような要因による，時間経過に伴うネットワーク効果
の減少は，成熟段階の基盤型プラットフォームの競争力の阻害へとつながる
ものであろう。

4.3　競合プラットフォームの参入

　成熟プラットフォームのネットワーク効果の減少をもたらす異なる要因と
して，基盤型プラットフォームビジネス特有の競合プラットフォームの市場
参入戦略も挙げることができる（Eisenmann et al., 2011; Karhu & Ritala,
2021）。例えば，第 1 章でも言及した通り，Eisenmann et al.（2011）は，
既存プラットフォームが強力なネットワーク効果と高いスイッチングコスト
によって守られている市場への，競合プラットフォームの新規参入戦略を検
討している。具体的には，ターゲットとなる市場に対して，現在参入者が保
有しているプラットフォームビジネスの顧客基盤と，当該市場との間で共通
のものとなるコンポーネントを活用することで，現在のプラットフォームの
機能にターゲットとなる既存プラットフォームが保有するプラットフォーム
機能をバンドルすることによって参入を行う，プラットフォーム・エンベ
ロープメント戦略を提起している。この戦略においては，基盤型プラット
フォームに特徴的なコンポーネントを活用するとともに，新規参入する包囲
者（例：Windows Media Player）は，ターゲットとなる既存のプラット
フォーム企業（例：Real Player）がユーザーにアクセスできないようにす
ることで，既存のプラットフォーム企業（例：Windows）が享受していた
ネットワーク効果を利用し，シェアを獲得できることを挙げている。
　プラットフォーム・エンベロープメントの他にも，既存プラットフォーム
が補完者に対して公開したソフトウェア開発キットや API（application
programming interface）[3]といった既存プラットフォームのプラット
フォーム資源を巧みに活用し，ただ乗りに近い形で競合プラットフォームが
後発として市場に参入するといった戦略も観察されている（Karhu & Rita-

---

[3]　API とは異なるソフトウェア・プログラム間での通信を可能にするメカニズムを指す。
　　API を利用することで，様々なプログラムを組み合わせたり，様々なソースからのデー
　　タを統合したりすることができる（Subramanian, 2022）。

041

第Ⅰ部　環境変化に直面したソーシャルメディア型プラットフォームの衰退

la, 2021）。このような市場参入を目論む競合プラットフォームの戦略に共通するのは，コンポーネントの活用やインターフェースのデザインによるユーザーのアクセス制限，APIの活用といった，アーキテクチャ特有の性質を活かしているということにある。基盤型プラットフォームにおいては，アーキテクチャ設計が重要な課題となるのは既に述べた通りであるが，これらの競合プラットフォームの戦略が示唆しているのは，市場地位を既に築いている成熟プラットフォームにとって，自社プラットフォームの技術的アーキテクチャ自体に間隙が存在している可能性もあるということである。競合プラットフォームの参入は，補完者やユーザーのマルチホーミングをもたらす（McIntyre et al., 2021; Tavalaei & Cennamo, 2021）。そのため，既存の成熟プラットフォームにとっては，自社の競争力を脅かされぬよう，アーキテクチャの設計や見直しが求められるのである。

4.4　アーキテクチャの設計・見直し

　ここまで本節で確認してきたように，基盤型プラットフォームにおいては，ユーザーや補完者の性質や成熟プラットフォームの技術的アーキテクチャの間隙を突いた競合プラットフォームの参入リスクもあり，ネットワーク効果の限定性が確認される。つまり，基盤型プラットフォームでは，媒介型プラットフォームに見られる勝者総取りの論理に基づく「get-big-fast戦略」が相対的に通用しにくい（Cennamo & Santalo, 2013）。そこで，基盤型プラットフォームの競争力について検討する際に求められるのが，「独自性の論理（distinctiveness logic）」（Cennamo, 2021）による視点である。独自性の論理とは，特定のプラットフォームが製品・サービス市場において独自のアイデンティティを獲得し，勝者総取りの論理とは相反する意思決定に基づき他のプラットフォームと差別化を図るというスタンスに基づく論理である。

　具体的には，（1）自社プラットフォームが提供する製品やサービスのターゲットの範囲やポジショニングに関する視点と，（2）プラットフォームのアーキテクチャの視点から成り立つ（Cennamo, 2021）。（1）の具体的な視点には，例えば，同一の市場における他社と異なる補完品のポートフォリオ（Cennamo & Santalo, 2013），プラットフォームの提供する製品・サービスの品質面の優位性（Zhu & Iansiti, 2012），補完者のスクリーニングを通

042

第 1 章　理論的検討(1)：成熟プラットフォームの競争力の促進・阻害要因

じた補完品の多様化と品質の両立（Wareham et al., 2014），プラット
フォームとして衆目を集めるべきと考える補完品の積極的なプロモーション
(Rietveld et al., 2019)，といった点が，成熟段階における基盤型のプラッ
トフォームビジネスに必要な施策として指摘されている。

　また，後者（2）の視点は，アーキテクチャが特徴的な要素となる基盤型
プラットフォームにとって，より適合度が高いものである。前述の通り，成
熟プラットフォームにとっては，自社の競争力を保持するため，アーキテク
チャの設計や見直しが求められる。具体的には，近年の研究において，一定
の規模までプラットフォームビジネスを拡大した後はさらなる規模を追求す
るのではなく，適切なアーキテクチャ設計による補完者の多様性の追求とガ
バナンスのバランス（もしくは両立）(Boudreau, 2012; Wareham et al.,
2014)，適切なアーキテクチャ設計に基づく補完者のガバナンス（Boudreau,
2010; Saadatmand et al., 2019)，オープン／クローズの適切なバランスの
追求（Parker & Van Alstyne, 2018)，補完者を自社のプラットフォームに
繋ぎ止めるための設計権限の移譲度合い（Tiwana, 2015）といった要素を
検討する必要があることが指摘されている。これらは，本章 3.4 項で述べた
媒介型プラットフォームにおけるプラットフォームの境界の見直しを通じた
アプリ開発者の動員問題の議論とほぼ類似している。

　基盤型プラットフォームが，ネットワーク効果を意識して補完品の基盤を
拡大していった結果，補完品が百花繚乱になることによって逆に粗悪な補完
品が市場にあふれ，結果としてユーザーにネガティブな顧客体験をもたら
し，プラットフォームビジネスの持続性に深刻な悪影響を与えることもある
(Wareham et al., 2014)。事実，ビデオゲームの市場では，粗悪な補完品
（ゲームソフト）が濫造された結果，プラットフォーム企業が競争力を失う
ばかりか，市場そのものが崩壊の危機に陥ったという教訓も共有されている
（いわゆる「アタリショック」）。成熟プラットフォームにとって，補完品の
バラエティ追求と，品質やユーザーへの提供価値とを両立させることは，補
完品の量的拡大以外の成長（McIntyre et al., 2021）を検討する際に重要な
問題となるのである。

　これらの基盤型プラットフォームにおけるアーキテクチャの設計や見直し
に関する議論において研究課題となりつつあると言えるのが，補完者エン
ゲージメントのマネジメント[4]である。補完者エンゲージメントとは，補完

第Ⅰ部　環境変化に直面したソーシャルメディア型プラットフォームの衰退

者によるプラットフォームに対する貢献と，プラットフォームのルールやプロセスの遵守（Saadatmand et al., 2019）を意味しており，プラットフォームビジネスの成否を左右する要因の１つとされている（Boudreau, 2012）。例えば，Saadatmand et al.（2019）では，スウェーデンの道路運送業界の共有コンピュータシステム開発の事例分析を通じて，システム開発者である補完者のエンゲージメントを維持するためのプラットフォームのアーキテクチャ設計や組織マネジメントが検討されている。補完者にとっては，どのプラットフォームビジネスに参加するかによって自らの収益が左右され（Ceccagnoli et al., 2012），かたや，成熟プラットフォームにとっても補完者を繋ぎ止めることは，自社の競争力を維持するために欠かせない（Tiwana, 2015）。このような両輪の関係と関わる補完者エンゲージメントの検討に際しては，補完者の能力や経営行動や（Ceccagnoli et al., 2012; Huang et al, 2013; Mantovani & Ruiz-Aliseda, 2016），プラットフォームの補完者同士の交流（Foerderer, 2020）への着目を行った研究も進展している。

5. 文献レビューの総括とソーシャルメディア型 プラットフォームの理論的位置づけ

5.1　文献レビューの総括

　前節では，本章の目的に沿った文献レビューを通じて，成熟プラットフォームの競争力向上の促進・阻害要因を検討した。プラットフォームの種別ごとに，促進・阻害要因の要点とそれを議論している文献を整理したものが表1-2である。前節で検討した成熟段階の媒介型プラットフォームに関する論点は，とりわけユーザーや補完者の基盤を拡大する局面を対象として，勝者総取りの論理が支配的になりがちなものであったが，その見方自体が同時に問題ともなっていた（Cennamo & Santalo, 2013; Cennamo, 2021）。なぜならば，媒介型プラットフォームでは，勝者総取りの論理が支配的になりやすい条件が総体的に揃いやすいため（Cennamo, 2021），媒介型プラットフォームビジネスにおけるプラットフォーム企業は，ユーザーや補完者の

4）補完者エンゲージメントについては第2章で詳しく検討する。

第 1 章　理論的検討(1)：成熟プラットフォームの競争力の促進・阻害要因

表 1-2　成熟プラットフォームの競争力向上の促進・阻害要因

	媒介型プラットフォーム	基盤型プラットフォーム
支配的な論理	勝者総取り	独自性
成熟時における競争力向上の促進要因	・価値提案の見直し（Isckia et al., 2020; McIntyre et al., 2021） ・PF の範囲・境界の見直し ・デジタル・インターフェースの設計（Gawer, 2021） ・サービス・アプリケーションのファーストパーティー化（Hagiu & Spulber, 2013; Li & Agarwal, 2017）	・アーキテクチャの設計・見直し ・補完者の多様性の追求とガバナンスのバランス（もしくは両立）（Boudreau, 2012; Wareham et al., 2014） ・適切なアーキテクチャ設計に基づく補完者のガバナンス（Boudreau; 2010; Saadatmand et al., 2019） ・オープン／クローズのバランス（Parker & Van Alstyne , 2018） ・設計権限の委譲度合い（Tiwana, 2015） ・補完者の行動・能力を前提としたエンゲージメントマネジメント（Ceccagnoli et al., 2012; Foerderer, 2020; Huang et al., 2013; Mantovani & Ruiz-Aliseda, 2016; Saadatmand et al., 2019） ・PF の製品・サービスのターゲットの範囲やポジショニングの工夫（Cennamo & Santalo, 2013; Rietveld et al., 2019; Wareham et al., 2014; Zhu & Iansiti, 2012）
成熟時における競争力向上の阻害要因	・PF のマルチホーミングや選択・利用がもたらす不確実性 ・ユーザーのマルチホーミング（Isckia et al., 2020; Li & Zhu, 2021; Subramanian et al., 2021） ・補完者による選択・利用（Edelman, 2014; Li & Zhu, 2021; Wang & Miller, 2020） ・競合 PF による模倣（Li & Zhu, 2021, Zhao et al., 2020）	・ネットワーク効果の限定性 ・ユーザー・補完者（補完品）の需要の不均質性（Cennamo & Santalo, 2013; Rietveld & Eggers, 2018） ・補完者のクラウディングアウト・離脱（Boudreau, 2012; Tiwana, 2015） ・競合 PF の参入 ・アーキテクチャ特有の性質を活用した参入（Eisenmann et al., 2011; Karhu & Ritala, 2021） ・競合 PF 参入によるユーザー・補完者のマルチホーミング（McIntyre et al., 2021; Tavalaei & Cennamo, 2021）

出所：筆者作成

第Ⅰ部　環境変化に直面したソーシャルメディア型プラットフォームの衰退

基盤拡大を志向する傾向が非常に強いからである。

　しかし実際には，プラットフォーム利用にあたってのスイッチングコストが低い場合は，ユーザーや補完者によるマルチホーミングに直面するため，競争力が低下する恐れがある。そのため，プラットフォーム企業は自社プラットフォームビジネスの価値提案を見直すことで競争力を維持または向上させようとするが，それでもなお，競合プラットフォームによる模倣への対処という課題が残る。

　他方で，基盤型プラットフォームにおいては，独自性の論理によって説明可能なマネジメントが，媒介型プラットフォームと比較して相対的に比重を増す。基盤型プラットフォームにおいては，ユーザーや補完者の異質性が見られるため，ネットワーク効果の限定性が存在する。そのため，補完品の量的拡大以外の成長（McIntyre et al., 2021）が競争力維持または向上の鍵となる。その際，基盤型プラットフォームにおいては，その特質の１つであるアーキテクチャの設計や見直しによって，プラットフォームの「オープン／クローズ」のバランスをとることや補完者のガバナンスを行うことで，競争力を維持または向上させようとする。

　以上の整理からは，プラットフォームの種別ごとの補完者やユーザーの特質の違い，またそもそも当該プラットフォームビジネスを貫く支配的論理の相違があるために，各種別の成熟プラットフォームにおける競争力の促進・阻害要因やその対処法が異なることが明らかとなった。一方で，レビュー対象となった計34本の文献のうち，7本の研究[5]については，異なるプレイヤー間を媒介するという媒介型プラットフォームの特徴を持ちつつも，媒介型プラットフォームとは取り扱う財の性質や構造の異なるプラットフォームを取り扱っていた。

5.2　ソーシャルメディア型プラットフォームへの着目と
　　その特有の性質

　近年，SNSや口コミサイト，動画投稿プラットフォームのように，ユーザー間の情報交換やユーザー同士の社会的交流を実現するプラットフォーム

---

[5]　具体的には，Boudreau & Jeppesen（2015），Gawer（2021），Hagiu & Spulber（2013），Jain & Qian（2021），Kane & Ransbotham（2016），Li & Agarwal（2017），Subramanian et al.（2021），の7本である。

第1章　理論的検討⑴：成熟プラットフォームの競争力の促進・阻害要因

が増加している（e.g., Moazed & Johnson, 2016; Parker et al., 2016）。ここでは便宜上それらを，ソーシャルメディア型（social media-type）プラットフォームと呼称する。本書では，このソーシャルメディア型プラットフォームを，「プラットフォームビジネスの参加プレイヤーによって生成される情報を，他の参加プレイヤーに発信または共有するための方法を提供するプラットフォーム」であると定義する。

　ソーシャルメディア型プラットフォームは，ユーザー間の情報発信や共有を可能とするものであるため，プレイヤー間の取引に関わる媒介型プラットフォームと一見区別がしづらい。実際，媒介型プラットフォームを扱った研究においては，ソーシャルメディア型プラットフォームは，媒介型プラットフォームの一種として取り上げられることがほとんどである（e.g., Cusumano et al., 2019; Eisenmann et al., 2006）。しかし，媒介型プラットフォームとソーシャルメディア型プラットフォームにはいくつかの性質上の相違が存在すると考えられる。

5.2.1　ソーシャルメディア型プラットフォームの機能と構造

　まず違いとして挙げられるのが，ソーシャルメディア型プラットフォームにおいて交換される主要な財が，物財・物理的存在あるいは企業が提供するサービスではなく，ユーザーによって生成される情報であることである。例えば，媒介型プラットフォームであるeBayやUberなどにおいても，商品情報やライドシェアの情報はプラットフォーム上で交換される。しかし，実際に，プラットフォームを利用するユーザーが受け取る価値は，実在する商品や実際のライドシェア体験になる。また，同じく媒介型プラットフォームであるVISAにおいては，決済情報がユーザーとカード加盟店の間でやり取りされるが，その情報は企業が提供する決済サービスの一部であるし，決済という行動そのものもユーザーにとっては物理的な体験である。一方，ソーシャルメディア型プラットフォームにおいては，そこで交換される情報，さらに言えば，ユーザーによって生成される情報そのものの整理や情報流通の促進，情報の質の担保がユーザーにとっての価値となる（e.g., Gawer & Cusumano, 2008）。

　加えて，ソーシャルメディア型プラットフォームにおいて特徴となるのが，情報投稿者としてのユーザーの位置づけである。例えば，Twitterや

047

第Ⅰ部　環境変化に直面したソーシャルメディア型プラットフォームの衰退

FacebookといったSNSのようなプラットフォームにおいて，ユーザーは情報を入手したり閲覧する消費者としての立場を有すると同時に，プラットフォームのサービスを成立させるコンテンツである情報を提供する立場となる（Cennamo, 2021; Subramanian et al., 2021）。これは，口コミサイトにおいても，ユーザーの口コミの内容や数自体が口コミサイトの価値へとつながるという意味において同様である。つまり，ソーシャルメディア型プラットフォームにおいては，コンテンツの投稿者が，プラットフォームにとってのユーザーでもあり補完者にもなるという，ユーザーと補完者が折り重なった存在になるということが特質となる。

5.2.2　ソーシャルメディア型プラットフォームにおける投稿者の行動の動機

　さらに，ここで課題となるのが，ソーシャルメディア型プラットフォームにおける情報を投稿するユーザー兼補完者（以下，利用者）は，経済的動機とは異なる動機による行動を取り得るということである。プラットフォームに関する既存研究においては，補完者の行動の動機は売上や利益といった経済的なものであるという考えに基づいてネットワーク効果の形成を想定してきた（Boudreau & Jeppesen, 2015）。

　例えば，ネットショッピングサイトの出店者のプラットフォームへの参加の動機は，主に自社の収益確保であろう。しかし，ソーシャルメディア型プラットフォームの利用者の場合，経済的動機とは異なるものに従って行動する場合もあると考えられる（Boudreau & Jeppesen, 2015）。SNSや口コミサイトなどの場合，面白さややりがいなどの内発的動機（e.g., Osterloh & Rota, 2007; Roberts et al., 2006），社会的・互恵的な動機（e.g., Von Hippel & Von Krogh, 2003），シグナリングと評判を獲得しようとするインセンティブ（e.g., Restivo & Van De Rijt, 2012; Zhang & Zhu, 2011）などがコンテンツ投稿の動機となり得る。加えて，SNSやユーザーコミュニティ等においては，コミュニケーション自体を楽しむことを目的とした，コンサマトリー（consummatory）参加もある（金森, 2009）。

　ソーシャルメディア型プラットフォームの中にも，YouTubeのような動画投稿・閲覧サービスのように利用者が広告収入を得られるケースや，寄付や投げ銭のような利用者を支援するようなケース（Jain & Qian, 2021）もある。しかし，それらを除けば，ユーザー間の金銭的取引も基本的には存在

しないため（Parker & Van Alstyne, 2005; Seamans & Zhu, 2014），こうした，プラットフォームの既存研究が補完者の動機として想定していた経済的なもの以外の動機を考慮することが，ソーシャルメディア型プラットフォームにおける補完者やユーザーのマネジメントを考慮する際には求められる。

　その際に必要となるのが，利用者による非経済的動機の存在を前提としたコンテンツ投稿を引き出すための，補完者エンゲージメントの維持・向上のためのマネジメントである。成熟段階にあるソーシャルメディ型プラットフォームにとって，環境変化が起こったとしてもなお自らの競争力を維持するためには，自らの製品・サービスの中核となるコンテンツを補完者から集めることは必須である。ソーシャルメディア型プラットフォームが環境適応を行おうとする際の補完者マネジメントは，当該プラットフォーム特有の課題となる。この点についての詳細は第2章で検討する。

6. 課題の所在

　これまで検討してきたように，本書がソーシャルメディア型プラットフォームと呼称するプラットフォームは，媒介型プラットフォームとしての性質を持ちながらも，典型的な媒介型プラットフォームとは明らかに異なる特質を有していると言えるだろう。それぞれのプラットフォームとしての構造と特徴をまとめたのが図1-1および表1-3である。

　多くの先行研究がソーシャルメディア型プラットフォームと媒介型プラットフォームを区別してこなかったように，ソーシャルメディア型プラットフォームの構造は，基盤型プラットフォームのそれとは明らかに異なるのとは対照的に，媒介型プラットフォームとはよく似ている。両者の主たる提供機能がユーザーと補完者の媒介という点はほぼ共通していると言ってよいだろう。しかし，媒介型プラットフォームのユーザーがプラットフォームから得られるものが物財としての製品あるいは企業が提供するサービス，とりわけ物理的体験によって消費するサービスであるのに対して，ソーシャルメディア型プラットフォームからユーザーが得られるのは他の参加者によって生み出された情報である。また，媒介型プラットフォームのユーザー（商品の購入）と補完者（商品の販売）が明確に分離されているのに対して，ソー

図1-1 プラットフォームの構造の比較

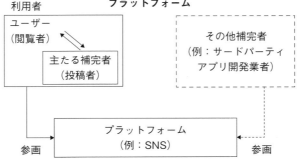

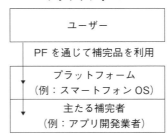

出所：筆者作成

第1章　理論的検討⑴：成熟プラットフォームの競争力の促進・阻害要因

表1-3　プラットフォームの分類ごとの特徴の比較

特徴 ＼ プラットフォームの名称	ソーシャルメディア型プラットフォーム	媒介型プラットフォーム	基盤型プラットフォーム
プラットフォームの主たる提供機能	ユーザーと補完者の媒介	ユーザーと補完者の媒介	補完者への技術的アーキテクチャ提供
ユーザーが享受するもの	プラットフォームビジネスの参加プレイヤーによって生成される情報そのもの	売り手の製品・サービス	プラットフォームと補完品が一体となった製品・サービス
プラットフォームの主たるユーザー	情報の消費者	買い手	消費者
プラットフォームの主たる補完者	情報の生成・投稿者	売り手	補完品（アプリケーション，ソフトウェア等）提供者
ユーザーと補完者の位置づけ	ユーザーが補完者にもなり得る	分離されている	分離されている
補完者の活動の動機	経済的動機も非経済的動機もあり得る	経済的動機	経済的動機
具体例	Facebook, YouTube, 口コミサイト	Amazon マーケットプレイス クレジットカードサービス	Windows, Mac などの PC の OS ビデオゲームのハード

出所：筆者作成

シャルメディア型プラットフォームにおいては，ユーザーと補完者が折り重なる入れ子構造になっており，ユーザーはコンテンツを投稿する補完者としての立場も持っている場合がある。さらに，媒介型プラットフォームの補完者の活動が経済的動機によって行われるのに対して，ソーシャルメディア型プラットフォームの補完者は，経済的な動機によって行動することもあれば，非経済的動機のみによって行動することもあり得る。

　このような違いがあるにもかかわらず，ソーシャルメディア型プラットフォームに関しては，先行研究において特別な性質を持つものとしては分析

051

第Ⅰ部　環境変化に直面したソーシャルメディア型プラットフォームの衰退

対象とされていない。例えば，Cusumano et al.（2019）は媒介型プラットフォームの文脈（彼らが言うトランザクションプラットフォーム）の中においてソーシャルメディア型を検討しており，本書が指摘したようなソーシャルメディア型プラットフォーム特有の性質を抑えた検討が十分になされてきたとは言い難い状況にある。また，Cennamo（2021）が提示した，情報市場のプラットフォームの分類においては，SNSや旅行情報の口コミサイト，検索エンジンなどが例として挙げられており，これらは本書でいうソーシャルメディア型プラットフォームの対象と重なっている。しかしながら，Cennamo（2021）では，情報の整理やユーザー間の情報交換といった情報市場のプラットフォームの提供機能面，あるいはユーザーや補完者が享受できる便益の側面からの定義や説明，検討が行われているものの，プラットフォーム上で取引される財の性質やそれを投稿する補完者（ユーザー）の特質の検討は行われていないため，構造的にも機能的にも，既存研究が指摘する媒介型プラットフォームとの明確な違いを見出すことは難しくなっている。

　本書はこれらの先行研究を踏まえた上で，ユーザーや補完者が生成する情報に基づくコミュニケーション機能が主体となるプラットフォーム，つまり，SNSや口コミサイトのようなソーシャルメディア型プラットフォームに焦点を当て，研究対象とする。ここで強調しておきたいことは，本章の目的が，Cusumano et al.（2019）やCennamo（2021）の分類を批判することで，プラットフォームの新たな分類を提示することを目指しているわけではないという点である。

　実際，両研究も指摘している通り，全てのプラットフォームビジネスがいずれかのプラットフォームの分類の中に完全に区別できるわけではなく，オーバーラップした性質を持つことは決して珍しくない。先述したハイブリッド・プラットフォームはその一例である（Cusumano et al., 2019）。また，それぞれの研究がプラットフォームを分類する上での着眼点も当然異なっているであろう。それゆえ，本書が主張したいことは，これまで十分に議論されてこなかったソーシャルメディア型プラットフォームの特質を指摘した上で，それらを整理することで，そのプラットフォーム特有のマネジメントについて論じる必要性を明らかにすることである。

　この観点に立った時，ソーシャルメディア型プラットフォームに関する議論は，プラットフォームビジネス研究においてまだ発展段階にあると考えら

れる。既存研究の多くは，研究対象に関するデータの入手可能性という観点も関係していると考えられるが，PCやスマートフォンのアプリケーション・ソフトウェア（e.g., Boudreau, 2012; Tiwana, 2015）やビデオゲーム（e.g., Rietveld & Eggers, 2018; Zhu & Iansiti, 2012）のビジネスに関連するものが多く，近年増加しているソーシャルメディア型プラットフォームに関わる現象（e.g., Moazed & Johnson, 2016; Parker et al., 2016）を分析対象とした研究は今後のさらなる発展が期待できる。

　加えて，本書において，成熟段階のプラットフォームビジネスに着目すべきであることの必要性と重要性は序章にて強調した通りである[6]。それゆえ，本書の問題意識と分析対象の一貫性を踏まえ，以降では，成熟段階のソーシャルメディア型プラットフォーム特有のマネジメントに関する検討を行う。

7. 小括

　本章では，成熟プラットフォームビジネスの競争力向上の促進要因と阻害要因について，文献レビューを通じて検討した。本章の結論は次の通りである。

　第1に，成熟プラットフォームビジネスの競争力向上の促進・阻害要因を整理した結果，プラットフォームの種別ごとに異なる要因が存在することが明らかとなった。具体的には，媒介型プラットフォームにおいては，ユーザーと補完者の基盤の拡大が重要であり，勝者総取りの論理が支配的である。一方で，基盤型プラットフォームでは，アーキテクチャ設計や補完品の多様性などの独自性が競争力の鍵となることが示された。

　第2に，ソーシャルメディア型プラットフォームの理論的位置づけを明らかにするために，ソーシャルメディア型プラットフォームが他のプラットフォームとは異なる特性を持つことを確認した。特に，ユーザーが同時に補完者としての役割を果たし，経済的動機だけでなく，非経済的動機も重要であることが強調された。この点で，ソーシャルメディア型プラットフォーム

---

[6]　言うまでもなく，本書が「成長段階」のソーシャルメディア型プラットフォームに着目する価値を否定しているわけではなく，あくまでも本書の問題意識と研究対象との一貫性を踏まえた範囲設定に基づくものである。

第Ⅰ部 環境変化に直面したソーシャルメディア型プラットフォームの衰退

は独自の競争力の源泉を持つことが理論的に位置づけられた。

　第3に，ソーシャルメディア型プラットフォーム特有のマネジメント課題として，当該プラットフォームへのコンテンツ投稿を引き出すための補完者エンゲージメントの維持・向上が必要であることを示した。それは，環境変化に直面したプラットフォームにとって，競争力を持続的に維持するために必要なものとなる。これにより，ソーシャルメディア型プラットフォームの管理者は，補完者の多様な動機を前提として，補完者エンゲージメントをマネジメントする仕組みを構築する必要があることが明らかとなった。

　以上の本章結論をもとに，次章では，ソーシャルメディア型プラットフォームに焦点をしぼったマネジメントについての理論的検討を続ける。詳しくは次章で述べるが，ソーシャルメディア型プラットフォームを，経営戦略論や経営組織論におけるプラットフォーム研究とは異なる視角で研究しているマーケティング論分野の研究の蓄積からの洞察を得ながら，ソーシャルメディア型プラットフォーム特有のマネジメントの理論的検討を行う。

第 2 章

理論的検討(2)：ソーシャルメディア型プラットフォームの企業行動と補完者エンゲージメント

　本章では，第1章で明らかになった，ソーシャルメディア型プラットフォームの特質を踏まえ，本書の研究課題1に取り組むために必要な理論的検討を引き続き行う。検討の鍵となるのは，第1章で確認した通り，ソーシャルメディア型プラットフォームには，プラットフォームへコンテンツを投稿する補完者の動機が経済的動機のみではなく，非経済的動機も含まれているという点である。この問題に取り組むために，本章ではまず，主に経営学におけるマーケティング研究の分野で議論され発展してきた「エンゲージメント」概念を援用しながら，成長過程にあるソーシャルメディア型プラットフォームの競争力との関係について検討する。その上で，成熟段階のソーシャルメディア型プラットフォームに環境変化が起こった時に，このエンゲージメントとソーシャルメディア型プラットフォームの競争力との関係が変化する可能性を指摘する。

1.　成熟段階のソーシャルメディア型プラットフォームが直面する課題

　ソーシャルメディア型プラットフォームにおける利用者の動機は，経済的動機のみではなく，非経済的動機を含んでいるという特有の性質がある。媒介型プラットフォームにおける売り手（例えば，ネットショッピングサイトの出店者）や基盤型プラットフォームの補完者（例えば，アプリ開発業者）において想定される法人プレイヤーや技術に通じたプレイヤーとは異なり，ソーシャルメディア型プラットフォームにユーザー生成コンテンツ（user generated content：UGC）を投稿するのは，いわゆる一般消費者（consumer）[1]である（Daugherty et al., 2008; Rodgers & Wang, 2011）。

第Ⅰ部　環境変化に直面したソーシャルメディア型プラットフォームの衰退

　このように，ソーシャルメディア型プラットフォームの場合，他の類型の
プラットフォームとは少々異なり，それぞれの参加プレイヤーの呼称に若干
の混乱が生じやすい傾向にある。そのため本書では，これ以降，ソーシャル
メディア型プラットフォームにコンテンツを投稿したり，それを閲覧したり
といった，一般消費者としてソーシャルメディア型プラットフォームに参加
するプレイヤー全体を「利用者」と表現する。そして，コンテンツを投稿す
る利用者（すなわち補完者）を「投稿者」，コンテンツを閲覧したり，その
上で閲覧したコンテンツに「いいね！」などのリアクションを示したりする
利用者を「閲覧者」と定義する。

　ここで，ソーシャルメディア型プラットフォームにおいて，利用者の集客
やガバナンスに対して重要な役割を果たすのが，デジタル・インターフェー
ス（Gawer, 2021）である。デジタル・インターフェースとは，例えば
SNS や口コミサイトにおける UGC の投稿ルールやユーザー・インター
フェースの設計等，プラットフォームがその参加プレイヤーに対して持つイ
ンターフェース全体を捉える概念である。デジタル・インターフェースは
データの共有範囲や共有方法といった問題に関わるものであり，それが存在
していることによって，投稿者のガバナンスや投稿されるコンテンツの管
理，あるいは，誰がコンテンツをプラットフォームに投稿可能かといった，
そもそもの投稿者の範囲設定や制限がプラットフォームにとって可能となる
（Gawer, 2021; Subramanian et al., 2021）。

　しかし，投稿ルールに従っていたり，投稿制限が課されていなかったりす
る場合，投稿者が比較的自由に UGC をプラットフォームに投稿可能である
ため，プラットフォーム企業によるコンテンツや利用者のマネジメントが意
図通りに行われない可能性がある。とりわけ，利用者の参加がオープン化さ
れているソーシャルメディア型プラットフォームの場合，よりその傾向は強

---

1) もっとも，近年では，法人が所有するアカウントが，ソーシャルメディア型プラット
フォームへのコンテンツの投稿を通じて，プロモーション活動を行う様子が観察され
る。しかし，こうした法人アカウントは，対価を支払って広告を掲載している，ある
いは投稿に対して報酬を受け取っているわけではないため，UGC をプラットフォーム
に投稿する構造そのものは一般消費者と同様である。また，既に指摘した通り，ソー
シャルメディア型プラットフォームの場合，ユーザーと補完者が明確に区別されてお
らず，理論上ユーザーが補完者にもなり得るし，その逆も然りである（第1章図1-1
および表1-3）。

第2章 理論的検討⑵：ソーシャルメディア型プラットフォームの企業行動と補完者エンゲージメント

いだろう。通常，ソーシャルメディア型プラットフォームにおいては，プラットフォームの規模が拡大するにつれ，UGC の量や多様性も増加することで，直接ネットワーク効果や間接ネットワーク効果[2]によってさらなる利用者がプラットフォームへと引きつけられる（Kane & Ransbotham, 2016）。ここで問題になるのが，ソーシャルメディア型プラットフォームにおいては，投稿者が UGC の品質を維持しようとするインセンティブが低いという点である（Bughin, 2007）。さらには，利用者が経済的動機とは異なる動機によって，UGC の投稿やプラットフォーム上でのコミュニケーションを行うことがあるため，総利用者数や UGC の数が増加するにつれて，プラットフォーム企業が，UGC の内容や機能（品質）のマネジメントを意図した通りに行うことが難しくなる。つまり，ソーシャルメディア型プラットフォームにおいては，UGC の制御，とりわけ成熟段階のプラットフォームにおいて，当該コンテンツ数や総利用者数が増加している局面におけるコンテンツや利用者のマネジメントが，プラットフォーム企業の意図通りには行いづらいものとなる。

2. エンゲージメント概念への着目

　プラットフォームビジネスは，階層化されたサプライチェーン，アライアンス，あるいは市場による調整のいずれにも該当しない組織間形態である[3]（Jacobides et al., 2018）。そのため，どのような閲覧者や投稿者であっても，原理的にはプラットフォームに参加することが可能ではあるが，同時にそこから退出することも容易である（木川ほか, 2020）。とりわけ，ソーシャルメディア型プラットフォームにおける補完者とは，商品そのものとも言える UGC の投稿者である。厄介なことに，ソーシャルメディア型プラットフォームにおいては，その投稿者の行動の動機が経済的動機だけではない上に，スイッチングコストも低いことから，特定のプラットフォームに投稿者

---

[2]　間接ネットワークについての詳しい説明は，序章の 4.1 項（特に図序-4）を参照のこと。

[3]　Jacobides et al.（2018）が言及しているのは厳密に言えば，プラットフォームビジネスではなくエコシステムに対してであるが，彼らの捉えるエコシステムには，本書が想定するプラットフォームビジネスが含まれている。詳細は，木川ほか（2020）pp. 8-12 を参照されたい。

第Ⅰ部　環境変化に直面したソーシャルメディア型プラットフォームの衰退

をロックインすることが他の形態のプラットフォームと比較して困難なのである。換言すれば，ソーシャルメディア型プラットフォームの投稿者は他の形態のプラットフォームのそれと比較して容易にプラットフォームから退出し得ることが示唆される。

　それゆえ，成熟段階にあるソーシャルメディア型プラットフォームは，自らのプラットフォームの競争力の維持あるいは向上を目指す上では，これまで述べてきたようなソーシャルメディア型プラットフォーム特有の性質を念頭に置いたマネジメントを行うことが求められるだろう。その際に重視すべき概念として，本書では，投稿者によるプラットフォームへの「エンゲージメント（engagement）」という考え方を導入する。

2.1　補完者エンゲージメント

　経営学におけるエンゲージメントという概念は，主にマーケティング分野において，カスタマーエンゲージメントの研究を通じて発展してきた（青木, 2021）。カスタマーエンゲージメントとは，顧客[4]と企業の間あるいは顧客間で行われる，購買行動以外の企業に対する貢献や関与，愛着を意味する概念である（e.g., Harmeling et al., 2017; Kumar & Pansari, 2016）。カスタマーエンゲージメントのマネジメントは，情報通信技術の発展によって顧客が企業に関与する機会が増加したこともあり，その重要性を増している（Malthouse et al., 2013）。

　このカスタマーエンゲージメントの概念をプラットフォームビジネス特有のプレイヤーである補完者に援用したのが，第 1 章でも触れた補完者エンゲージメントという概念である。補完者エンゲージメントとは，補完者によるプラットフォームに対する貢献と，プラットフォームのルールやプロセスの遵守（Saadatmand et al., 2019）を意味しており，プラットフォームビジネスの成否を左右する重要な要因の 1 つとされている（Boudreau, 2012;

---

[4]　一般的に，「顧客（customer）」には，対価を支払って製品やサービスを受け取る者を意味する場合があるが，本書が議論の対象とするソーシャルメディア型プラットフォームビジネスの場合，サービスの受益者と支払い者が同一にならないケースがしばしば存在する。また，本章の文脈における顧客とは，支払者の側面よりも受益者の側面を重要視しているため，本章においては，顧客とユーザー（あるいは利用者）をほぼ同義として取り扱うこととする。

第 2 章　理論的検討(2)：ソーシャルメディア型プラットフォームの企業行動と補完者エンゲージメント

Jacobides et al.,2018)。本書では，先行研究に倣い，カスタマーエンゲージメントの概念を援用しつつ，ソーシャルメディア型プラットフォームにおける UGC の投稿者（すなわち補完者）の位置づけの特性を踏まえ，「補完者（の）エンゲージメント」と表現する。

　ここで，以降のさらなる検討に先立ち，補完者エンゲージメントの概念を本書での分析の視座として導入する理由や意義を説明しておきたい。詳細は後述するが，補完者によるエンゲージメント（エンゲージメント行動）はソーシャルメディア型プラットフォームの UGC そのものの生成と関わっており（Cennamo, 2021），当該プラットフォームの競争力を取り巻く特有の課題を検討するのに不可欠の概念である。

　本書が検討している成熟段階にあるソーシャルメディア型プラットフォームの競争力低下という課題に関しては，ネットワーク効果の観点だけでは十分に説明できない。第 1 章で検討した通り，プラットフォームの競争力を説明する上で，規模拡大によるネットワーク効果の恩恵を受けやすい媒介型プラットフォームと比較して，基盤型プラットフォームやソーシャルメディア型プラットフォームは，相対的に規模拡大の恩恵を受けにくい（Cennamo, 2021）。基盤型プラットフォームの競争力向上の促進・阻害要因は第 1 章で検討した通りであるが，既存研究においてソーシャルメディア型プラットフォームの競争力を低下させている要因が十分に検討されていない点を踏まえると，ネットワーク効果とは異なる観点による説明が必要なことは明白である。

　無論，「ネットワーク効果以外の要因からの説明が必要である」ことが，「補完者エンゲージメントに着目する」ことを直ちに正当化することにはつながらないため，その点については次項にて引き続き検討を進める。

2.2　補完者エンゲージメント行動

　補完者エンゲージメントは，ソーシャルメディア型プラットフォームの競争力を読み解く上で重要な概念の候補の 1 つになり得るだろう。しかし，エンゲージメントそのものを企業や観察者が捕捉することは困難であるため，カスタマーエンゲージメントに関する先行研究では，顧客が企業にロイヤリティ（loyalty）を抱いた際にとる行動であるカスタマーエンゲージメント行動が分析の対象とされてきた（e.g., Kumar et al., 2010; Van Doorn et

al., 2010)。例えば，ある製品・サービスを提供している企業に顧客がロイ
ヤリティを抱くと，他の顧客による当該製品・サービスや企業が提供する他
製品・サービスの継続利用や利用拡大を促進させる，製品・サービスの改善
や革新に貢献する，あるいは顧客同士のネットワークに貢献する，といった
行動を取る（Kumar et al., 2010）。これらの行動は，カスタマーエンゲー
ジメント行動と呼ばれ，企業の競争力へとつながるものとされてきた（Van
Doorn et al., 2010）。

　ソーシャルメディア型プラットフォームにおけるカスタマーエンゲージメ
ント行動には，メディア上で「いいね！」を押す，他利用者の投稿へのコメ
ントを行うといった行為が挙げられる。こうした行動は，愛着を示したプ
ラットフォームに対するカスタマーエンゲージメント行動と言えるだろう。
これらのカスタマーエンゲージメント行動は，実務的にもカスタマーエン
ゲージメントの度合いを測定できる重要な指標とされてきた（山本・松村，
2017）。

　このような，先行研究におけるカスタマーエンゲージメントとカスタマー
エンゲージメント行動との関係，言い換えれば，理論上の概念と捕捉可能な
変数との関係にならい，本書では補完者エンゲージメントを観測可能にする
ための概念として，補完者エンゲージメント行動に着目する[5]。ソーシャル
メディア型プラットフォームにおける補完者エンゲージメント行動として
は，テキスト・写真・動画等の投稿などが該当する。これらの例示からも分
かるように，ソーシャルメディア型プラットフォームにおける補完者エン
ゲージメント行動は，プラットフォームの中核的なコンテンツである UGC
の生成活動そのものであるため（Cennamo, 2021），プラットフォーム企業
にとって補完者エンゲージメント行動のマネジメントは極めて重要なものと
なる。

---

[5]　以降，本書では，観測不可能である「補完者エンゲージメント」を測定可能にする代
　　理変数として「補完者エンゲージメント行動」を位置づける。それゆえ，本書では，
　　補完者エンゲージメントが高まれば，補完者エンゲージメント行動も増加するという
　　関係性を仮定する。

2.3 プラットフォーム企業による補完者マネジメントと補完者エンゲージメント行動

　既に述べたように，カスタマーエンゲージメントという概念は，主にマーケティング分野の研究によって発展してきた概念であり，企業がどのようにして顧客からのエンゲージメント行動を引き出すかについては既に多くの研究の蓄積がある。他方，プラットフォーム研究において，補完者エンゲージメント（あるいは補完者エンゲージメント行動）という概念そのものを明示的に用いている研究はそれほど多くはないものの，プラットフォーム企業が補完者を自らのプラットフォームに動員し，どのように貢献を引き出すかという点を議論の対象にしている研究は多数ある（e.g., Boudreau, 2010, 2012; Tiwana, 2015; 立本, 2017）。とりわけ，媒介型プラットフォームと比較してネットワーク効果によるユーザーや補完者のロックインが行いにくい基盤型プラットフォームに関する先行研究において，当該論点は活発に議論されてきた。

　例えば，第1章で言及した Boudreau（2010）や立本（2017）の研究は，プラットフォームのインターフェースのオープン度合いが補完者による補完品の開発に正の影響を与えることを実証している。対照的に，プラットフォーム上に同一カテゴリの補完品を開発する補完者が増加するにつれて，補完者がプラットフォームから退出することや（Boudreau, 2012），アプリケーションの開発において，プラットフォーム企業との調整コストが増加するほど，プラットフォームから離脱する可能性が高まることも指摘されている（Tiwana, 2015）。それゆえに，プラットフォーム企業は，意図した補完品あるいはプラットフォームそのものの質を保ったまま補完者エンゲージメント行動を引き出すために，適切な補完者のスクリーニングやアーキテクチャの設計などを考慮しなければならないことは，第1章で指摘した通りである。

　以上の点を踏まえれば，成熟段階にあるプラットフォーム，すなわち一定の規模にまで成長することに成功したプラットフォームには，補完者エンゲージメント行動を引き出すような補完者マネジメントが行われており，それがプラットフォームの競争力に繋がっていることが示唆される。なお，ここでいうプラットフォームの競争力とは，例えば月間ページビュー（PV）

図 2-1　ソーシャルメディア型プラットフォームによる補完者マネジメント，補完者のエンゲージメント行動，閲覧者の反応の好循環

出所：筆者作成

や月間アクティブユーザー数（MAU），週間アクティブユーザー数（WAU）といったプラットフォームビジネスにおける主要業績評価指標（KPI）によって示されるものを指している。

　また，補完者マネジメントとは，上述したソーシャルメディア型プラットフォームのデジタル・インターフェースに関わる問題，つまり，投稿者のガバナンスや投稿されるコンテンツの管理につながるルール設計や範囲設定と関わるものである。そして，補完者エンゲージメント行動は，主としてコンテンツの閲覧者と投稿者（すなわち補完者）の間に働く間接ネットワーク効果という正のフィードバックループによって増幅し，結果としてプラットフォームの競争力はさらに強化される。これが，ソーシャルメディア型プラットフォームにおけるプラットフォームの補完者マネジメントと補完者のエンゲージメント行動，そして閲覧者の反応の好循環を生み出す（図2-1）。

3. 環境変化との関係

　図2-1で示した通り，ある時点まで成長を続け，一定の規模にまで成長を遂げたプラットフォーム企業には，補完者エンゲージメント行動を引き出すことを可能とするプラットフォーム企業による補完者マネジメントが行われており，それが間接ネットワーク効果による正のフィードバックループの影響と相まってプラットフォームの競争力に繋がっていたと考えることができる。

　それでは，本書の関心事項である，成熟段階におけるプラットフォームの競争力低下という現象はなぜ生じるのだろうか。図2-1は，ソーシャルメディア型プラットフォームによる補完者マネジメント，補完者のエンゲージ

第2章　理論的検討(2)：ソーシャルメディア型プラットフォームの企業行動と補完者エンゲージメント

メント行動，閲覧者の反応の好循環を表すモデルであるため，プラット
フォームの競争力が低下したということは，いずれかの段階で好循環が崩れ
たのだと解釈することができる。

　この問題を克服する手がかりとして，カスタマーエンゲージメント行動に
影響を与える先行要因について，広範な文献サーベイに基づき理論モデルを
提案した Van Doorn et al. (2010) の研究を参照しながら検討を続ける。
Van Doorn et al. (2010) は，カスタマーエンゲージメント行動の先行要
因（antecedents）として，顧客ベース（customer-based），企業ベース
(firm-based)，コンテクストベース（contest-based）の３つの要因を挙
げている。顧客ベースの要因として挙げられるのは，顧客満足度やブランド
へのコミットメント，顧客の持つ時間や労力などいった資源などである。ま
た，企業ベースの要因としては，ブランドの特性や企業の評判，企業規模な
どがある。これら，顧客ベースの先行要因と企業ベースの先行要因は，恐ら
く時間的な変化をあまり想定していない静的な要因として捉えられている。

　３つ目のコンテクストベースの要因としてまとめられているのは，企業間
の競争要因や，経済・社会的・技術的側面といったマクロ環境がエンゲージ
メント行動に影響を与えるものとして検討されている。Van Doorn et
al. (2010) が挙げている例示[6]を見る限り，ある時点におけるマクロ環境と
は，特定の補完者のエンゲージメント行動に与える影響だけでなく，外生的
な変化を想定した動的な要因として考慮されていることが示唆される。すな
わち，彼らが捉えるコンテクストベースの要因というのは，当該企業を取り
巻く外部環境およびその変化を指していることが示唆されるのである。

　さらに，Van Doorn et al. (2010) は，コンテクストベースの要因，す
なわち外部環境（およびその変化）が顧客エンゲージメント行動に与える影
響には，直接的な影響だけでなく，顧客ベースの先行要因や企業ベースの先
行要因がエンゲージメント行動に与える影響に対する調整効果（モデレー
ター）として作用すると主張している。

　ここでは，先行要因を直接観測することは困難であるから，観測可能な行
動に変換し，(1) 環境変化がプラットフォーム企業の補完者マネジメントに

---

6) Van Doorn et al. (2010) で挙げられている例は，「家電メーカーにエネルギー効率を
　公表することを義務づける法律」，「ハリケーンのような自然災害」，「米国におけるト
　ヨタの大規模リコール問題」，「競合他社のマーケティング活動」などである。

第Ⅰ部　環境変化に直面したソーシャルメディア型プラットフォームの衰退

直接与える影響，（2）環境変化が投稿者による補完者エンゲージメント行動に直接与える影響，（3）（1）と（2）の間に働く調整効果に分解して整理する。

3.1　環境変化がプラットフォーム企業の補完者マネジメントに直接与える影響

　環境変化がプラットフォーム企業の補完者マネジメントに直接影響を与えるケースとしてまず考えられるのが，競合の参入や代替品の登場だろう。伝統的な戦略論において，競合の参入や代替品の登場といった脅威は，ある産業やそこに属する企業の収益性を脅かす脅威として捉えられてきた（Porter, 1980）。プラットフォーム研究の分野においても，第1章で述べたように，ある製品・サービス分野に他のプラットフォームが参入してきた場合，先行するプラットフォーム企業はその対処に迫られることになる（e.g., Eisenmann et al., 2011; Li & Agarwal, 2017; Li & Zhu, 2021; Zhao et al., 2020）。例えば，家庭用ゲーム機（ビデオゲーム）市場では，2000年代にMicrosoft社製のXboxが新規に参入し，本体をほぼ原価と同じくらいの価格で販売するというアクションを取った。そこで，SonyはPlayStation本体の価格を大幅に下げ，利益の大半もしくはほぼ全てをソフトウェア販売からのロイヤルティ（royalty）によって賄うという対応に迫られることになった（Cusumano et al., 2019）。

　代替品にも同様のことが言えるだろう。例えば，Amazonや楽天といったネットショッピングサイトの市場やそこで活動する企業の収益性は，中古品や新品をC2Cで取引可能なメルカリのような代替品の影響を受けていると考えられるし，YouTubeやTikTokに代表されるような動画投稿サイトの市場は，NetflixやHuluのような代替品（動画配信サイト）と視聴者の可処分時間を奪い合うことになり，それは当該ビジネスの広告収入を左右することになっているだろう。

　プラットフォーム企業や補完品が依拠するインフラストラクチャーなどの基盤技術が飛躍的な進歩を見せる際も，プラットフォーム企業の補完者マネジメントに直接的な影響を与える可能性がある。イノベーション研究の分野においては，技術的な進歩は既存企業の競争力を強化することも破壊することもあることが指摘されてきた。Tushman & Anderson（1986）によれば，ジェットエンジンに対するターボファンエンジン，蒸気船に対するスク

リュープロペラ船の登場は旅客機や旅客船の生産性を飛躍的に向上させ，既存企業の競争力を強化した（能力増強型イノベーション）。対照的に，全く新しい製品クラス（例えば，自動車，ゼログラフィー技術）の登場や，既存製品の置き換えを生む製品イノベーション（例えば，蒸気機関に対するディーゼルエンジン，真空管に対するトランジスタなど）や，これまでとは全く異なる工程のイノベーション（例えば，フロートガラス製法）などは既存企業の能力を破壊してしまった（能力破壊型イノベーション）。

　プラットフォーム研究においても，新しい技術の登場が当該ビジネスモデルの設計上の制約条件を克服につながり新しいビジネスモデルが登場することが示唆されている（國領, 1999）。序章で述べたように，PCの登場がMicrosoftやIntelのプラットフォーム化を可能にし，インターネットの登場や普及がAmazon，Yahoo! といった名だたる企業のプラットフォームビジネスを可能にした（Cusumano et al., 2019）。こうした例示からも分かる通り，技術変化そのものが競合の参入や代替品の登場といった環境変化をもたらす可能性も示唆される。

3.2　環境変化が補完者エンゲージメント行動に直接与える影響

　環境変化が補完者のエンゲージメント行動に直接与える影響は，環境変化がプラットフォーム企業に直接与える影響の裏返しと言える。つまり，技術変化やその他の理由によって，ある製品・サービス市場に別のプラットフォームが新規参入し場合，ユーザーや補完者は，スイッチングコストが十分に高い場合を除き，複数のプラットフォームにマルチホーミングする可能性が高い（Rochet & Tirole, 2003）。第1章でも指摘した通り，補完者にとっては複数のプラットフォームにマルチホーミングすることによって，一方のプラットフォームへの依存度を減らすことや（Wang & Miller, 2000），提供する補完品が自らにもたらす価値の最大化を期待することができる（Li & Zhu, 2021）。また，ユーザーから見た場合，スイッチングコストが低ければ複数のプラットフォーム製品・サービスを低コストで享受することが可能となる。先に挙げたXboxとPlayStationの事例では，Xboxの参入によってPlayStationの本体価格が低下した結果，若い成人男性を中心に，複数のゲーム機を所有するユーザーが増えるという結果を招いた

（Cusumano et al., 2019)。また，SNS や口コミサイトといったソーシャルメディア型のプラットフォームは，その性質上，特定のプラットフォームが利用者をロックインすることが困難であることが指摘されている（Subramanian et al., 2021)。

加えて，技術変化が補完者のエンゲージメント行動に与える影響は，必ずしもプラットフォーム企業の新規参入や代替品の登場に限らない。例えば，YouTube の閲覧数はインターネット回線の高速化やスマートフォンの普及によって圧倒的に増加したし[7]，Facebook をはじめとしたソーシャルメディアは，それまでインターネットやスマートフォンの普及が十分でなかった途上国のインフラが整うにつれて，利用者を多く増やした[8]。

3.3　環境変化による調整効果の影響

環境変化が補完者エンゲージメント行動に影響を与える第 3 のルートが，プラットフォーム企業の補完者マネジメントと補完者のエンゲージメント行動との間に働く調整効果である。外部環境の変化，例えば技術の進歩や法規制の改正などが，ある企業とは独立して変動する時，当該企業の補完者マネジメントが変化していなくても，補完者のエンゲージメント行動に正（または負）の影響を与えることが起こり得る。例えば，先に挙げた Tushman & Anderson（1986）の研究は，外生的な技術進歩が既存企業の能力を増強したり破壊したりすることを指摘したものである。

他方，特定の技術の下で漸進的な進歩を遂げてきた企業は，たとえ産業に画期的な基盤技術の変化が訪れたとしても，従来の技術基盤に基づく漸進的な進歩に固執してしまうことが指摘されている。その理由として，既存の事業（市場）における既存顧客の要求するものが従来の技術であることや（Christensen & Bower, 1996)，企業間の分業構造の変化に適応できないこと（Christensen & Rosenbloom, 1995; Henderson & Clark, 1990)，経営者の事業機会への認知の問題（Leonard-Barton, 1995; Tripsas &

---

[7] 総務省「コラム　YouTube（ユーチューブ）」『平成 19 年版　情報通信白書』(https://www.soumu.go.jp/johotsusintokei/whitepaper/ja/h19/html/j132d000.html)

[8] 「途上国のネット接続実現で格差なき世界をつくる　ソーシャル化する社会が世界を大きく変え始めた〜第 39 回」『JBpress』2023 年 8 月 29 日付記事（https://jbpress.ismedia.jp/articles/-/38542)

図 2-2　プラットフォーム企業の競争力強化のメカニズムと環境変化との関係

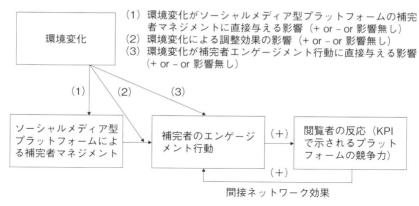

出所：筆者作成

Gavetti, 2000) などが指摘されてきた。このような問題が生じた場合，当該企業は環境変化に対する企業行動の変化の必要性を自覚しているか否かにかかわらず，企業行動に能力の硬直性（Leonard-Barton, 1995）や認知的な慣性（Tripsas & Gavetti, 2000）が働き，従来の企業行動を継続してしまうことが指摘されている。

　上記で挙げた先行要因は，必ずしもプラットフォーム企業を議論の対象に挙げたものではないが，主張されているロジックの大部分はプラットフォーム企業にも適用可能である。また，環境変化を必ずしも技術の変化のみに限定しているわけではなく，競合や代替品の登場といった変化をも取り扱っており，本章での議論と整合的である。以上の，環境変化とプラットフォーム企業の補完者マネジメント，補完者エンゲージメント行動との関係を，(1) 環境変化がプラットフォーム企業の補完者マネジメントに直接与える影響，(2) 環境変化が投稿者による補完者のエンゲージメント行動に与える影響，(3) (1)と(2)の間に働く調整効果に分解して示したものが，図 2-2 である。

4. 小括

　本章では，ソーシャルメディア型プラットフォームの競争力に対する補完者エンゲージメント（行動）の影響について詳細な検討を行った。第 1 章で

第Ⅰ部 環境変化に直面したソーシャルメディア型プラットフォームの衰退

も示した通り，ソーシャルメディア型プラットフォームにおける補完者のエンゲージメントは，経済的動機だけでなく，非経済的動機によっても影響を受ける。そのため，補完者がプラットフォームにどのように関与し，参加するかが，プラットフォームの全体的な競争力に直接的な影響を与えることになる。この点を踏まえると，プラットフォーム企業には，補完者エンゲージメント行動を引き出すための支援とインセンティブを適切に提供することが求められるだろう。

　また本章では，環境変化が補完者のエンゲージメントに与える影響についても検討を加えた。技術進化や市場の動向，競争の激化などの外部環境の変化は，補完者のエンゲージメントに直接的な影響を及ぼし，結果としてプラットフォームの競争力が変動する可能性があることが示唆された。これには，プラットフォーム企業がこれらの環境変化にどのように適応し，補完者のエンゲージメントを維持または向上させるかが鍵となる。

　次章では，以上の理論的検討を踏まえ，研究課題1に対するリサーチクエスチョンを導出する。

第3章

第Ⅰ部のリサーチクエスチョンと
研究方法

本章では，第1章および第2章での理論的検討を踏まえ，研究課題1に対するリサーチクエスチョン（RQ1）を導き出すとともに，後に続く章で検討するRQ1に対する事例の分析枠組みを整理する。その上で，事例の選択基準や各事例へのアプローチ方法について説明する。

1. これまでの議論の振り返りと
リサーチクエスチョンの導出

1.1 議論の振り返り

第1章では，プラットフォームビジネスに関する経営学分野の文献レビューを通じて，成熟プラットフォームビジネスにおける競争力向上の促進要因と阻害要因を明らかにした。特に，これまで媒介型プラットフォームの一部として位置づけられてきたソーシャルメディア型プラットフォームの理論的位置づけと，当該プラットフォーム特有のマネジメント上の課題に焦点を当てて検討した。具体的には，ソーシャルメディア型プラットフォームにおいては，閲覧者（ユーザー）と投稿者（補完者）が折り重なる入れ子構造となっている点や，補完者の動機づけやインセンティブ設計において，経済的な側面だけでなく，社会的・心理的な要素も考慮する必要性などである。

第2章では，ソーシャルメディア型プラットフォーム特有のマネジメント上の難しさを詳細に分析した。特に，補完者エンゲージメント行動に関する

069

第Ⅰ部　環境変化に直面したソーシャルメディア型プラットフォームの衰退

理論的検討を通じて，環境変化が補完者エンゲージメント行動に与える影響について議論した。また，環境変化，とりわけ技術革新や競合の出現が補完者エンゲージメント行動に与える影響についても検討を行い，これがプラットフォームの競争力にどのように影響するかを整理した。具体的には，補完者エンゲージメント行動の持続が難しくなる要因として，技術の進化や市場の変動，競争の激化が挙げられ，これらがプラットフォームの競争力低下に直結することが示された。

1.2　リサーチクエスチョンの導出

　これまで整理してきた通り，ソーシャルメディア型プラットフォームにおいては，補完者である投稿者によって投稿されるコンテンツや情報が，プラットフォームのサービスの中心となる（Cennamo, 2021）。そのため，プラットフォーム企業が，いかにして補完者マネジメントを通じて補完者エンゲージメントを引き出すかという問題は，プラットフォームビジネスの事業ステージが進展しても，あるいは環境変化が起こったとしてもなお，ソーシャルメディア型プラットフォームにとって重要な位置づけを占める。

　さらに先述したように，とりわけ利用者の基盤が拡大したソーシャルメディア型プラットフォームでは，プラットフォーム企業にとって，UGC数の増加そのものや，当該コンテンツの内容や質のマネジメントを意図通りに行うことが難しいという問題がある。そして，ソーシャルメディア型プラットフォームにおいては，補完者エンゲージメント行動が経済的インセンティブのみならず，非経済的インセンティブにおいても行われるという特徴もある（第1章参照）。これらの点が，ソーシャルメディア型プラットフォームビジネスのプラットフォーム企業による，投稿者のマネジメントの難しさを形作っている。

　上記の検討から，補完者エンゲージメント行動のマネジメントは，ソーシャルメディア型プラットフォームの競争力を左右する非常に重要な問題であると言える。それにもかかわらず，先行研究においては，プラットフォームの利用者の数的基盤を獲得し，市場での競争力を構築した成熟段階のソーシャルメディア型プラットフォームを対象として，補完者エンゲージメント行動のマネジメントの観点から，プラットフォームビジネスの競争力低下あるいはそれへの対処に関する十分な検討が行われてきたとは言いがたい。

第3章　第Ⅰ部のリサーチクエスチョンと研究方法

そこで，本書第Ⅰ部では，以下を研究課題1に対するリサーチクエスチョン（RQ1）として検討する。

RQ1：成熟段階にあるソーシャルメディア型プラットフォームが環境変化に直面した時，なぜ，どのような補完者マネジメントによって，補完者エンゲージメントを低下させてしまうのか。

このリサーチクエスチョンは，成熟段階にあるソーシャルメディア型プラットフォームによる環境変化への適応がなぜ困難になるのかを，特に補完者エンゲージメントの低下に焦点を当て具体的に探ることを目的としている。ここで，補完者エンゲージメントの低下とは，補完者エンゲージメント行動，具体的には補完者によるUGC投稿の量的減少という側面と，UGCを巡る補完者の行動の質的変化，例えば投稿するコンテンツの種類や内容の変化も含むものとする。このリサーチクエスチョンを通じて，プラットフォーム企業の具体的な経営課題に対する理論的および実践的な洞察を提供し，プラットフォーム企業の競争力低下の問題を解決するための指針を示すことを目指す。

2.　リサーチの範囲設定と分析枠組み

2.1　リサーチの範囲設定

ここで，上記のRQ1に関して，本書で行うリサーチの範囲設定を明確にしておきたい。

2.1.1　プラットフォーム企業による補完者マネジメント

ここでいう「プラットフォーム企業による補完者マネジメント」とは，これまで再三に渡って議論してきた補完者エンゲージメント行動を引き出すためのマネジメントを指す。より具体的には，補完者エンゲージメント行動を引き出すための，プラットフォーム企業による，製品・サービスの追加投入，経営施策の実行などの企業行動である。また，事例分析対象企業（後述）の，日本国内市場における補完者マネジメントのみを分析の対象とす

071

第Ⅰ部　環境変化に直面したソーシャルメディア型プラットフォームの衰退

る。そして，RQ1における，補完者マネジメントの対象は，ソーシャルメディア型プラットフォームにおける個人（一般消費者）の投稿者を念頭に置いており，法人は対象としない。

　既に述べた通り，ソーシャルメディア型プラットフォームにとって，補完者によるUGCの投稿はサービスの中心であり，当該プラットフォームの媒体の価値に直結する。本書はこのソーシャルメディア型プラットフォームにとって重要な補完者のマネジメントを，製品・サービスの追加投入，経営施策の実行を通じた，投稿者にUGCを投稿させるためのインセンティブをもたらす「仕組み」のマネジメントとして捉える（e.g., Boudreau & Jeppesen, 2015）。

2.1.2　成熟段階と環境変化

　プラットフォームの成熟段階とは，序章でも整理した通り，一度市場地位を築いた競争力（売上高や利益，ユーザー数といった経営パフォーマンスで計測可能なもの）を有する既存プラットフォーム企業（安定したビジネスモデルを構築し，市場地位を確保していたプラットフォーム企業）が，成長スピード（経営パフォーマンスの成長率）を低下させたり，市場地位を低下させたりする局面，つまり事業の再活性化や成長が求められる局面のことを指す。

　本書では，成熟段階にあるソーシャルメディア型プラットフォームにおける補完者のマネジメントの仕組みを分析対象とし，事業の立ち上げ時や成長期のそれは原則として対象としない。但し，成熟段階に差し掛かるまでにプラットフォーム企業が構築した補完者マネジメントの仕組みが，成熟段階においてはプラットフォームの競争力低下につながるという観点は検討する。

　また，第2章でも整理した通り，プラットフォーム企業による補完者マネジメントや，補完者エンゲージメント行動に影響を与える要因として，環境変化が挙げられる。本書で扱う成熟段階は，この環境変化の影響を受ける段階と捉える。本書ではとりわけ，ビジネスモデルやユーザーへの価値提案が異なる競合・代替品（直接の競合プラットフォームもしくは代替品）の登場する段階とそれに関わる基盤技術が変化する段階を分析の対象とする。前章の既存研究のレビューで確認した通り，媒体型プラットフォームにとってその競争力を維持・強化するために自社の価値提案を変化させていくことが，

近年議論されている（e.g., Isckia et al., 2020; McIntyre et al., 2021）。その背景には，ユーザーにとってのマルチホーミングコストやスイッチングコストが低い場合（McIntyre & Srinivasan, 2017），価値提案が異なるプラットフォームとの競争が既存プラットフォームの競争力を左右するということがある。そのため，本書では，競合・代替品の登場や基盤技術の変化といった環境変化が前提となっている段階を分析の対象とする。

2.1.3　補完者エンゲージメントの低下がもたらす競争力の低下

　本書においては，有料会員数やアクティブユーザー数といった，各分析対象プラットフォーム企業の主要業績評価指標（KPI）をプラットフォームの競争力の指標として確認する。つまり，本書は，プラットフォーム企業が構築する補完者マネジメントの仕組みとそれが引き出す補完者のエンゲージメント行動が，当該プラットフォームのユーザーの利用率や利用者数の変化（競争力の低下）にもたらすメカニズムを検討の対象としている。具体的な競争力に関しては，各分析対象事例該当章にて詳述する。

2.2　RQ1 に対する分析枠組み

　上記を整理すると，本書第Ⅰ部は，既存のソーシャルメディア型のプラットフォーム企業が行っている，あるいはそれまで当該プラットフォームに恩恵をもたらしてきた補完者のマネジメントが，環境要因の変化を前提として，プラットフォームビジネスの成熟期において競争力低下をもたらしてしまうという側面を議論するものであると言える。

　以上の検討を踏まえ，本書第Ⅰ部では，RQ1 の解明に際して，以下の分析枠組みを設定する。ここでは，第 2 章で検討してきた枠組み（図 2-2）を用いる。プラットフォーム企業による補完者マネジメントは，補完者エンゲージメント行動を左右する。本書では，この補完者マネジメントが補完者エンゲージメント行動を引き出すという関係を念頭においてプラットフォーム企業の行動を分析する。ここで，補完者エンゲージメント行動は，ソーシャルメディア型プラットフォームにおける UGC を生む。その UGC は，前述の通り，KPI で測定可能な閲覧者の反応，つまりプラットフォームの競争力に影響を与える。

　そして，図 2-2 においてプラットフォームの企業行動や補完者エンゲージ

第Ⅰ部　環境変化に直面したソーシャルメディア型プラットフォームの衰退

図3-1　RQ1の分析枠組み

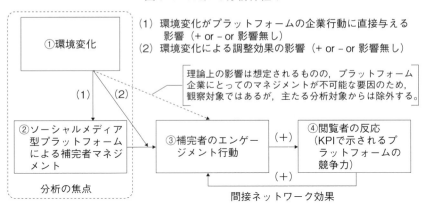

出所：筆者作成

メント行動に何らかの影響を与えることが想定されていた「環境変化」として（Van Doorn et al., 2010），ビジネスモデルや価値提案の異なる競合，代替品の登場，あるいはモバイルインターネットの通信速度やスマートフォンの処理速度といった具体的な環境要因に着目する。

以上を分析枠組みとして表現すると，図3-1の通りとなる。

図3-1は，第2章における理論的検討から導き出された図2-1（成長過程にあるプラットフォーム企業の競争力強化のメカニズム）や，図2-2（プラットフォーム企業の競争力強化のメカニズムと環境変化との関係）に基づいている。

図内の「②ソーシャルメディア型プラットフォームによる補完者マネジメント」と，「③補完者のエンゲージメント行動」とは，第2章の2.3項で検討したプラットフォーム企業による補完者マネジメントと補完者のエンゲージメント行動の関係である。具体的には，各プラットフォーム企業による製品・サービスの追加投入，経営施策の実行等の企業行動（②プラットフォーム企業による補完者マネジメント）によって，UGCを投稿するインセンティブを投稿者にもたらす仕組みを分析する。②の結果として，投稿者によるUGCの投稿行動によって計測されるのが「③投稿者の補完者エンゲージメント行動」である。

そして第2章2.3項で検討した通り，投稿者による補完者エンゲージメン

ト行動と閲覧者の反応は本来正のフィードバックループによって好循環を生み出す関係にあるが，この好循環は「①環境変化」によって，直接的，または（調整効果による）間接的な影響を受けることが示唆される（図2-2内の(1)(2)(3)）。そのため，「④閲覧者の反応」を，ユーザーの利用率やユーザー数といった分析対象プラットフォーム企業の主要業績評価指標（KPI）によって具体的に測定するとともに，それを左右する②プラットフォーム企業による補完者マネジメントや③投稿者の補完者エンゲージメント行動が，どのようにして①の環境変化の影響を受けているのかを分析する。

その際，我々が特に着目するのは，①環境変化に直面した際の，②プラットフォーム企業による補完者マネジメントである。なぜならば，環境変化に直面したプラットフォーム企業が直接コントロール可能な変数は，自らによる補完者マネジメント，具体的には，投稿者にUGCを投稿させるためのインセンティブをもたらす「仕組み」のみだからである。プラットフォーム企業にとって外在的な環境変化そのものは無論のこと，補完者エンゲージメント行動や閲覧者の反応そのものを，企業が直接的にコントロールすることも不可能である（Subramanian et al., 2021）。

もちろん，環境変化以外の要因が，成熟段階にあるソーシャルメディア型プラットフォームの競争力をもたらす要因として全く仮定されないわけでもない。実際に，第2章でも確認したように，これまでテキストでSNSを楽しんでいた閲覧者が，動画SNSへと移行，マルチホーミングするなど，基盤技術の変化のような環境要因がプラットフォームの競争力に影響を与えることもあるだろう。しかしながら，本書では，ソーシャルメディア型プラットフォーム特有の要因に着目することを意図しているため，プラットフォーム企業による補完者マネジメントに最も関心を置いて分析を行う。

このように，図3-1は，分析対象となるソーシャルメディア型プラットフォームにとっての環境変化（競合や代替品の登場やその前提となる技術変化）を起点に，プラットフォーム企業による補完者マネジメント，または投稿者による補完者エンゲージメント行動がどのように変化して，当該プラットフォームの競争力低下に至るのかという，項目間の影響関係に関するメカニズムを分析する枠組みである。また，その際，上述の通り，プラットフォーム企業による補完者マネジメントにとりわけ着目した分析を行う。第4章から第6章で分析する3つの事例は，プラットフォーム企業がその競争

力を低下させた事例，換言すれば，環境変化に適応しそこねた，あるいは適応したもののその対処法を読み違えた事例である。そのため，プラットフォーム企業の競争力低下のメカニズムを分析するとともに，競争力につながるメカニズムの起点でもある補完者マネジメントの対処に関して「なぜ誤ってしまうのか」あるいは「なぜ正しく行ったにもかかわらず結果として上手くいかないのか」という観点で読み解いていく。各事例の章の冒頭では，これらの点に着目するための経営学分野の理論的検討をさらに行い，事例の解釈を進める。

3. 研究方法と事例の選択

3.1 研究方法と対象事例

　上述の通り，RQ1 は，成熟段階にあるソーシャルメディア型プラットフォームが環境変化に直面した時，なぜ，どのような補完者マネジメントによってその競争力を低下させてしまうのかというメカニズムを，補完者エンゲージメントのマネジメントの観点を中心に据えて検討するものである。

　したがって，本書第Ⅰ部においては，現実の文脈における現在に至るプロセスに分析の焦点があり，観察者が事象を統制できない問題を，時間軸に沿って検討する際に効果的である事例研究のアプローチ（Yin, 1994）を採用する。

　本書第Ⅰ部においては，成熟段階にあるソーシャルメディア型プラットフォームの 3 つの事例による比較事例研究を行い（Eisenhardt, 1989），競争力低下をもたらした共通の要因を，比較事例研究における一致法（共通要因への注目）を意識して検討することで（田村, 2006），RQ に関わるメカニズムを例証することを目的とした，理論産出型ケーススタディを行う（澁谷, 2009）。本書第Ⅰ部は，前節で示した分析枠組みに従って，各事例の特異性を排除しつつ帰納的にソーシャルメディア型プラットフォームの競争力低下のメカニズムに関する論理を検討することを目指すものであるため，複数事例による事例研究は適している（Eisenhardt & Graebner, 2007）。

　具体的な分析対象事例として，(1) ニコニコ動画（第 4 章），(2) クックパッド（第 5 章），(3) ミクシィ（mixi）（第 6 章）の 3 事例を取り上げる。

この3つの事例はそれぞれ，成熟段階において競争力を低下させたソーシャルメディア型プラットフォームの事例である。

3.2　事例の選択理由・基準

　以下では，事例の理論的サンプリング（Yin, 1994）を行った際の，3つの選択理由・基準を述べた上で，本書第Ⅰ部が分析対象とする各事例との対応関係を示す（表3-1）。

　先述のRQ1に基づけば，1つ目の選択理由は，分析対象事例が，補完者エンゲージメント行動によってプラットフォームの提供するサービスが成立するソーシャルメディア型のプラットフォームであるという点にある。換言すれば，補完者のエンゲージメント行動をもたらすプラットフォーム企業による補完者マネジメントの仕組みづくりが重要になる事例が分析対象として求められるという点にある。

　2つ目の選択理由は，実際に競争力（経営パフォーマンス）を低下させた成熟プラットフォームであるという点である。本書において競争力低下の指標は，ユーザーの利用率もしくはユーザー数で捉える。その測定方法は事例ごとに異なるが（詳細後述），各事例ともに，一度は築いた市場地位を，補完者マネジメントとそれによる補完者エンゲージメント行動を背景として低下させている。本書第Ⅰ部は，この競争力低下という共通の結果を持った3

表3-1　分析対象事例の選択理由・基準と各事例の対応関係

選択理由・基準	ニコニコ動画 （第4章）	クックパッド （第5章）	ミクシィ （第6章）
1. ソーシャルメディア型のプラットフォーム	投稿者（補完者）が投稿する動画によって成立する	投稿者（補完者）が投稿するレシピ情報によって成立する	投稿者（補完者）が投稿する日記やコメント等によって成立する
2. 競争力低下の指標	プレミアム会員数減少	ページ訪問者数減少	利用率低下
3. 環境変化の状況	・海外の巨大動画共有プラットフォーム（YouTube）の普及 ・モバイルインターネットの高速化	・代替品の登場（レシピ動画サービス） ・モバイルインターネットの高速化	・海外の巨大SNSプラットフォーム（Facebook, Twitter）参入 ・スマートフォンの普及

第Ⅰ部　環境変化に直面したソーシャルメディア型プラットフォームの衰退

つの事例が，いかなるメカニズムでその結果に至ったのかというプロセスを，前述した分析枠組みに基づき確認しつつ，3つの事例に一致した要因を探究することで検討するものである。

　3つ目の選択理由となるのは，分析対象プラットフォームが環境変化によって競争力を低下させたという点である。本書では，分析対象事例に関して着目する環境変化として，とりわけビジネスモデルや価値提案が異なる直接の競合もしくは代替品の登場やその前提となる基盤技術の変化を想定している。本書第Ⅰ部では，直接の競合しかも，競争力の高い巨大プラットフォームが競合として出現するケースと，既存プラットフォームから見るとその時点では競争力が相対的には高くなかったが，既存プラットフォームとは異なる価値提案を有する代替品が市場に登場するケースとを分析することにした。

　以上を踏まえれば，まず，第4章のニコニコ動画の選択理由は，（1）補完者エンゲージメント行動である動画投稿によって成立するプラットフォームであり，（2）実際に，自社に集客・動員した補完者やユーザー，とりわけ人気動画投稿者やプレミアム会員を失って競争力を低下させており，（3）その背景としては，巨大プラットフォームのYouTubeやモバイルインターネットの高速化との関連があったということが挙げられる（詳細は第4章を参照）。

　第5章のクックパッドを選択した理由は，（1）補完者エンゲージメント行動によって投稿されるレシピ情報を扱う典型的なソーシャルメディア型プラットフォームであり，（2）実際に競争力（ページ訪問者数）を低下させており，（3）その背景として，代替品（レシピ動画サービス）の登場やインターネットの高速化という環境変化に直面しているという3つの観点からなる（詳細は第5章を参照）。

　最後に，第6章のミクシィを選択した理由は，（1）補完者エンゲージメント行動，つまり補完者の投稿する日記やコメント等によって成立するプラットフォームであり，（2）実際にその市場での競争力（利用率）を低下させており，（3）そして，その契機として，FacebookやTwitter等の海外の巨大SNSプラットフォームの参入やスマートフォンの普及があったということが挙げられる（詳細は第6章を参照）。

3.3 調査・情報収集方法

3.3.1 データソースについての考え方

　本書第Ⅰ部の各事例研究における主たるデータソースとしては，分析対象事例となるプラットフォームを展開するプラットフォーム企業による株主・投資家向け説明資料やニュースリリース等の各種公開資料，ならびに新聞・雑誌・ウェブ記事等の二次情報（アーカイバルデータ）を多面的に用いることで，分析内容の信頼性，妥当性を確保することに努めた。

　本書第Ⅰ部において，アーカイバルデータを主体とした分析（Singleton Jr. & Straits, 2005）を行うのには，以下の理由がある。分析対象とする各事例は，その競争力低下の後も，分析対象となるプラットフォームビジネスとは異なる事業を展開することで，事業を継続している。例えば，クックパッドは生鮮食品のネットスーパー事業，ミクシィはソーシャルゲーム事業，ニコニコはゲーム配信事業をそれぞれ展開するなど，各プラットフォーム企業は様々な事業に取り組んでいる。そのため，分析対象となるプラットフォームビジネスの競争力低下に関する現象のみを正確に分析することを目的として，インタビュー調査における情報提供者による印象管理や振り返りバイアスといった課題を極力排除するため，アーカイバルデータによる分析を選択した。また，株主・投資家向け説明資料や記事などの各資料については，その作成者の意思が反映している可能性があるので，1つの資料だけに依存した判断をできるだけ避けるように努力した。

　但し，アーカイバルデータによる分析を行う場合も，観察者による意図的な解釈が起こり得る。そのため，3つの事例に共通してはいないが，以下の3つのデータソースも各事例分析内において補完的に組み合わせることで，アーカイバルデータによる分析の正確性，妥当性を高めたり，アーカイバルデータのみでは記述が難しい分析も補足したりするよう努めた。アーカイバルデータ以外の3つのデータソースは具体的には以下の通りである。

　第1に，分析対象事例に関係するインタビュイーにアクセス可能であったクックパッド事例とニコニコ動画事例に関しては，インタビュー調査を行った（各事例1名ずつ）。調査の対象や内容については各事例研究の章で述べる。

　第2に，クックパッド事例は市場調査会社（株式会社ヴァリューズ）によ

第Ⅰ部　環境変化に直面したソーシャルメディア型プラットフォームの衰退

る市場調査結果，ミクシィ事例も市場調査会社（マイボイスコム株式会社，株式会社リスキーブランド）による市場調査結果と公的機関（総務省情報通信政策研究所）による調査結果，ニコニコ動画の事例に関しては公的機関（国立情報学研究所）が収集・提供しているデータを補足的に用いた事例記述を行っている。

　第3に，ミクシィ事例に関しては，経営学分野における様々な研究やケース記述が存在しており（e.g,. 前中, 2006; 根来・早稲田大学 IT 戦略研究所, 2006），その内容を事例記述に反映させた。また，クックパッド事例に関しても，関連した研究やケースの内容を参照している（e.g., 堀ほか, 2020; 山畑, 2018）。

3.3.2　アーカイバルデータの収集対象

　上述の通り，本書第Ⅰ部の各章での事例記述に際しては，アーカイバルデータを収集・利用している。各事例研究のデータソースの詳細は該当章の脚注にて記載するが，主要なデータソースは以下の通りである。

　株主・投資家向け説明資料やニュースリリースとしては，事例分析対象となるプラットフォームを展開する企業の「決算説明会資料」や「有価証券報告書」，新製品・サービスに関するメディア向けの「プレスリリース」記事等を主に参照している。

　新聞・雑誌・ウェブ記事等に関しては，例えば新聞では『日本経済新聞』，『日経産業新聞』，『朝日新聞』から情報を収集した。また，雑誌では『日経ビジネス』，『日経 MJ』，『日経トレンディ』等を参照している。

　ウェブ記事では，「CNET Japan」，「ITmedia」，「AV Watch」等のインターネットビジネス関連の専門サイトを参照して，情報を収集した。なお，専門サイト以外のウェブ記事に関しては，記事内における記述内容を支える情報の出所を都度確認し，それが明確なもののみを選択利用した。

4.　小括

　以上，本章では，第1章および第2章で議論された理論的検討に基づき，研究課題1に対するリサーチクエスチョン（RQ1）を導出した。具体的には，「**成熟段階にあるソーシャルメディア型プラットフォームが環境変化に**

直面した時，なぜ，どのような補完者マネジメントによって，補完者エンゲージメントを低下させてしまうのか」というものである。

　また，第2章での検討に基づき，上記 RQ1 に対する分析枠組み（図3-1）を整理した上で，本枠組みを用いて検討する3つの事例とその選択理由を示した。後に続く第4章では「ニコニコ動画」，第5章では「クックパッド」，そして第6章では「ミクシィ」の事例分析を行う。これらはいずれも，それぞれのジャンルにおいて，ある時期まで国内屈指の市場占有率を誇っていたソーシャルメディア型プラットフォームであり，その後実際に競争力（経営パフォーマンス）を低下させた成熟プラットフォームという点において共通している。

第4章

環境変化と認知的慣性
―ニコニコ動画の事例―

　本章では，第3章にて導き出されたリサーチクエスチョン（RQ1）に対して，環境変化に直面した成熟プラットフォームに働く認知的慣性の観点から事例を検討する。分析の対象とするのは，日本発の代表的な動画投稿プラットフォームである「ニコニコ動画」の事例である。ニコニコ動画は，最盛期には256万人の有料会員を獲得した日本最大級のソーシャルメディア型動画配信プラットフォームでありながら，2016年から2019年頃にかけて，約3年間で約3割の有料会員を流出させるという事態に見舞われた[1]。

　当時，メディアはこの事実（事件）をセンセーショナルに報道したが，メディアによる有料会員流出の根本原因の考察と，筆者らが本事例を本格的に調査して明らかになった，本章で示す事実は大きく異なるものであった。それは，メディアの報道の情報源が，ニコニコ動画を運営する株式会社ドワンゴ（以下，単に「ドワンゴ」と呼称する）の自己分析を主なものとしていたからであると思われる。こうしたことから，少なくとも有料会員が大量に流出した時点では，ドワンゴはその理由を正しく把握できていなかったことが示唆される。このことからは，外生的に生じた何らかの変化に対して，ドワンゴが知覚した変化とニコニコ動画の利用者が取った行動との間には何らかのギャップが生じていたことが示唆されるのである。

　本章では，まず，環境変化が生じた際の既存企業への影響について，イノベーション研究の知見を借りつつ，プラットフォーム研究特有の論点と照らし合わせるとどのような議論を喚起することができるのかを検討した上で，具体的な事例分析を行うこととする。

---

[1]　株式会社ドワンゴおよび株式会社KADOKAWAのIR資料から集計。

第Ⅰ部　環境変化に直面したソーシャルメディア型プラットフォームの衰退

1. 事例分析の視点

1.1　環境変化に直面した成熟プラットフォームの対応

　組織が環境変化に直面した時，組織がそれまでの成功体験を信奉してしまい，環境変化に適応できないということがしばしば起こり得る。こうした現象は，イノベーション研究で多く取り扱われてきた（e.g., Christensen, 1997; Leonard-Barton, 1992; Tripsas & Gavetti, 2000）。

　では，イノベーションマネジメント分野の先行研究で指摘されてきた現象を，プラットフォームビジネス特有の論点と結びつけることで，どのような議論を喚起することができるのだろうか。少なくとも１つ挙げられるのは，プラットフォーム企業と補完者の関係であろう。第１章で述べたように，従来のプラットフォームビジネス研究では，補完者がプラットフォームに参画する動機が経済的なものであることが前提とされていた（Boudreau & Jeppesen, 2015）。他方で，ソーシャルメディア型プラットフォームの場合，補完者がプラットフォームへコンテンツを投稿する動機は，経済的動機のみではなく，非経済的動機も含まれている（足代, 2022）。

　この点を踏まえると，例えば，プラットフォーム企業と補完者の双方にとって外生的な環境変化が生じた際に，次のような現象が生じる可能性がある。それは，プラットフォーム企業が何らかの理由で環境変化に適応できない一方で，補完者は環境変化によって，他のプラットフォームに活動の場を移す，あるいは他のプラットフォームとのマルチホーミングを行うといった行動の可能性である。

　こうした問題を踏まえ，次項では，環境変化に対するプラットフォーム企業側の認識と，補完者の動機づけの変化の観点から補足的な理論的検討を行うこととする。

1.2　環境変化に対する経営者の認知的慣性

　既存企業が外部環境の変化に直面した時，環境変化への対処を十分に行うことができないという問題がしばしば生じる。とりわけ技術変化に適応できず，競争優位性を失ってしまう例がしばしば指摘されてきた。それらの要因

として，例えば，新技術が既存企業にとって能力破壊的である場合（Tushman & Anderson, 1986），顧客の声に耳を傾けすぎた結果（Christensen & Bower, 1996），製品アーキテクチャの変化によりコンポーネント間の組み合わせを結びつける知識が陳腐化してしまう（Henderson & Clark, 1990）といった点などが挙げられてきた。また，既存企業が技術変化そのものには適応できたとしても，最終製品市場を通じた価値獲得にパートナーが提供する補完資産（Teece, 1986）が必要な場合，パートナーによる技術変化への適応速度が，既存企業による技術変化への適応のボトルネックになってしまうケースも指摘されている（Adner, 2012）。こうした問題は，既存企業内部に蓄積された知識や，資産，顧客やパートナーとの関係性などによって既存企業が技術変化に適応できずに競争優位性を失ってしまうメカニズムを指摘したものである。

　一方，Tripsas & Gavetti（2000）は，ポラロイド社の事例分析[2]を通じて，経営者の認知的慣性（cognitive inertia）が新興技術を用いた新たなビジネスへの転換を妨げる要因となり得る可能性を指摘している。ポラロイド社のケースにおいては，新興技術への投資は早期に行われており，社内への技術的な蓄積は競合に引けを取らないほどであったにもかかわらず，経営者による既存のビジネスへの強い信念が新技術を用いたビジネスへの適応を妨げてしまった。Tripsas & Gavetti（2000）による研究は，既存企業による技術変化への適応を論じる際には，組織内に蓄積された知識，技術，能力だけでなく，認知的視点を取り入れる必要性を強調している。

　第3章でも述べた通り，本章で取り上げるニコニコ動画の事例における環境変化とは，主としてモバイルインターネット回線の高速化とそれによる競合（YouTube）の躍進を指す。そのため，本項で取り上げた先行研究のように，必ずしも最終製品の根幹を成す基盤技術そのものが変化したわけではない。しかし，競合他社の参入や動画配信サービスにおけるモバイルイン

---

[2]　1980年代から1990年代頃までインスタントカメラ市場で支配的地位を収めていたポラロイド社は，早々にデジタルイメージング技術に大規模な投資を行っており，競合にも引けを取らない技術を蓄積していた。しかし，経営者は，インスタントカメラのハードウェアを安く売ってフィルムで収益を上げる（レーザー・アンド・ブレードモデル）という強い信念から脱却することができず，デジタルイメージングの市場で支配的地位を得ることができなかった。

第Ⅰ部　環境変化に直面したソーシャルメディア型プラットフォームの衰退

ターネットの高速化といった環境変化は，自社のサービスに決定的な影響を及ぼす変化であることから，そうした変化に対してドワンゴの経営者にどのような認知的慣性が働いてしまったのかを考察する。

2. 研究の方法

　本章の事例研究に先立ち，当該事例における補完者エンゲージメント行動が示すものやその測定方法，また，補完者エンゲージメント行動のマネジメントに基づくニコニコ動画のアウトプットが反映される競争力の測定方法を明確にしておきたい。

　本章の事例において，補完者エンゲージメント行動とは，ニコニコ動画に対する投稿者の「動画コンテンツの投稿」を指す。エンゲージメント行動の測定方法としては，公的機関（国立情報学研究所）を通じてドワンゴが研究機関向けに公開している動画情報の生データ[3]を用いて「動画の投稿数」を集計した。また，本事例において，閲覧者の反応は，上述した生データに付随されている「動画の再生数」，およびドワンゴが公開する「有料会員（プレミアム会員）数」を用いた。なお，閲覧者の反応のうち，プラットフォームの競争力の代理指標としては，ドワンゴが株主向けにニコニコ動画のKPIとして公開している「プレミアム会員数」を用いることとする。

　事例研究のデータソースとしては，同社の株主・投資家向け説明資料やニュースリリース，ならびに新聞・雑誌・ウェブ記事等のアーカイバルデータを多面的に用いて，記述内容の信頼性と妥当性を高めるよう努めている。

　加えて本章では，アーカイバルデータのみでは記述が難しい分析，とりわけ後述する「炎上事件」前後の同社のニコニコ動画事業に対する認識について確認することを目的として，ドワンゴの事業担当者へのインタビューを行った。具体的には，ドワンゴの動画プラットフォーム事業担当者（匿名希望）であるA氏に，2020年4月22日，同年5月20日，2021年5月26日，同年8月11日，10月6日，10月8日の6回実施した（各回約1時間，オン

---

[3]　国立情報学研究所のダウンロードサービスにより株式会社ドワンゴから提供をうけた「ニコニコ動画コメント等データ」を利用した。当該データのレコード単位は投稿された動画であり，投稿日や投稿ジャンル，再生回数やコメント数などが記録されている（投稿者の情報は削除されている）。

ラインインタビュー）。インタビュー内容としては，主に（1）ニコニコ動画の事業展開について，（2）YouTube の市場参入時の認識，（3）ニコニコチャンネルの事業開発の背景（第9章で詳述）の3点を確認している。なお，事例記述内で，データや用語の出所が示されている部分以外の記述は，原則当該インタビューの内容に依拠している。

3. 事例

3.1 サービス概要

　ニコニコ動画は，一般利用者が自由に動画を投稿できる，日本最大級の動画配信プラットフォームである。実質的なサービスの開始は 2007 年であり，かつて日本国内において主要動画共有サービスとしての地位を形成していた。ニコニコ動画を特徴づけている点は，そのコメント機能にある。コメント機能とは，利用者がニコニコ動画に投稿された動画を見ながらコメントを書き込むと，画面に表示されている動画に重なって次々とそのコメントが文字として表示され流れていく機能である。その際，画面上には他の閲覧者のコメントも表示されるため，ニコニコ動画はコメントを介した利用者同士のコミュニケーションの場にもなっている。

　ニコニコ動画の会員の種別としては，無料の一般会員とプレミアム会員（月額 790 円 ※本書執筆時点）の2種類ある。プレミアム会員には，専用サーバを利用した高画質でスムーズな通信環境や，サイトが混雑している際の優先視聴権等の追加機能が提供される。

　2018 年 3 月期におけるニコニコ動画の収益モデルは，このプレミアム会員による収入が 78％と大半を占めており，広告収入が 9％，都度課金が 13％であった[4]。つまり，プレミアム会員数を拡大することが，ニコニコ動画の業績の向上に大きな影響を与えるビジネスモデルであったと言える。

3.2 業績概要

　ニコニコ動画の事業は，ドワンゴの親会社である株式会社 KADOKA-

---

[4] カドカワ株式会社「2018 年 3 月期通期決算説明資料」（p. 18）

WA の Web サービスセグメントに位置づけられているが，同社の株主・投資家向け説明資料においては両サービスの売上高は公表されていない。そこで本事例では，売上高の代わりに，ニコニコ動画のサービスの収益の大部分を占める課金収入を支えるプレミアム会員数の推移を確認する。ニコニコ動画の収益の78％を占めるプレミアム会員数は，ピークの2016年以降減少トレンドが続いている（図4-1）。図4-1から見て取れるように，2017年から2018年の1年間には，プレミアム会員が約36万人（当時のプレミアム会員全体の15％に相当）も退会してしまった。

この事実は，ショッキングなニュースとしてメディアなどでも多数取り上げられ，ニコニコ動画のファンの間でも様々な考察が行われた。また，当然のことながらドワンゴの親会社であるKADOKAWAの株主に向けても自己分析の結果が説明されている。まずは，それらを整理しておく。

多くのメディアは，ニコニコ動画の凋落の直接のきっかけに，2017年11月28日に行われた新バージョン「く（読み方は「クレッシェンド」）」[5]の発表会の「炎上事件」を挙げている。この発表会では，新サービスの発表を全面に押し出した内容であったが，利用者が望んでいたのは，新機能や新サービスの追加ではなく，動画の解像度や読み込みの速度といった基本性能の改善であった。こうしたドワンゴと利用者のすれ違いが「炎上」の原因というのがメディアによる報道の論調であった[6]。事実，発表会直後の11月30日に，ドワンゴの会長（当時）である川上氏は公式ブログにて次のような謝罪を行っている[7]。

　　新サービスの発表以前にサービスの根幹となる部分における見直しをしなければいけないという事を身をもって体感いたしました。我々運営が積極的に取り組まなければいけない基本的な部分がおざなりになっていた事，利用者の皆さんの不便や不満点に十分目を向けてられていなかった事

---

[5] 「く」の主なアップデートは，回線増強（730Gbpsから1400Gbpsまで），スマートフォンアプリの改善，ニコニコ総合トップ・動画トップ・生放送トップのデザイン改修，シリーズ動画機能の実装などであった。

[6] 「ニコ動が崖っ縁，「独りよがり」新機能で炎上」（東洋経済オンライン）

[7] 「niconicoサービスの基本機能の見直しと今後に関して」（ニコニコインフォ）（http://blog.nicovideo.jp/niconews/53475.html）　※最終アクセス日2024年5月4日

第 4 章 環境変化と認知的慣性―ニコニコ動画の事例―

図 4-1 ニコニコ動画会員数の推移

出所：株式会社ドワンゴおよび株式会社 KADOKAWA の IR 資料等に基づき筆者作成

について改めて深くお詫びさせて下さい（「ニコニコインフォ」より一部を抜粋）。

　この謝罪の翌月，12月 12 日に川上氏はニコニコ動画を含む「niconico」サービス全体の運営責任者から退き，後任をドワンゴ取締役の栗田氏に引き引き継いだ。その後，ドワンゴは，親会社である KADOKAWA の株主向け説明会資料にて，プレミアム会員数減少の背景として，①システムの陳腐化による性能劣後，②会員減少のニュースが解約を助長，③定額制課金サービスの限界，の 3 点を挙げている[8]。

　確かに炎上事件は，メディアでも多数取り上げられ，「プレミアム会員の退会が相次いでいる」という報道がさらなる退会に拍車をかけたという点は否めない。しかし，ドワンゴの分析だけでは，新バージョン「く」発表会前の 2017 年から減少に転じている理由が十分に説明できない。この点を考慮にいれると，新バージョンの発表会の炎上事件は，既に始まっていた利用者離れを改めて示す結果ではあったとしても，少なくとも利用者離れの根本原

---

[8] カドカワ株式会社「2018 年 3 月期通期決算説明資料」p. 14

089

第Ⅰ部　環境変化に直面したソーシャルメディア型プラットフォームの衰退

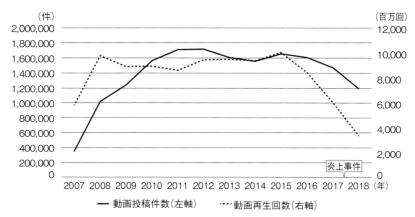

図 4-2　ニコニコ動画の動画投稿件数と動画再生回数の年別推移

出所：国立情報学研究所のダウンロードサービスにより株式会社ドワンゴから提供をうけた「ニコニコ動画コメント等データ」に基づき筆者作成

因とは言えないだろう。果たして，プレミアム会員の数が減少に転じた本当のきっかけは何なのだろうか。

3.3　炎上事件の前から起こっていたこと

既に述べたように，ニコニコ動画のプレミアム会員数はピークであった 2016 年を境に，それ以降は減少の一途を辿っている（図 4-1）。しかし，炎上事件の前に遡ってニコニコ動画に投稿された動画の件数，およびそれらの総再生回数を年別に集計すると別の事実が明らかになる。炎上事件より前の 2015 年頃をピークに動画の投稿件数，再生回数ともに減少を始めているのである（図 4-2）。特に動画再生回数の減少は顕著であり，2015 年の約 100 億再生をピークに，2016 年は約 84 億再生，2017 年は約 60 億再生，炎上事件翌年の 2018 年は約 33 億回と急激に減少しているのである。

さらに，この動画投稿件数をカテゴリ別に集計し直したグラフが図 4-3 である。実は，ニコニコ動画内の 38 の動画カテゴリーにおいて投稿されている約 1670 万件の動画[9]のうち，「ゲーム実況動画」が約 48％と圧倒的多数を占めている。ゲーム実況動画とは，投稿者がゲームをプレイしながらそれを

---

9)　データを収集した 2020 年当時。

第 4 章　環境変化と認知的慣性──ニコニコ動画の事例──

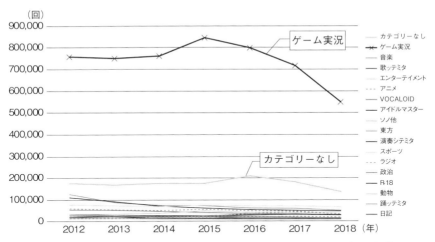

図 4-3　ニコニコ動画に投稿された動画のカテゴリー別推移

出所：国立情報学研究所のダウンロードサービスにより株式会社ドワンゴから提供をうけた「ニコニコ動画コメント等データ」に基づき筆者作成

他の閲覧者に対して配信する動画である。そして，その投稿数は，2015 年をピークに，2016 年から減少に転じている。

このように，プレミアム会員の数がまだ増加し続けていた 2015 年から 2016 年にかけて，ニコニコ動画に投稿される人気カテゴリーのコンテンツの減少が始まり，動画再生回数も大幅な減少が始まっていたということである。

3.4　人気動画投稿者による YouTube への離反

言うまでもなく，動画プラットフォームはそれ単体では殆ど価値がなく，動画コンテンツが投稿されてはじめて閲覧者に価値を提供することが可能となる。もっとも，動画投稿件数から分かることは閲覧者ユーザーにとっての選択肢が減少したという事実のみであり，コンテンツの質が低下したかどうかを捉えることはできない。しかし，動画プラットフォーム全体の質を数値化する指標は存在しないため，質的変化を捉えることは困難である。そこで本書では，閲覧者に人気のあるゲーム実況者の動向を追うことで，質的側面の変化を捉えることを試みる。

図 4-4 は，2016 年 1 月の時点で，ニコニコ動画へのフォロワー者数上位 5

091

第Ⅰ部　環境変化に直面したソーシャルメディア型プラットフォームの衰退

人であった人気ゲーム実況者の動向を整理したものである（但し，アカウントの名称は実際のものではなく仮名にしてある）。図を見ると分かるように，「GREEN」を除く4人の人気ゲーム実況者が2015年，ないしは2016年に活動の場をYouTubeに移しているように見える。

　ではなぜ，人気ゲーム実況者は，同じような時期にこぞって活躍の場をYouTubeに移していったのだろうか。それは，①画質や読み込みのスピード，②潜在的な利用者（閲覧者）数，③収益化のし易さの3点であると考えられている[10]。1点目については，炎上事件のきっかけと同じ理由である。2点目はもはや言うまでもないだろう。国内動画配信プラットフォームとしての知名度に限って言えば，ニコニコ動画もYouTubeと遜色ないかもしれない。しかし，2015年当時であってもYouTubeの利用者数は既にニコニコ動画の2倍以上に及んでおり[11]，潜在的な成長性にはそれ以上の差があったと思われる。3点目については，著作権の問題が関係している。ニコニコ動画は，サービス開始当初から違法コピーやいわゆる「MADビデオ」（アニメやゲーム映像等を素材に編集・再構成したもの）などが多数アップロードされており，ゲームの配信もかつてはあまりいい顔をされてこなかった。今でこそニコニコ動画に投稿されて嫌がる権利者は殆どいないそうであるが[12]，2015年当時は収益化可能なゲームタイトルが限定的であったため，動画投稿者が1件ずつ収益化対象の動画を申請し審査を受ける必要があった。

　例えば，任天堂は2015年に開始した「Nintendo Creators Program」（現在はサービス終了）という活動の一環として，動画投稿サイトで同社が同年5月に発売したゲームタイトル「スプラトゥーン」の実行プレイ動画を投稿することを公式に認めた。それを受け，ニコニコ動画の収益化対象のゲームには同タイトルが加わったのだが，結果として起こったことはニコニ

---

[10]「【兄者弟者】なぜ流出！？ニコニコ動画からYouTubeに移行したゲーム実況者ランキング【キヨ】」『週刊動画RANKING!』（https://blog.brkr.jp/niconico_game/）※最終アクセス日2024年5月4日

[11] ニールセン株式会社「YouTubeのスマートフォンからの利用者は3,000万人超：ニールセン，「ビデオ／映画」カテゴリの最新利用動向を発表」（https://www.netratings.co.jp/news_release/2015/02/Newsrelease20150224.html）※最終アクセス日2024年5月4日

[12] 西田宗千佳のRandomTracking　第404回（AV Watch）

第 4 章　環境変化と認知的慣性―ニコニコ動画の事例―

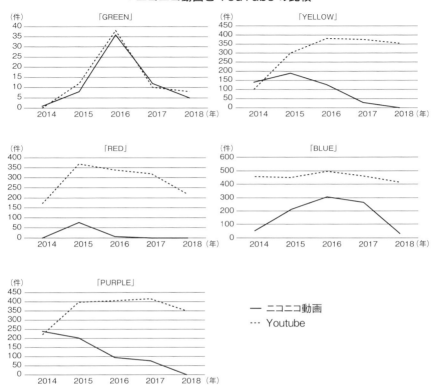

図 4-4　人気ゲーム実況者の動画アップロード動向推移
：ニコニコ動画と YouTube の比較

出所：筆者の集計に基づき作成

コ動画のゲームプレイ実況動画が，同タイトルで溢れかえってしまうという現象が発生した。

　それに対して YouTube は，アップロード前に収益化対象の動画の審査を受ける必要がなかったり，著作権に違反した動画も野放しにされがちであったり，ニコニコ動画と比較して是非はともかく審査が甘いといった事情が存在していた。こうしたニコニコ動画のネガティブな材料が人気ゲーム実況者の離反を生んでしまったのだと考えられる。

第Ⅰ部　環境変化に直面したソーシャルメディア型プラットフォームの衰退

3.5　投稿者の価値観の変化

　こうした当時の人気動画投稿者の動向について，もちろんドワンゴが把握できていなかったわけではない。また，当時，実名こそ挙げていないが，「海外事業者」という文言によってドワンゴの株主・投資家向け資料において同社の事業リスクが把握されている[13]。これは，時期や市場における地位からYouTubeの台頭のことを指しているものと考えられる。なお，ニコニコ動画は，一定の基準を満たした投稿動画に対して奨励金を支払う「クリエイター奨励プログラム」を2011年12月に開始している。それにもかかわらず，人気投稿者の流出に対応できなかった要因として，ニコニコサービスの事業担当者は次のように述べている。

　　ニコニコ動画は，一定の基準を満たした投稿動画に対して奨励金を支払う「クリエイター奨励プログラム」を2011年12月に開始しました。しかし，ドワンゴは，この当時のクリエイター（筆者注：投稿者）のニコニコ動画への動画投稿の主な動機が，依然として収益獲得よりも承認欲求を満たすことにあったと考えていました。そのため，コメント機能の無いYouTubeよりも，クリエイターが「コメントが脳に響く[14]」と表現するニコニコ動画の方が，承認欲求を満たすことには適していると考えていました。（A氏）

　折しも，2012年から2014年にかけて，LTE（モバイル専用の通信回線規格）の普及を背景に携帯電話の高速大容量通信化が急速に進行したことにより[15]，インターネット動画サービスを利用するユーザーが爆発的に増加し，

---

[13] 株式会社ドワンゴ「有価証券報告書（第18期）」(p. 17)，株式会社KADOKAWA・DOWANGO「2015年3月期有価証券報告書」(p. 11) より。

[14] A氏によれば，ドワンゴにはこのような声が多数寄せられており，同社の強みとして社内ではコンセンサスが得られていたそうである。

[15] 日本国内のモバイルインターネットの高速化に関係する出来事を時系列に沿って挙げると，2010年9月NTTドコモによるLTEサービス開始，2012年9月auとソフトバンクによるLTEサービス開始，同月に対応のiPhone5の発売，2013年9月LTE対応のiPhone5sをNTTドコモが取り扱い開始となっている。なお，2012年以降，LTE（LTE-Advanced）と4Gが同規格とみなされ，モバイルインターネットの高速通信網

第 4 章　環境変化と認知的慣性—ニコニコ動画の事例—

それに伴い動画に対する広告の出稿も急増した。こうした変化が生じた2014 年は日本における「ネット動画元年」と呼ばれ，「YouTuber」という用語が一般化した時期でもある[16]。この用語の浸透は，投稿者の動画投稿の主たる動機を「承認欲求を満たすこと」から「収益獲得」に変化させていった。これにより，投稿者は，よりユーザーリーチが高い収益化可能性の大きな動画プラットフォームである YouTube へと活躍の場を移していったと考えられる。実際，2015 年 1 月の時点では，国内の動画共有プラットフォームのスマートフォンベースの利用者数として，YouTube が 3060 万人に達していたのに対して，ニコニコ動画は 1353 万人であり[17]，YouTube の潜在視聴者数の多さは投稿者にとっても魅力的なものであったと推察できる。

　こうした変化へのニコニコ動画の対応は，十分と言えるものではなかった。上述の通り，ニコニコ動画には投稿者が自らの動画を収益化する「クリエイター奨励プログラム」が既に存在していた。しかし，当時のニコニコ動画には，違法コピーやいわゆる MAD ビデオのような著作権侵害の恐れのある動画が多数アップロードされており，ゲームソフト会社からあまり良い顔をされてこなかった[18]。加えて，奨励金プログラムの開始当時は，動画投稿者が 1 件ずつ収益化対象の動画を申請し審査を受けなければならなかった。その上，審査の基準や動画での取り扱いが可能なゲームタイトル等が明確にされておらず[19]，この点が YouTube と比較して投稿者に不便さを感じさせていたと示唆される。

のことを 4G と呼ぶようになった。そのため，第 5 章以降では，4G という呼称で統一する。

[16] 『日経ビジネス』2014 年 12 月 15 日号，pp. 50-55，「［動向編］「2014 年は動画元年」，主役は「若者とソーシャル」」『日経クロステック』（https://xtech.nikkei.com/it/article/COLUMN/20140306/541691/）　※最終アクセス日 2024 年 8 月 7 日

[17] ニールセン株式会社「YouTube のスマートフォンからの利用者は 3,000 万人超：ニールセン，「ビデオ／映画」カテゴリの最新利用動向を発表」（https://www.netratings.co.jp/news_release/2015/02/Newsrelease20150224.html）　※最終アクセス日 2024 年 5 月 4 日

[18] 「炎上から半年，若返った niconico は非リア充と VR，IP 創出の現場へ」『AV Watch』（https://av.watch.impress.co.jp/docs/series/rt/1134260.html）　※最終アクセス日 2024 年 8 月 7 日

[19] Synapse「動画投稿で奨励金がもらえる？私のつくり方「クリエイターにあまねくお金が行き渡る仕組みを」」（https://synapse-magazine.jp/media/1506niconico/）　※最終アクセス日 2024 年 8 月 7 日

第Ⅰ部　環境変化に直面したソーシャルメディア型プラットフォームの衰退

　また，先に示したＡ氏へのインタビューに基づけば，ニコニコ動画の運営側に，奨励金ではなく，自社サービスを特徴づけるコメント機能による画面上でのフィードバックによって投稿者に報いることが良い，とする価値観が残っていたことも，投稿者の動機づけの変化への対応が遅れた要因の１つとなっていた。その後，奨励プログラムは，プログラムの対象となるアニメやゲームのコンテンツを拡充して，改善が図られたが[20]，それでもなおゲーム実況動画の大幅減少は続いていった。

4.　議論

4.1　発見事実の整理

　まず初めに，ニコニコ動画の事例の発見事実を確認しつつ，本書第Ⅰ部のリサーチクエスチョン（RQ1）「成熟段階にあるソーシャルメディア型プラットフォームが環境変化に直面した時，なぜ，どのような補完者マネジメントによって，補完者エンゲージメントを低下させてしまうのか」に対する検討を行う。

　ニコニコ動画の事例の主要な出来事を時系列でまとめたのが表4-1である。ここではまず，事例記述の内容と解釈に従い，ニコニコ動画の競争力低下のメカニズムを，RQ1の分析枠組み（第３章図3-1）に基づいて検討する。それを図として整理したのが，図4-5である。図4-5内の灰色のボックスは，RQ1の分析枠組みの①－④の各項目にあたり，それらの下にぶら下がる白色のボックスには，ニコニコ動画事例において観察された各項目の具体的内容が示されている。また，分析枠組み①－④に該当はしないものの，各項目間の影響関係の媒介変数となる要因に関しては破線枠内に分析している。そして，これらの各項目と破線枠間の影響関係を，「正（＋）」もしくは「負（－）」の影響を与えている，あるいは「影響があったとは言えない（NA）」という分析を行っている。

---

[20] 例えば，「「初音ミク」などクリプトンのキャラ，niconico「クリエイター奨励プログラム」の対象に」『ITmedia NEWS』（https://www.itmedia.co.jp/news/articles/1509/17/news122.html）　※最終アクセス日2024年8月7日，を参照。

第 4 章　環境変化と認知的慣性—ニコニコ動画の事例—

表 4-1　ニコニコ動画事例に関する主要な出来事

時期	ニコニコ動画	YouTube	その他事業環境
2009 年頃	1 利用者あたりの利用時間が YouTube より多い	YouTube の総利用者数はニコニコ動画より多い	
2010 年 9 月			NTT ドコモによる LTE サービス開始
2011 年 12 月	クリエイター奨励プログラム開始 （当時不便な方式）		
2012 年 9 月			KDDI とソフトバンクによる LTE サービス開始 LTE 対応の iPhone5 販売開始
2013 年 9 月			NTT ドコモが LTE 対応の iPhone5S の取り扱い開始
2014 年		「YouTuber」の浸透	「ネット動画元年」 動画共有プラットフォームへの広告出稿急増
2015 年	「ゲーム実況動画」投稿数ピーク ゲーム実況人気アカウントが YouTube に移行開始		
2015 年 1 月	ニコニコ動画利用者数 1353 万人 （スマートフォン）	YouTube 利用者数 3060 万人 （スマートフォン）	
2016 年 3 月	プレミアム会員数 256 万人		
2017 年 11 月	新バージョン「く」発表会（炎上事件）		
2018 年 3 月	プレミアム会員数 207 万人		

出所：筆者作成

第Ⅰ部　環境変化に直面したソーシャルメディア型プラットフォームの衰退

図 4-5　RQ1 の分析枠組みに基づくニコニコ動画事例の整理

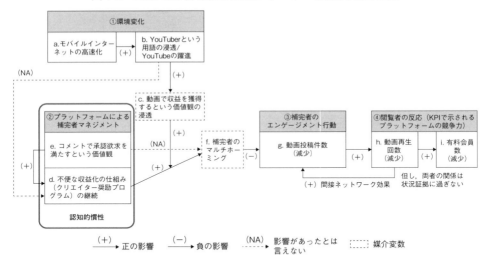

出所：筆者作成

① 環境変化

まず，ニコニコ動画事例において生じた①環境変化を明らかにしておく。2010 年から 2012 年にかけて，国内主要通信キャリアが高速モバイルインターネットの通信規格である LTE のサービスを開始した（図 4-5 の a.，以降図中のアルファベットのみ記載）。時を同じくして，2012 年に Apple の iPhone が LTE の規格に対応した機種を発売し，翌年の 2013 年には国内主要通信キャリア全社が LTE 対応の iPhone の取り扱いを行うようになった。こうした技術環境の変化により，スマートフォンで気軽に動画を楽しむことができるようになった。その結果，2014 年頃にかけて日本全体でスマートフォン経由での動画配信サービスを視聴する利用者は飛躍的に増加したと思われる。

また，「YouTuber」という用語が浸透したのもこの時期である（b.）。この用語の浸透により，動画によって収益を獲得するという価値観が浸透していった（c.）。この価値観の浸透により，多くの利用者が存在するからこそ，多くの動画投稿者が集まるという間接ネットワーク効果によって YouTube は潜在的・顕在的な利用者を増やしていった。その結果，2015 年の時点において，ニコニコ動画のスマートフォン利用者数は 1353 万人，他方の

098

YouTube のスマートフォン利用者数は 3060 万人という差がついていた。

②　プラットフォーム企業による補完者マネジメント

　続いて，①の環境変化に対するニコニコ動画（ドワンゴ）による補完者マネジメントの対応を見ていく。前節で述べたように，ドワンゴは，2015 年 3 月期の有価証券報告書において，「事業等のリスク」として，海外事業者との競争激化を挙げていることから，YouTube の存在を認識できていなかったとは考えにくい。

　それにもかかわらず，競合を意識したサービス内容の変更やアップデートなどは行ってこなかった。これは，YouTuber という用語が一般的になった 2014 年以降も，当時のニコニコ動画利用者（とりわけ投稿者）から評判が良くなかった「クリエイター奨励プログラム」の内容を変更しなかったことにも現れている（d.）。

　こうしたドワンゴの対応の変化の遅れの原因は，当時のドワンゴによるニコニコ動画の投稿者の動機に対する認識が，依然として収益獲得よりも「(YouTube には無いニコニコ動画特有の機能である) コメントで承認欲求を満たす」であったことを示唆している（e.）。当時のドワンゴの認識が正しかったかどうかはさておき，この認識に基づくならば，クリエイター奨励プログラムの見直しを行わなかったとしても無理は無いだろう。

③　補完者のエンゲージメント行動

　では，②で整理したニコニコ動画による補完者マネジメントに対して，当時ニコニコ動画で活躍していた投稿者（補完者）はどう反応しただろうか。本章 3.4 項で述べた通り，少なくとも当時の人気投稿者は，2015 年頃を境に YouTube へのマルチホーミングを始め，徐々に YouTube への動画投稿比率を増やしていった（f.）。

　もっとも，こうした人気投稿者の補完者エンゲージメント行動が，ニコニコ動画の投稿者全体の補完者エンゲージメント行動を代表していないという可能性も，理論上は存在し得る。しかしながら，時を同じくしてニコニコ動画に投稿された動画投稿件数もほぼ同じ比率で減少していることもまた事実であることから，人気投稿者とそれ以外の投稿者はほぼ同じようにマルチホーミングを行ったと考えてよいだろう（g.）。

099

第 I 部　環境変化に直面したソーシャルメディア型プラットフォームの衰退

④　閲覧者の反応

　これまで①～③で挙げてきた環境変化，それに対するプラットフォーム企業による補完者マネジメント，そしてそれに反応した補完者のエンゲージメント行動の変化に対して，閲覧者はどう反応したかを想像することはそれほど難しくないだろう。実際，2015 年をピークに動画再生回数は，急速に減少してしまった（h.）。動画投稿件数の減少と動画再生回数の減少は，恐らく負の間接ネットワーク効果で説明が可能であろう。

　但し，動画再生回数の減少と有料会員数の減少との間に正の因果関係（一方が減少すれば他方も減少する）が働いていることを完全に実証することは，データセットの制約上困難である[21]ため，あくまでも状況証拠に過ぎない。それでも，③で示した人気投稿者をはじめとした投稿者（補完者）のマルチホーミングによる動画投稿件数の減少，そして動画投稿件数の大幅な減少と有料会員数の減少との関係（少なくとも炎上事件の前まで）が偶然であると説明することの方が不自然であることから，ここでは，動画再生件数の減少は有料会員数の減少に正の影響を与えていると解釈する（i.）。

4.2　環境変化に対する認知的慣性

　前項で整理してきたように，モバイルインターネットの高速化といった技術環境の変化，そしてそれに伴う競合プラットフォーム（YouTube）の躍進といった外部環境の変化が生じた 2014 年から 2015 年の段階では，ドワンゴは具体的な対応策を講じてこなかった。換言すれば，プラットフォーム企業による補完者マネジメントは環境変化に対して反応することはなかった。もちろん，仮にドワンゴが具体的な対応策を行ったとしても，当時の YouTube への十分な対抗ができていたのかという疑問も生じるだろう。

　しかし，ここで重要なのは，動画投稿件数，動画再生回数とも減少に転じた 2016 年の時点でも具体的な打ち手が無く，自社プラットフォームに対する認識が，依然として「コメントで承認欲求を満たす」という価値観のままであったという点である。これは，Tripsas & Gavetti（2000）が事例の中で取り上げていたポラロイド社の上級役員による信念が「レーザー・アン

---

21) 国立情報学研究所から提供されたデータセットでは，どのアカウント（有料会員／無料会員）がそれぞれどの程度動画を再生したかを把握することが不可能である。

ド・ブレードモデルで儲ける」から一向に変化しなかった構造とよく似ている。

　既に述べたように，ソーシャルメディア型プラットフォームは，他のプラットフォームとは異なり，非経済的な動機を持った補完者が集まることがある。とりわけ初期のニコニコ動画はその傾向が強かっただろう。ニコニコ動画のように，様々な動機を持った補完者が参加するプラットフォームに対する補完者マネジメントには特に注意を払う必要がある。なぜならば，ニコニコ動画事例のような環境変化が生じた際，補完者の動機づけが非経済的な動機中心から経済的動機へと変化する可能性がある一方で，プラットフォーム企業による自社プラットフォームへの認識は，認知的慣性の働きによって，環境変化が生じる前のまま変化しないという可能性は十分に起こり得るからである。その場合，このニコニコ動画事例のように，補完者エンゲージメント行動の低下を招き，補完者は他のプラットフォームにマルチホーミングする，もしくは他のプラットフォームへ移っていくことになるだろう。

　もっとも，プラットフォーム企業が認知的慣性を克服して，競合への対応策を実行に移すことを試みたとして，そこにはまた別の問題が待ち受けることになる。その点についての議論は第5章で行う。

5．小括

　本章では，第3章にて導き出されたリサーチクエスチョン（RQ1）に対して，日本発の代表的な動画配信プラットフォームである「ニコニコ動画」の事例を取り上げて事例分析を行った。とりわけ，ニコニコ動画が環境変化に対応する過程での課題を，認知的慣性という観点から詳細に分析した。

　ニコニコ動画が直面した主要な外部環境の変化は，LTEの普及によるモバイルインターネットの高速化と，それに対応したスマートフォンの登場による，YouTubeのような海外事業者の躍進であった。そして，YouTubeの利用者数が急増していくのに伴って，動画投稿者の間に「動画で収益を得る」という価値観が芽生えていった一方で，ニコニコ動画（ドワンゴ）は，「コメントで承認欲求を満たす」という旧来の価値観を捨てることができなかった。その結果，ニコニコ動画は，動画投稿者（補完者）の経済的動機に十分に応えることができず，補完者エンゲージメントが低下してしまい，最

第Ⅰ部　環境変化に直面したソーシャルメディア型プラットフォームの衰退

終的には，動画の再生回数や有料会員数を大きく失う結果を招いてしまっ
た。以上が本章の事例分析の主な結論である。

　但し，本章では，既存プラットフォーム企業が環境変化への適応を困難に
する要因として，主に認知的慣性のみに焦点を当てて分析してきた。それゆ
え，仮にニコニコ動画（ドワンゴ）が，認知的慣性を乗り越え，環境変化に
適応しようとした場合，そこにどのような阻害要因が存在するのかは意図的
に検討からは除外している。

　第5章では，環境変化に直面した既存プラットフォーム企業が，認知的慣
性を乗り越えて環境変化に適応しようと試みた場合に直面する問題について
検討する。

第5章

認知的慣性の克服後に待ち受け得る
二重の慣性─クックパッドの事例─

　本章では，第3章で導き出されたRQ1に対して，第4章の発見事実や議論を踏まえた検討を行う。具体的には，第4章で議論した環境変化に直面した成熟プラットフォームに働く認知的慣性（cognitive inertia）を仮にプラットフォーム企業が克服したとして，その後に起こり得る課題という観点から検討する。分析の対象となるのは，わが国のオンラインレシピサービスの先駆けである「クックパッド」の事例である。クックパッドは，ソーシャルメディア型のサービスとしてはかなり歴史が古く，本格的なサービス開始は1998年まで遡る。主なコンテンツは，一般の利用者から投稿されるテキストと写真を中心とした料理レシピであり，300万件を超えるレシピが掲載されている。同社は，2016年頃までは，掲載されるレシピの豊富さを売りに，順調に月間平均利用者数，プレミアム会員数を伸ばしてきた。しかし，2017年になると，突如として平均月間利用者を大きく減らしてしまうと，続く3年間（2017年–2019年）で売上収益も約30％減少させてしまった。

　この原因の1つに，2016年に参入した後発の競合2社の存在が挙げられる。この両者の特徴は，①料理レシピを動画で提供する，②動画に登場する料理はプロが調理し，動画の撮影と編集も撮影のプロが行う（ユーザー生成型コンテンツではない）という点である。

　第4章でも述べた通り，2010年代中盤は，モバイルインターネットの高速化によって，動画メディアによるコンテンツ（例えば映画やスポーツ中継，そしてユーザー生成型コンテンツ）を楽しむという習慣が一般に普及した時期である。その時期に，動画によるレシピ提供を差別化要素として参入してきた後発企業2社に対して，先発企業であるクックパッドはどのような対応をしたのだろうか。

　本章では，環境変化に直面した成熟プラットフォームが，認知的慣性を克服した後に，どのような問題に直面するかといった検討を通じて，環境変化の局面における競合への対処，組織内部への対応を議論する。

第Ⅰ部　環境変化に直面したソーシャルメディア型プラットフォームの衰退

1. 事例分析の視点

1.1 「認知的慣性」を克服した後に起こり得る問題

　第4章では，環境変化に直面した成熟プラットフォームが，それ以前の成功体験に基づく認知的慣性によって，環境変化への適応に遅れが生じた点を指摘した。具体的には，モバイルインターネットの高速化やそれに伴う海外事業者（YouTube）の躍進といった環境変化によって，動画投稿者（補完者）の価値観は非経済的な動機から経済的な動機中心へと変化していった。他方，成熟プラットフォームであるニコニコ動画側は，動画投稿者（補完者）の動機は依然として非経済的な動機であると認識したままであったため，不便な収益化の仕組みなどに十分なテコ入れをすることなく，結果的に補完者エンゲージメントが低下してしまった。こうした原因が認知的慣性の存在であることは，当事者へのインタビューやその他公開情報からも示唆されるところである。

　では，仮に成熟プラットフォーム企業が，こうした認知的慣性を乗り越えられたとして，次に待ち受けるのはどのような問題だろうか。前章でも触れた Tripsas & Gavetti（2000）の事例分析では，ポラロイド社は，次世代技術（デジタルイメージング）への研究開発投資を十分に行ってきており，競合他社を上回る技術力の蓄積があったにもかかわらず，旧来のビジネスモデル（レーザー・アンド・ブレードモデル）で収益を上げるという信念から脱却することができなかった様子が描かれている。つまり，技術力という点においてこそ既存企業がリードしていたが，後発企業に駆逐されてしまった原因が認知的慣性である，と指摘している。

1.2 環境変化への適応を阻害する要因

　前項の議論の一方で，認知的慣性を克服した後で組織が直面する問題は，既存の技術やビジネスモデルにおいて培ってきた中核となる能力が，逆に新しい技術の獲得や市場の環境，ビジネスモデルの構築においての障害となる可能性である（Leonard-Barton, 1992）。とりわけプラットフォーム企業は，その成長の過程においてネットワーク効果の恩恵，換言すれば慣性の優

第5章　認知的慣性の克服後に待ち受け得る二重の慣性—クックパッドの事例—

位性（inertial advantage）を活用しながら一定の地位に到達することが考えられる（Suarez & Lanzolla, 2007）。そうした競争環境下において，既存企業は，技術や環境の変化を認識しつつも，既存顧客のニーズに基づく自社製品のアップデートを最優先にせざるを得ないため，既存顧客が望んでいない変化への適応は困難なものとなる（Christensen & Bower, 1996）。

　加えて，複数の組織が分業構造を形成しながら製品やサービスを生み出している関係性においては，分業構造の変化が生じるような技術変化への適応は困難となる（Henderson & Clark, 1990; Christensen & Rosenbloom, 1995）。特に，Christensen & Rosenbloom（1995）による指摘[1]，すなわち，最終製品を構成する部品のサプライヤーが入れ子構造のネットワーク（value network）のような分業構造を形成している場合，新しい技術への適用が困難になる可能性については，補完者との協調という点において，プラットフォームビジネスにおいても同様の指摘ができるかもしれない。

　このように，環境変化に直面した既存企業は，たとえ認知的慣性を克服できたとしても，新しい環境（例えば技術変化）に適応するためには，当該企業が価値を生み出すための企業間の繋がり，既存顧客との繋がりまで考慮に入れた上で変化への適応を模索しなければならない。この問題にプラットフォーム企業特有の論点を付け加えるならば，補完者との関係性も考慮しながら補完者エンゲージメント行動を引き出すためのマネジメントを行っていく必要があるだろう。なぜならば，第2章でも述べたように，プラットフォームは通常，階層による統制も市場による調整も行われておらず，入退室が自由な組織間形態である（Jacobides et al., 2018）。それゆえ，プラットフォームが主導する価値の創出と分配の方向性に満足しない補完者は，容易にそこから退出することが可能だからである。

---

[1] Christensen & Rosenbloom（1995）は，アーキテクチャルイノベーション（Henderson & Clarck, 1990）の議論を下敷きにしつつ，製品アーキテクチャの変更を伴うような技術を採用した製品が登場した際，既存のネットワーク（value network）はそれに適応が困難になるメカニズムを指摘している。その際，議論の一部には，Christensen & Bower（1996）が指摘している，既存企業が主要顧客の価値評価に依存せざるを得ない問題が反映されている。これは，Christensen & Rosenbloom（1995）とChristensen & Bower（1996）に共通する著者であるChristensenがほぼ同時期に執筆していた両論文の研究過程で抱いた問題意識がそれぞれの論文に反映されていたためであると思われる。

第Ⅰ部　環境変化に直面したソーシャルメディア型プラットフォームの衰退

以上の点を踏まえ，以降ではクックパッド事例の分析を行う。

2.　研究の方法

　クックパッド事例の選択理由は第3章で述べたが，ここでは本事例研究における，補完者のエンゲージメント行動が示すものやその測定方法，また，補完者のエンゲージメント行動が反映される競争力の測定方法（指標）を明確にしておきたい。

　クックパッド事例においては，補完者のエンゲージメント行動を，補完者によるレシピの投稿から捕捉し，それを，クックパッドが公開する，同サイトの「レシピ数」から判断する。

　また，クックパッドの補完者マネジメントに関する企業行動が反映される経営パフォーマンス，つまりクックパッドの競争力は，クックパッドの「月間ページ訪問者数」から主に測定し，「平均月間利用者（閲覧者）数」，「プレミアム会員数」も確認した。なお，補足的に，同社の売上高の推移も確認した。

　さらに，詳しくは後述するが，クックパッドの代替品として市場に登場したレシピ動画サービスとの競合関係を測定する際には，市場調査会社（フラー株式会社）が推計する利用者数の推移のデータを参照した。なお，本書では，新型コロナウイルス感染症による環境要因の変化，特に自宅で料理する機会の急速な拡大に関する事象を分析の検討外とするため，2019年12月までに分析期間を限定した。また，分析対象は日本国内市場のみとする。

　第3章で述べた通り，事例研究のデータソースとしては，分析対象の施策や経営行動に関するプレスリリース，株主・投資家向け説明資料，ならびに当該事例に関連したウェブ・新聞・雑誌記事，関連書籍・論文等のアーカイバルデータを多面的に用いて，分析内容の信頼性，妥当性の確保に努めた。各データの詳細は，後述する事例記述内の脚注に記している。

　また，基本的にはアーカイバルデータを中心とした事例記述を行っているが，先述した通り，分析の正確性，妥当性を高めたり，当該データのみでは記述が難しい分析を補足したりすることを目的として，レシピ動画サービスを展開する企業の事業担当者へのインタビューを行った。具体的には，レシピ動画サービスのデリッシュキッチンを展開する株式会社エブリーのデリッ

第5章　認知的慣性の克服後に待ち受け得る二重の慣性─クックパッドの事例─

シュキッチン事業担当者（匿名希望）に，2021年11月15日に約1時間の
インタビューを行い，また，インタビュー後の最新の内容確認を，2022年8
月5日に同社にメールで行った。インタビュー内容としては，主に，（1）参
入当時の競合サービスへの認識，（2）オンラインレシピに対する利用者ニー
ズへの認識，（3）他社との間での利用者の動きをどう見ていたか，の3点で
ある。

3.　事例

3.1　クックパッドの成長と経営指標の悪化

3.1.1　サービスの中心的機能

　クックパッドは，一般消費者（利用者）から投稿された料理レシピの投稿
や検索に関するウェブサービスを提供する，ソーシャルメディア型のプラッ
トフォームである（クックパッド株式会社が提供）。同サービスは，1998年
3月に前身のサービス「kitchen@coin」が開始された，レシピサイトの草
分け的存在である（1997年創業，創業者は佐野陽光氏）。

　クックパッドは，料理のレシピや動画といったサービスを提供している
が，その中心にあるのは，主に一般消費者（利用者）が作成した，文字（テ
キスト）情報と写真からなるレシピである。クックパッドのサービスは，無
料で利用できる通常サービスと，月額308円（税込：2024年5月1日現在）
で利用できるプレミアムサービスに分かれる。プレミアムサービスでは，人
気レシピが分かる人気順検索，毎日の献立や専門家が厳選したレシピの提案
等をホームページや公式アプリを通じて受け取ることができる。

　クックパッドのビジネスモデルは，上記のプレミアムサービスによる会員
収入（連結売上収益の約65％：2017-19年度の平均）と企業からの広告収入
（同約35％：同左）が主たる収益源となっている[2]。

---

[2]　クックパッド株式会社「2017年12月期決算説明会資料」（p. 6），「2019年12月期決算
　　説明会資料」（p. 8）より。同社では2017年度に一部サービスを連結除外して収益構成
　　が変化したため，2017-19年度での平均値を示している。

第Ⅰ部　環境変化に直面したソーシャルメディア型プラットフォームの衰退

図5-1　クックパッドの平均月間利用者数（デバイス別）・プレミアム会員数の推移

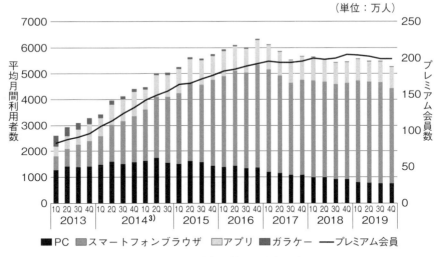

出所：クックパッド株式会社決算説明会資料に基づき筆者作成

3.1.2　成長の背景

　クックパッドはサービス開始以降，楽天レシピやYahoo!レシピ検索（現在はサービス終了）等他社のオンラインレシピサービス市場への新規参入があったものの順調に成長を続け，2016年度の第4四半期には平均月間利用者数が6416万人に達した（図5-1）。また，プレミアム会員数も2018年度第4四半期には200万人を突破する等，国内市場最大のレシピサイトとなった（図5-1）。

　クックパッドの成長の要因は，同サービスがオンラインレシピサービスの草分けであること以外にも2点指摘されている。第1に，2010年前後の国内市場におけるスマートフォンの普及である。家庭内のキッチンで行う料理と，持ち運び可能かつ視認性に優れ，写真撮影機能に優れるスマートフォンの相性は良いものと考えられていた。実際に，スマートフォンの普及以降，クックパッドへのレシピ投稿は加速し，2011年のサービス開始から10年以

3）　クックパッド株式会社は2014年度に会社基準を変更しているため，決算説明会資料等においても，2014年3月期（日本基準）と2014年12月期（IFRS）の両方のデータが提示されている。ここでは，データソースに忠実にグラフを作成した。図5-2も同様。

108

上かかったレシピ数 100 万品突破と比して，2015 年 3 月の 200 万品突破ま
ではわずか 4 年で達成されている[4]。

　第 2 に，クックパッドは 2010 年頃より，食品メーカーと組んでのマーケ
ティング支援事業に注力していた。これは，一般消費者を巻き込む形で食品
メーカーの特定の商品のレシピを検討するプロモーション支援事業であり，
例えば，宝酒造の「料理のための清酒」のプロモーションだけでも利用者か
ら 800 件のレシピを集めている（2009 年）[5]。こうしたプロモーションの結
果として生まれたレシピや販促物はスーパーの店頭で配布されたり，POP
として掲示されたりすることで，クックパッドの認知度向上，利用者増へと
つながっていった。

　こうしてクックパッド上に増加したレシピの総数は，2018 年度には国内
最多の 300 万品を記録しており，また，クックパッドは定時株主総会の招集
通知や有価証券報告書等で，レシピ数が増加し続けていることを事業の指
標，成果として投資家に伝え続けている[6]。

3.1.3　レシピ投稿の仕組みづくり

　クックパッドが多数のレシピを利用者から集めることができた背景には，
レシピを利用者に投稿させるための，クックパッドによる以下の大きく 4 つ
の仕組みづくりがあった。

　第 1 に，同サービスのレシピは，利用登録を行えば，誰でも，無料で投稿
できる。その際，利用者には特殊な投稿のための条件が課されていない。

　第 2 に，クックパッドでは，レシピが投稿しやすいよう，レシピタイト
ル，レシピの写真，材料・分量，作り方，コツ，ポイントといった，フォー
マット（インターフェース）が定型化されており，レシピの例示もなされて
いる[7]。これにより，利用者は気軽に投稿ができる。

　第 3 には，クックパッドにおける「つくれぽ」の存在がある。つくれぽと

---

[4]　クックパッド株式会社「クックパッド，投稿レシピ数が 200 万品を突破」（https://
　　info.cookpad.com/pr/news/press_2015_0331）　※最終アクセス日 2024 年 5 月 1 日

[5]　クックパッド株式会社「2010 年 4 月期第 2 四半期決算説明会資料」（p. 27）

[6]　クックパッド株式会社「定時株主総会招集ご通知」「有価証券報告書」（ともに，2017
　　年 12 月期と 2018 年 12 月期）より

[7]　クックパッド株式会社「レシピ投稿について」（https://cookpad.com/helps/group/
　　34#help_group_397）　※最終アクセス日 2024 年 5 月 1 日

は，掲載されているレシピに対して，実際に料理した利用者がその感想を写真付きで投稿できる，クックパッドの提供機能である。この機能は，つくれぽの投稿数が増えることで，定番レシピとして信頼性が高まり，利用者はレシピ投稿のモチベーションを高めるという仕掛けづくりがなされているところが特徴的である[8]。クックパッドのレシピ投稿には原則として経済的なインセンティブがないため，つくれぽを通じた他利用者からの称賛や承認が，利用者にとっては投稿のインセンティブとなる（青木, 2016）。クックパッドにあるレシピの中には，1万件ものつくれぽを集めているレシピもあり[9]，この機能は同サービスのレシピ投稿において大きな役割を果たしていると言える。

　そして第4には，プレミアムサービスとの関連がある。プレミアム会員のみが利用できる人気順検索では，つくれぽの投稿数，レシピの閲覧数，その他様々な情報から，クックパッド上で注目を浴びているレシピを検索することができる[10]。つまり，レシピが人気順検索に表示され，レシピの存在ひいては投稿者の存在がクックパッドの熱心な利用者であるプレミアム会員に知れ渡ることで，投稿者はレシピ投稿のインセンティブをさらに高めることができた。

　このように，利用者にとってレシピ投稿は，クックパッドの準備するフォーマットを満たせば誰でもできるものであった。但し，レシピ投稿は，利用者にとって経済的動機があるものではなく，つくれぽや人気順検索（ランキング）によって，投稿のモチベーションを高める仕掛けづくりがなされていた。この結果，少なくとも人気レシピは確かに優れたものが集まり，定番のものというよりも，投稿者による独自の工夫があるものが多くなる傾向があった。

---

[8] 「なぜクックパッドの会員はタダでもレシピを投稿し続けるのか？」『プレジデントウーマン』（https://president.jp/articles/-/19095?page=3）　※最終アクセス日 2024 年 5 月 1 日

[9] 「【2022 最新】つくれぽ10000 超え！殿堂入り神レシピ《42 選》」つくれぽ1000 超えレシピ集（https://cook-tsukurepo.com/archives/2329）　※最終アクセス日 2024 年 5 月 1 日

[10] クックパッド株式会社「人気順の基準は？」（https://cookpad.com/helps/group/15）※最終アクセス日 2024 年 5 月 1 日

3.1.4 業績の低迷

レシピ数の拡大に伴い、クックパッドの業績は拡大していったが、その一方で、2017年度を境にクックパッドの各種経営パフォーマンスは鈍化傾向に入った（図5-2）。例えば、平均月間利用者数は上述の2016年度をピークに、その後3年間で1000万人超を減らし、2019年度第4四半期には5251万人にまで落ち込んだ。また、クックパッドの収益モデルの多くを支えるプレミアム会員数も約200万人で頭打ちとなっている。結果として、図5-2に示されている通り、同社の売上は約30％の減少となった。営業利益に関しても2017年度から2018年度にかけて約95％の減少となっている[11]。

以下では、クックパッドの成長が停滞した時期に起こった外部環境変化と、市場に参入してきたレシピ動画サービスの特質を確認していく。

図5-2　クックパッドの売上の推移

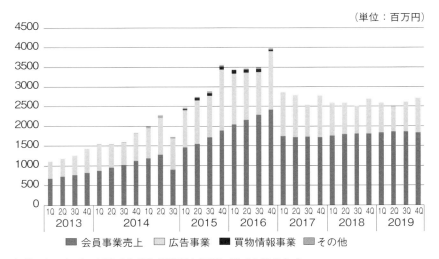

出所：クックパッド株式会社決算説明会資料に基づき筆者作成

---

[11] クックパッド株式会社「2018年12月期決算説明会資料」（p.6）、「2019年12月期決算説明会資料」（p.6）より

第 I 部　環境変化に直面したソーシャルメディア型プラットフォームの衰退

3.2　市場の環境変化とレシピ動画サービスの登場

3.2.1　レシピ動画サービス登場の背景

　2010 年代中盤にオンラインレシピサービス市場に登場したのが，レシピ動画サービスのデリッシュキッチン（2015 年 9 月サービス開始：株式会社エブリー）とクラシル（2016 年 2 月サービス開始：dely 株式会社）である。

　両サービスは，クックパッドのレシピと異なり，動画によるレシピ，特に 1 分程度のレシピ動画の提供を中心としている。また，両サービスのビジネスモデルは，デリッシュキッチンは広告収入を主としつつ，有料のプレミアムプランへの課金（月額 480 円（税込）：2024 年 5 月 1 日現在）も加えた収益モデルを模索している一方，クラシルはプレミアムプラン課金（同じく月額 480 円（税込）：2024 年 5 月 1 日現在）を主たる収益モデルとしており違いがあるが，提供サービスやその狙いには共通点が多い。

　両者がサービスを開始した頃，つまり 2016 年は，日本における「ネット動画元年」とされる 2014 年（第 4 章参照）から 2 年が経過しており，2016 年には第 4 世代移動通信システム（4G）の人口普及率が 76.2％に達してインターネット接続の高速化が市場へと浸透したこともあり[12]，当時動画コンテンツや動画広告が注目を集めていた。また，2011 年 3 月から動画サイトの YouTube のパートナープログラムが一般公開されたことで，いわゆる YouTuber の普及が進んだことも手伝って，2016 年には YouTube の国内利用率は 77％に達した[13]。

　これら状況を機会と捉え，クックパッドが存在する市場において，両者はサービスを開始した。例えば，クラシルを展開する企業の代表取締役である堀江裕介氏は「クックパッドは，20 年かけて集めた 270 万品（2017 年 10 月当時：筆者注）を超えるレシピ情報を持っており，そこで勝負しても，一生追いつけません。しかし，動画ならば，自分たちが先行できます」[14]として，レシピ動画サービスに狙いを定めた背景を述べている。

---

[12] 総務省「電気通信サービスの契約数及びシェアに関する四半期データの公表（平成 28 年度第 3 四半期（12 月末））」（2017 年）

[13] 「YouTube の日本の利用率は 77 ％と Google が発表（2016 年調査結果）」『Web 担当者 Forum』（https://webtan.impress.co.jp/n/2017/06/09/25999）　※最終アクセス日 2024 年 5 月 1 日

3.2.2 プロによる調理と撮影・編集

　デリッシュキッチンとクラシルのレシピに共通しているのは、「誰でも簡単に作れること」である。両サービスの動画に登場する料理は、クックパッドにレシピを投稿する一般消費者（利用者）ではなく、デリッシュキッチンは自社で抱える管理栄養士やフードコーディネーター等食のプロ、クラシルも左記同様のプロを主として、一部同社の選考基準を満たした主婦や学生等の利用者が監修したものとなっている。その際、食材の入手のしやすさや、調理のしやすさといった観点を重視して社内でレシピが厳選され、社内の専用スタジオで撮影が行われる[15]。

　また、レシピ動画は、動画編集のプロによってコンテンツとしての完成度が高められる。クラシルのレシピ動画は「シズル感（食欲や購買意欲が刺激される感覚）」を大事にするためカメラのアングルを変えたり、カット割りを変えたりする一方、デリッシュキッチンの動画は上からみた真俯瞰によって固定される等、両者の動画の内容には少々の相違点もあるが、利用者の料理しやすさを意識しているという点では共通している。また、レシピの分かりやすさと利用者のサービス離反防止を重視するため、サービス開発当初は長かった動画の時間は、同じく動画編集のプロによって、最終的には先述の1分程度へと短縮されていった[16]。

　1分程度の料理動画の制作に上述のような手間をかける必要があるため、1日に作成可能なレシピ数は50本程度となり、レシピの総数は3万本前後とクックパッドよりも相当少ない。しかし、クラシルを提供する企業の柴田快取締役（当時）は、「クックパッドが擁する280万レシピ（2018年4月当時：筆者注）のうち、閲覧回数が多いのが上位数万程度とされていることからすれば、実用に堪える物になっているのではないか」[17]と述べており、レシピ数の少なさはサービスの展開上問題ないと考えている。このレシピ数に

---

14) 「20代で1000億円企業をつくる　クラシルが世界で勝てる理由」『事業構想』（https://www.projectdesign.jp/201710/20-creativity/003968.php）　※最終アクセス日 2024年5月1日

15) 「レシピ動画成長の理由　プロが制作，視聴は1分」『日経クロストレンド』（https://xtrend.nikkei.com/atcl/trn/pickup/15/1003590/061400990/）　※最終アクセス日 2024年5月1日

16) 株式会社エブリーのデリッシュキッチン事業担当者へのインタビューに基づく

17) 『日経トレンディ』2018年4月号，p. 86

第Ⅰ部　環境変化に直面したソーシャルメディア型プラットフォームの衰退

対する認識は，デリッシュキッチンにおいても同様である[18]。

3.2.3　SNS を通じた料理動画の配信

　利用者にレシピ動画を広めていった方法も両者に共通している。クックパッドはもともと，自社の利用者数の増減に関する Google の検索アルゴリズム変更からの影響に言及するほど[19]，検索エンジン経由での利用が多いサービスであった。一方で，デリッシュキッチンやクラシルは，Instagramや Twitter 等の複数の SNS を通して，お薦めのレシピ動画を投稿することで利用者を増やす「分散型メディア」（図5-3）と呼ばれる手法を採用していた。デリッシュキッチンもクラシルも，サービス開始当初は自社アプリを提供せず，分散型メディアによってレシピ動画を提供していた。その背景にあるのが，SNS 検索の増加である。

　デリッシュキッチンもクラシルも，中心的な利用者層は 20 代から 40 代までの女性である[20]。このセグメントの利用者は，旧来の検索エンジンではなく，例えばハッシュタグ検索のような SNS 検索を好んで用いる傾向にある。クラシルは，参入時のターゲットイメージを「SNS で多くのユーザーを抱えていて，そこのユーザーのデモグラに一致する層。動画に馴染みがあり，クックパッドに癒着していないけど，料理をするユーザー層」（堀ほか，2020, p. 499）であったと考えていた。つまり，このイメージからは，クックパッドの熱心な利用者ではないが，SNS や動画に親和性の高い利用者層をターゲットにしていたことが示唆される。また，デリッシュキッチンも，「まずは認知を獲得するために SNS での配信を最優先した」（山畑, 2018, p. 3）としている。

　さらに当時，例えば大手 SNS の Facebook は，YouTube に対抗するために動画配信数を伸ばそうとしてサイト内の動画表示のアルゴリズムを優遇しており[21]，SNS 上でコンテンツを配信する各種サービスにとっては適し

---

[18] 株式会社エブリーのデリッシュキッチン事業担当者へのインタビューに基づく

[19] 例えば，クックパッド株式会社「2017 年 12 月期第 2 四半期決算説明会：主な質疑応答の要約」ならびに同社「定時株主総会招集ご通知」（2017 年 12 月期）より

[20] 「レシピ動画「クラシル」と「DELISH KITCHEN」結局どちらが"使われている"のか調べてみた」『App Ape Lab.』（https://lab.appa.pe/2017-07/kurashiru-delish-comparison.html）※最終アクセス日 2024 年 5 月 1 日

[21] 『日経トレンディ』2018 年 4 月号，p. 86

第 5 章　認知的慣性の克服後に待ち受け得る二重の慣性―クックパッドの事例―

図 5-3　分散型メディアのイメージ

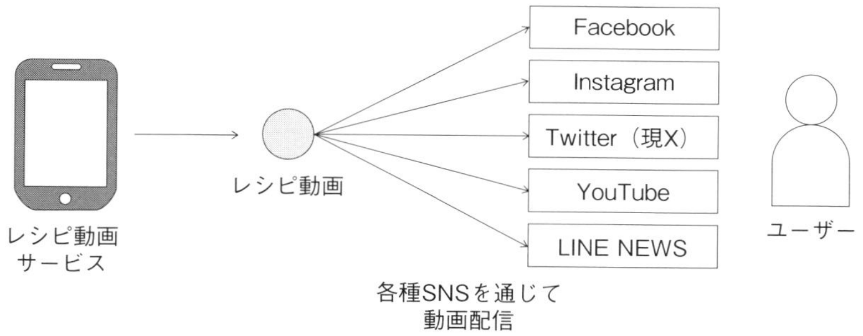

レシピ動画
サービス

レシピ動画

各種SNSを通じて
動画配信

Facebook

Instagram

Twitter（現X）

YouTube

LINE NEWS

ユーザー

出所：筆者作成

た状況にあった。こういった背景もあり，両レシピ動画サービスは，元々多くの利用者数を抱える大手 SNS の利用者基盤を用いた分散型メディアによるコンテンツ配信によって，市場に参入したのである。

　その後クラシルは 2016 年 5 月に，デリッシュキッチンは同年 12 月に自社アプリの運用を開始した。その狙いとしては，自社外部の SNS に検索アルゴリズムを一任してしまうことへのリスク管理と[22]，自社でのレシピのデータベース化があった。しかしその後も，両サービスとも，SNS への配信と独自アプリの運用とを併用しており，自社サービスへの利用者の流入経路を広く保っている。また，自社アプリ提供開始後は，利用者目線に立ったアプリのユーザー・インターフェース（UI）やユーザー・エクスペリエンス（UX）の改善を継続している。例えばクラシルでは，SNS に慣れている層の視線をアプリに取り込んだり，クラシルの元利用者を専属料理人としてスカウティングしたりと，サービスの改善を行っている（堀ほか，2020，p. 370）。

3.3　レシピ動画サービスの影響とクックパッドの反応

3.3.1　クックパッドの利用者数・月間ページ訪問者数の低下

　レシピ動画サービスの登場を契機として，オンラインレシピサービス市場

---

[22]「料理動画数世界一「クラシル」は会社存続の危機から始まった―経験ゼロで作った1 分のデモ動画」『BUSINESS INSIDER』（https://www.businessinsider.jp/post-160651）　※最終アクセス日 2024 年 5 月 1 日

第Ⅰ部　環境変化に直面したソーシャルメディア型プラットフォームの衰退

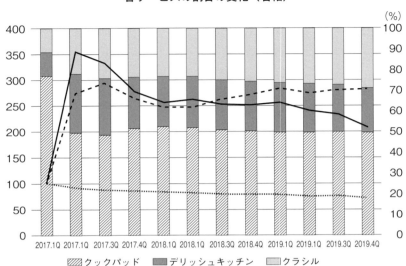

図 5-4　MAU の指数の変化（左軸）と 3 サービス総計における各サービスの割合の変化（右軸）

出所：フラー株式会社が手掛けるアプリ分析サービス「App Ape」による推計データ（スマートフォンベース）を基に筆者作成。実数は非公表[23]。

での利用者の動向に変動が起こった。図 5-1 で先述した通り，クックパッドの平均月間利用者数は 2016 年度第 4 四半期をピークに，2019 年度第 4 四半期には 5251 万人と 1000 万人超減少している。この動向とは対照的に，利用者数を増加させたのがレシピ動画サービスの 2 社である。図 5-4 に示されている通り，クックパットとレシピ動画サービス 2 者の計 3 サービスの四半期ごとの平均月間アクティブユーザー数（MAU）を確認すると，2 つの動向が確認できる。第 1 に，2017 年第 1 四半期を基準（指数 100）とすると，レシピ動画 2 社の MAU は増加傾向に，クックパッドの MAU は横ばいから低下傾向にあったと言える。第 2 に，3 サービスの総計に占める各サービスの MAU の割合を確認すると，レシピ動画 2 社の割合が増加していることを見て取れる。

---

[23] ローデータには実数が記載されているが，データの取得元の規約上，実数を非公表として加工している。スマートフォンベースとは，iOS と Android 各々の MAU の合算値を指す。

第5章　認知的慣性の克服後に待ち受け得る二重の慣性―クックパッドの事例―

　ここで，どのような利用者がクックパッドから減少し，そしてレシピ動画サービスの両者を利用し始めたかの詳細に関しては，当時の市場調査データが示唆的である。株式会社ヴァリューズの調査によると[24]，レシピ動画サービスの両者で特に利用者数を増加させていたのは，「料理好きのルーキー」，つまり料理好きだが，献立が思いつかないような料理好き初心者であり，このセグメントの利用者に，分かりやすいレシピ動画を提供する両レシピ動画のサービスが利用されていたことが示唆される。また，クックパッドの利用を減らしていたのは，上記の利用者や「料理嫌い時短」を好む利用者であったとも調査されている。

　当時クックパッドのレシピ数は 250 万レシピを突破した頃であったが，両レシピ動画サービスの参入直後のこの頃を境に，クックパッドの月間ページ訪問者数が低下傾向に入った（図 5-5）。訪問者数の低下は広告媒体としてのプラットフォームの価値低下を意味し，実際，同社の広告収入は低下している（前掲図 5-2）。

　また，上述した通り，両レシピ動画サービスは，SNS を活用したコンテンツ配信に力を入れているため，自社サイトの利用者数のみではそれらサービスの集客力を推し量れない。そこで，両者の SNS の利用者へのリーチを筆者が集計すると，クックパッドと比較してフォロワー数が約 15 倍高くなっており，少なからぬ集客力を有していることが分かる[25]。

　クックパッドと両レシピ動画サービスは，ソーシャルメディア型のプラットフォームビジネスでの競合というよりもむしろ，レシピを入手したい，知りたいという利用者のニーズに関しては，それを相互に異なる機能によって満たす代替関係にある。また，ウェブサービスは複数同時利用が可能であるため，クックパッドと両サービス間での利用者の流出・流入関係を明確に把握することは困難である。実際には，レシピ動画サービスの利用者となった「料理好きのルーキー」が，クックパッドから「完全に」離脱したわけではなく，クックパッドとレシピ動画サービスをマルチホーミングしていたと見るのが現実的であろう。

---

[24] 株式会社ヴァリューズ「料理の価値観とレシピサービス利用動向調査」『マナミナ』（https://manamina.valuesccg.com/articles/135）　※最終アクセス日 2024 年 5 月 1 日
[25] 2021 年 3 月 29 日時点での各社の公式 SNS アカウントのフォロワー数をカウントして筆者計算。過去のフォロワー数を遡ることができないため，当該データを用いた。

第Ⅰ部　環境変化に直面したソーシャルメディア型プラットフォームの衰退

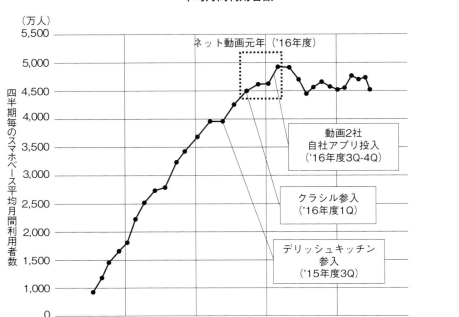

図5-5　クックパッドの累計レシピ数とスマートフォンベースの平均月間利用者数

注：2012年度第4四半期から2019年度第4四半期の累計レシピ数を掲載。2014年度は会計年度の変更により，3四半期分重複して掲載。
出所：クックパッド株式会社決算説明会資料に基づき筆者作成

　しかし，両レシピ動画サービスがクックパッドを意識して事業展開を開始したこと，また図5-4，図5-5に示した変動や動向，そして，レシピ動画サービスの両者は料理ルーキーが利用を増やしていたこと，さらに後述するクックパッドの反応から見ても，両サービスがクックパッドに影響を与えたと考えるのが自然だろう。

3.3.2　動画サービスの開始とソーシャルメディア型レシピ投稿へのこだわり

　事実，クックパッドも，デリッシュキッチンとクラシルから少し遅れ，2016年11月に動画関連サービス「クックパッドTV」をスタートさせ，2017年12月には，料理動画の撮影ができる「クックパッドスタジオ」を都

第5章　認知的慣性の克服後に待ち受け得る二重の慣性—クックパッドの事例—

内に設置した。

　しかし，前者は料理家や有名人と一緒に料理ができるライブ配信サービスが主である。また，後者も動画コンテンツを制作するのはプロではなく，既存のテキストのレシピ同様，クックパッドにレシピを投稿する利用者である。さらには，スタジオを予約，利用するには，クックパッドにテキストレシピを投稿していることが必要であった。また，上記のサービスの他に，クックパッドのホームページでは「料理動画」というコーナーを設け，レシピ動画サービスを提供するコーナーを設けてはいるものの，同社の中心的サービスはその後もテキストと写真によるレシピであった。

　こうした中，クックパッドの投資家向けの決算説明会において，他社のレシピ動画サービスを意識したと思われる質疑応答がなされるようになった。そこでは，動画とテキストのレシピの棲み分けについて，以下のクックパッドの見解が示されている[26]。また，デリッシュキッチンとクラシルのような，プロを抱えることでレシピ動画作成・編集を行う方法を模倣するつもりもないとしており，旧来の方法を踏襲することが説明されている。

　　ユーザーが「きょう何つくろう」と考えるシーンの一端で動画レシピに一定の影響はあると考えていますが，レシピの再現性という観点では，クックパッドのサービス（＝テキスト）は引き続き使って貰っていると認識しています。当社としては「レシピの再現性を高めること」が重要だと考えており，テキスト（文字をみて作る）は再現性の観点から優位性があると考えています。

　　動画コンテンツを作るにあたっての技術的・人員的なボトルネックは把握していません。但し，人員という意味では，他社の労働集約的な手法を真似しようとは思っておらず，当社独自の手法で勝ちにいく所存です。

　これらの説明から分かるように，クックパッドはレシピ動画サービスが市場に登場し，成長する中においても，依然として再現性を重視したテキスト

---

[26] クックパッド株式会社「2017年12月期第2四半期決算説明会：主な質疑応答の要約」（p. 5）

119

第Ⅰ部　環境変化に直面したソーシャルメディア型プラットフォームの衰退

形式のレシピサービスに自社の優位性を見出そうとした。また，市場の動向に応える形で動画関連サービスを開始したが，上述したクックパッドスタジオに見られるように，それは同社がこれまでソーシャルメディア型プラットフォームとして追求してきた一般利用者によるコンテンツ投稿に重きを置いたものであった。プロによる分かりやすい動画を追求したクラシルやデリッシュキッチンとは対照的である。

3.3.3　ソーシャルメディア型ビジネスへの執着

　クックパッドではその後も，利用者が投稿するレシピの提供を基にしたプラットフォームの運営を継続した。実際，両レシピ動画サービスの登場後も，同社はソーシャルメディア型のビジネスの1つの帰結としての投稿レシピ数を，事業の成果として投資家に訴求し続けている[27]。

　しかし，先述の「料理好きルーキー」の利用動向にも示唆されるように，利用者は，誰でも簡単に作れること重視し，かつ，目当てのレシピに到達のしやすい，レシピ動画サービスの活用へと移行していったと考えられる。一例を挙げると，クックパッドで「肉じゃが」と検索すると1万2690品のレシピがヒットする[28]。レシピの総数が3万品前後の，クラシルやデリッシュキッチンと比べてもその品数の差は歴然である。また，レシピ数が増加するにつれ，見た目の奇抜さや料理のユニークさを競った，料理をすることを目的とした上では実用的でないレシピもクックパッド上に増加していった。

　クックパッドには，これらの多様なレシピを活用して，利用者間の交流やレシピの共有を促進するSNSのようなサービス・機能を充実させるといった事業展開もありえたかもしれない。また，クックパッドの持つ財務基盤，ブランド力やレシピの投稿に関するインターフェースを活用することで，レシピ動画サービスの両者と同様の，プロによるレシピの内製をベースとした事業を展開することもできたかもしれない。

　しかし，現実として，クックパッドのサービスは依然としてソーシャルメディア型のレシピ投稿サービスであり，そのサービスに実装されているのは，多くのレシピと，それに対するコメント投稿や写真レポート機能（つく

---

[27]　クックパッド株式会社「定時株主総会招集ご通知」「有価証券報告書」（ともに，2017年12月期と2018年12月期）より

[28]　筆者調べ。2021年10月16日現在の検索結果。

第 5 章　認知的慣性の克服後に待ち受け得る二重の慣性—クックパッドの事例—

れぽ）が中心であった。もともと，簡単に，手軽に料理を行うことを目的とした利用者にとっては，クックパッドのサービスは過剰であり，実用的と言えない側面があった。特に，人気レシピ検索を使えない無料での利用者にとって，レシピ数がクックパッドに増加したことにより，これらの機能がもたらす問題が顕在化したと考えられる。

　実際，その後，インターネット上の様々なレシピから，クックパッドのような利用者投稿型のレシピを除外し，プロのレシピだけを限定表示する「クーグル（Quugle）」（2016 年 11 月頃）[29]が，そして後には，「レシピけんさく（原文ママ）」（2020 年）のようなサービスも市場に出現した[30]。こうしたレシピの限定表示サービスの市場への登場は，一般消費者（利用者）によるレシピの投稿やレシピ数の多さというクックパッドの 1 つの付加価値が，裏目へと転じて行っていることを示していると考えられる。

4.　議論

4.1　発見事実の整理

　まず，クックパッド事例の発見事実を整理しつつ，本書第Ⅰ部のリサーチクエスチョン（RQ1）「成熟段階にあるソーシャルメディア型プラットフォームが環境変化に直面した時，なぜ，どのような補完者マネジメントによって，補完者エンゲージメントを低下させてしまうのか」に対する検討を行う。

　クックパッド事例の主要な出来事を時系列で整理したのが表 5-1 である。以下ではまず，事例記述の内容に従い，クックパッドの競争力低下のメカニズムを，本書第Ⅰ部の分析枠組み（第 3 章図 3-1）に基づいて分析する。それを図として整理したのが，図 5-6 である。図 5-6 内の灰色のボックスは分

---

[29] Quugle「Quugle とは」（https://quugle.blogspot.com/2016/11/quugle.html#gsc.tab=0）※最終アクセス日 2024 年 5 月 1 日

[30] 『ITmedia NEWS』「クックパッドは除外　プロのレシピ検索できる「Quugle」に注目」（https://www.itmedia.co.jp/news/articles/1702/06/news112.html）ならびに同サイト「クックパッドは除外，「プロのレシピだけ」検索できる「レシピけんさく」」（https://www.itmedia.co.jp/news/articles/2009/09/news089.html）　※最終アクセス日 2024 年 5 月 1 日

第Ⅰ部　環境変化に直面したソーシャルメディア型プラットフォームの衰退

表 5-1　クックパッド事例に関する主要な出来事

時期	クックパッド	レシピ動画サービス	その他事業環境
2014 年			「ネット動画元年」
2015 年 3 月	レシピ数 200 万品突破		
2015 年 9 月		デリッシュキッチンサービス開始	
2016 年			4G の人口普及率 76.2%
2016 年 2 月		クラシルサービス開始	
2016 年度第 4 四半期	平均月間利用者数 6416 万人		
2016 年 11 月	クックパッド TV サービス開始	Quugle サービス開始	
2017 年	月間ページ訪問者数が低下傾向に	レシピ動画両サービスユーザー数拡大	
2017 年 8 月	投資家向け説明会でのレシピ動画への言及		
2017 年 12 月	クックパッドスタジオサービス開始		
2018 年度	レシピ数 300 万品突破		
2019 年度第 4 四半期	平均月間利用者数 5251 万人		

出所：筆者作成

析枠組みの①－④の各項目にあたり，それらの下にぶらさがる白色の箱には，クックパッド事例において観察された各項目の具体的内容が記載されている。また，分析枠組み①－④に該当はしないものの，各項目間の影響関係の媒介変数となる要因に関しては破線枠内に分析している。そして，これらの各項目と破線枠間の影響関係を，正（＋）もしくは負（－）の影響を与えている，あるいは影響があったとは言えない（NA）という分析を行っている。

①　環境変化

　まず，クックパッド事例における①環境変化を明らかにしておく。オンラ

第5章　認知的慣性の克服後に待ち受け得る二重の慣性―クックパッドの事例―

図 5-6　分析枠組みに基づくクックパッド事例の整理

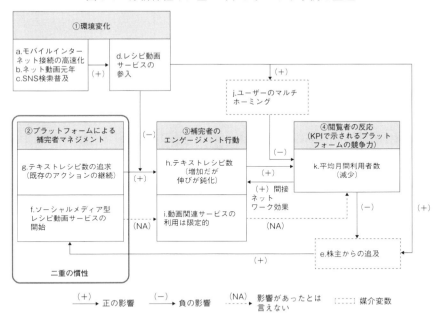

出所：筆者作成

　インレシピサービス市場を取り巻く環境変化としては，まず，2016年頃にモバイルインターネット接続の高速化が進み（4Gの普及）（a.），それを背景としてネット動画サービスが市場へと浸透（b.）した。実際この頃，YouTubeの国内利用率が70%を超え，さらにはFacebookも動画配信を意識したアルゴリズム変更を行うなど，事業者にとっても動画活用の事業機会が拡大していた。また，SNSが利用者に普及したこともあり，検索エンジンを介した情報検索ではないハッシュタグを用いたSNS検索の利用が，とりわけ20代から40代までの女性ユーザーの中で進んだという状況もあった（c.）。つまり当時，SNSを介して，動画コンテンツを楽しむという素地が市場に生まれたのである。

　これらの環境変化を契機として起こったのが，2015年から2016年におけるデリッシュキッチンとクラシルに代表されるレシピ動画サービスの市場参入（d.）であった。実際，事例で見たように，両レシピ動画サービスが上記の環境変化の要因を，動画サービスの導入や分散型メディアの採用という形

第Ⅰ部　環境変化に直面したソーシャルメディア型プラットフォームの衰退

で自社の戦略に組み込んでいたことは明らかである。

②　プラットフォーム企業による補完者マネジメント

　次に，①の環境変化に対するクックパッドの補完者マネジメントの対応を整理する。前節で確認した通り，クックパッドにおいては，レシピ動画サービスの台頭に関する株主・投資家からの追及（e.）に対する質疑応答やその説明資料の中で，同社が従来得意としてきたテキストベースのレシピを投稿させるための補完者マネジメントに継続して価値を見出そうとする発言が見られた。例えば，「テキスト（文字をみて作る）は再現性の観点から優位性があると考えて」いるという発言からは，テキストレシピの優位性を，あるいは，「人員という意味では，他社の労働集約的な手法を真似しようとは思っておらず，当社独自の手法で勝ちにいく所存です」という発言からは，レシピ動画サービスの両者による専門家を活用したレシピ動画の内製という方法とは異なる，クックパッド独自の手法へのこだわりが見て取れる。

　実際，その後同社が展開した動画関連サービスの「クックパッドスタジオ」（2017年12月）は，ソーシャルメディア型プラットフォームの補完者マネジメントの仕組みを活用した，動画コンテンツを利用者が投稿するものであった（f.）。そして，動画関連サービスを展開したものの，クックパッドのサービスの中心は依然としてテキストベースのレシピであった（g.）。

　このアクションの背景としては以下があるだろう。クックパッドはソーシャルメディア型プラットフォームであるため，補完者（投稿者）によって投稿されるレシピのバラエティを追求する。また，その結果として，媒体価値の向上による広告収入の獲得や，多様なレシピがあるからこそ可能となる有料サービス，つまりランキング検索を利用できるプレミアム会員による収益モデルの構築を目指すことが同社のビジネスモデルの主眼となる。従来レシピ投稿のフォーマット化や「つくれぽ」を通じたクックパッドの補完者マネジメントは奏功し，同社の成長を後押しし続けていたため，クックパッドは既存の補完者マネジメントを継続しようとしたと考えられる。

③　補完者のエンゲージメント行動

　②で整理したクックパッドによる補完者マネジメントによって，投稿者（補完者）はどう反応しただろうか。レシピ動画サービスの参入があったも

のの，クックパッドがテキストレシピを補完者から引き出すための仕組みは堅持されたこともあり，同社のテキストベースのレシピ数は増加し続けたが，株主・投資家向け資料などからも分かるように増加の割合は鈍化している（h.）。他方で，クックパッドが提供した動画関連サービスへの投稿は，クラシルやデリッシュキッチンのレシピの公開数や，クックパッドのテキストレシピの増加に比べると，限定的なものであった[31]（i.）。

　成長期のクックパッドを支えてきたレシピ投稿を促すためのマネジメントは，レシピの投稿者（補完者）が「他の利用者にレシピを見てもらえる，実際に使ってもらえる」という，インセンティブを刺激するものであった。後発によるレシピ動画サービスはレシピを専門家が内製するものであるため，補完者のインセンティブそのものには直接の影響を与えなかったと考えられる。しかし，後述するように「料理好きのルーキー」をはじめとするクックパッドの閲覧者の行動には少なからず影響を与えたとは考えられ，それは，補完者の投稿インセンティブが刺激される機会の減少につながるものであった。そのため，クックパッドへのレシピの投稿数の増加率の減少に現出しているように，補完者のエンゲージメント行動は従来に比べ減少したと言えるだろう（負の間接ネットワーク効果）。

④　閲覧者の反応

　上記の①～③で確認した環境変化やそれに対するプラットフォーム企業による補完者マネジメント，あるいは，それに反応する補完者のエンゲージメント行動に対する，閲覧者の反応はどうであっただろうか。オンラインレシピサービス市場へのレシピ動画サービスの参入は，現実的にはクックパッドとレシピ動画サービスとのマルチホーミング（j.）という結果も招いた。その結果，主に「料理好きのルーキー」や「料理嫌い時短」を好む閲覧者のクックパッドからの離脱をもたらした（k.）[32]。

31）後にクックパッドスタジオは，レシピ動画の制作を行う場所だけではなく，「BLEACH」や「進撃の巨人」といった人気 TV アニメとのコラボメニューのプロモーション場所のような位置づけとしても活用されていった。

32）共働き世帯の増加のような環境変化も，手軽で「分かりやすく，探しやすい」レシピを求めるセグメントの拡大につながり，この閲覧者減少を促すことになったと考えられる。

第Ⅰ部　環境変化に直面したソーシャルメディア型プラットフォームの衰退

　前掲の図5-1や図5-4からも分かる通り，この離脱は，利用者の多くない割合の一部利用者によるものであり，クックパッドの平均月間利用者数が激減したものとは言えない。しかし，同社の補完者マネジメントの仕組みに基づく補完者のエンゲージメント行動が反映される指標の減少は，クックパッドの環境適応に課題があったことを示唆していると考えられる。これが，「③補完者のエンゲージメント行動」と「④閲覧者の反応」の間での負の間接ネットワーク効果として発現しているのが，図5-6である。

4.2　環境適応を阻む二重の慣性

　前項で確認した通り，両レシピ動画サービスの登場は，オンラインレシピサービス市場の状況を変化させた。具体的には，デリッシュキッチンとクラシルは，オンラインレシピ市場における閲覧者のニーズを捉え直し，「レシピ動画のわかりやすさや探しやすさ」（山畑, 2018, p. 4）といった観点を重視した。それを実現するために，クックパッドが補完者に作成を頼っていたレシピを内製することでファーストパーティコンテンツ化し（Hagiu & Spulber, 2013; Li & Agarwal, 2017），閲覧者にとって分かりやすいレシピ動画の作成に注力した。加えて，サービス開始当初は，複数の大型SNSを利用した分散型メディアを採用した点も特徴的である。

　レシピ動画サービスの両者がこうした戦略を取り得た要因として，4Gの普及に伴う動画サービスへの注目の高まり，あるいは，SNSでの検索を行う利用者の増加といった環境変化，つまり，基盤技術の転換（e.g., Christensen, 1997; Tripsas & Gavetti, 2000; Tushman & Anderson, 1986）が挙げられる。しかし，本章で確認してきた通り，クックパッドが，こうした技術変化そのものに適応できなかったわけではない。実際クックパッドは，動画サービスも提供し，SNSも部分的に活用している。それにもかかわらず，なぜクックパッドは閲覧者数を減らし，競争力を低下させていったのだろうか。

　本章の事例からは，基盤技術の変化がもたらしたレシピ動画サービスへの需要の高まりという環境変化に対して，（1）経営者の認知的慣性（Tripsas & Gavetti, 2000）と（2）蓄積された能力による慣性（Henderson & Clark, 1990; Leonard-Barton, 1992; Tushman & Anderson, 1986）という「二重の慣性」がクックパッドの補完者マネジメントの仕組みに働くこと

で同社の環境適応を阻んだ可能性が示唆される。

　同社においては，株主向けの質疑応答や説明資料の中で動画サービスの台頭に対して，テキストベースのレシピ，さらに言えばレシピを投稿させるための既存の補完者マネジメントに価値を継続して見出そうとする様子が見られた。しかしながら，事例で確認した通り，クックパッドの経営陣は，動画レシピの台頭とそれに対するニーズが市場に存在していることは認識していたと考えられる。つまり，少なくとも，認知的慣性（Tripsas & Gavetti, 2000）を克服することができる契機は，クックパッドには存在していたと思われる。

　しかしながら，クックパッドは，レシピ動画サービスが進展しているにもかかわらず，既存のテキストレシピサービスを主としつつ，レシピ動画サービスに関しても従来の補完者マネジメントの仕組みを継続し，「レシピは利用者が投稿するもの」という自社プラットフォームの特徴を維持しようとした。クックパッドにとって，サービス開始以降同社の成長の過程で蓄積してきたレシピは競争力の源泉であった。さらにいえば，それに貢献してきた補完者マネジメントの仕組みこそが，ソーシャルメディア型プラットフォームとしてのクックパッドを支えてきた。補完者エンゲージメント行動は補完者のプラットフォームへの貢献を示すものであり，また，それを促すためにクックパッドが提供してきた，レシピフォーマットやつくれぽ機能といった機能も変更しがたいものであったと考えられる。

　そのため，クックパッドは，環境変化を認識した後も，既存の補完者マネジメントを堅持しようとし，そのマネジメントを活かしたままレシピ動画サービスに対応しようとしたと考えられる。その象徴とも言えるのが，利用者に動画コンテンツを撮影し投稿させるクックパッドスタジオを設置したことであった。このアクションには，クックパッドの蓄積された能力による慣性（Henderson & Clark, 1990; Leonard-Barton, 1992; Tushman & Anderson, 1986）が象徴的に発現していると考えられる。

　つまり，クックパッドが長期間に渡って磨いてきた同社のビジネスモデルに関わる問題解決能力，すなわち，利用者（補完者）にレシピを投稿させ，そのバラエティを追求するという価値観に基づき磨かれた能力そのものが，結果としてクックパッドの環境適応上の課題となっているのである。またその活動の結果として，蓄積されてきたユーザー生成コンテンツ（UGC），換

第Ⅰ部　環境変化に直面したソーシャルメディア型プラットフォームの衰退

言すれば情報資源は，クックパッドにとっては他社との差別化を図るための競争優位の源泉であった（少なくとも同社はそう認識していた）と考えられる。

このように，仮に認知的慣性を克服可能な契機や認識が存在したとしても，その先には，企業にとっての蓄積された能力やそれまで蓄積してきた資源による慣性も立ちはだかる。さらなる問題は，この既存の補完者マネジメント主体の展開，つまり既存の能力や資源に基づくアクションをクックパッドが続けることが，増加幅は減少してはいるものの，レシピ数の増加には一定程度寄与し続けている点にある。

つまり，認知的慣性を克服したとしても，既存の能力や資源に基づく展開が一定程度の裨益をクックパッドにもたらすため，「レシピの多さ」や「レシピの再現性の高さ」といった自社プラットフォームの価値に対する，経営者の認知的慣性は，ある種自己強化的に積み重なっていく。結果として，実際には，市場に利用者が投稿するタイプのレシピを除外してプロのレシピだけを限定表示するサービスが登場したとしても，つまり，クックパッドに代表されるソーシャルメディア型のサービスの閲覧者における相対的価値が減少したとしても，クックパッドは自社の補完者マネジメント堅持しようとするのである。

5. 小括

本章ではクックパッドの事例研究を通じて，本書第Ⅰ部のRQ「成熟段階にあるソーシャルメディア型プラットフォームが環境変化に直面した時，なぜ，どのような補完者マネジメントによって，補完者エンゲージメントを低下させてしまうのか」という問いを検討した。

図5-6で分析した通り，クックパッドは代替品の市場参入にもかかわらず，当初は既存の補完者マネジメントの仕組みを継続し，代替品（レシピ動画サービス）の市場参入に対する企業行動の変化は見られなかった。その後，株主からの追及などによって，代替品の参入に対する対応行動を取ったように見えたが，UGC型のコンテンツ投稿に固執してしまったせいか，レシピ動画関連サービスの利用者数は限定的なものとなった。こうした，経営者の認知的慣性と組織に蓄積された能力による二重の慣性によって，クック

パッドは利用者数を大きく減らすことになってしまった。

　同社のソーシャルメディア型プラットフォームのサービスのような補完者のエンゲージメント行動に根ざしたビジネスモデルは，補完者と企業との間の関係性や，補完者の経済的動機でない動機によっても成立していることもあり，企業が自社の意図通りにマネジメントすることが難しい側面がある。また，一度構築した UGC の基盤は変えがたいし，企業はそれを活かそうとする。しかし，プラットフォームの成長を支えてきた補完者マネジメントの仕組みが，環境変化の下で，競争力を強化しつづけるとは限らない。

　本章ではこのように，市場地位を有するプラットフォーム企業が成長期に築いた補完者マネジメントの仕組みを堅持しようとすることが，後発サービスの躍進を許す間隙を市場に生む恐れがあるということを示した。

第6章

後発者への同質化の陥穽
―ミクシィの事例―

　本章では，第3章で導き出された RQ1 に対して，後発プラットフォームによる差別化に対する成熟プラットフォームの同質化という観点から検討する。分析の対象となるのは，わが国のソーシャル・ネットワーキング・サービス分野の草分け的存在とも言えるミクシィ（mixi）の事例である。ミクシィは，日本国内では世界的に有名な Facebook や Twitter（現 X）よりも早い 2004 年にサービスを開始したソーシャルメディア型プラットフォームである。2009 年頃には，国内の SNS 市場で圧倒的首位の状態にあった。しかし，Facebook や Twitter の参入が本格化した後の 2011 年頃から利用者数やページビュー数が減少を始めると，2012 年以降も業績を悪化させ，競合 SNS との差は開き続けることになった。

　筆者らの調査の結果の結論を先取りすると，Facebook や Twitter の国内参入後，ミクシィが自社のユーザー数やページビュー数を減らしてしまった原因は，ミクシィが，市場地位別の戦略定石を教科書通りに正しく実行した結果であることが示唆されるのである。より具体的には，当時の SNS 市場におけるシェアトップだったミクシィは，（日本国内における）後発であった Facebook や Twitter が持つ独自の機能やサービスに対して「同質化」という対応をとった。その結果，ミクシィの利用者がミクシィに対して抱いていた「ミクシィらしさ」が失われ，補完者のエンゲージメントが低下してしまったのである。

　本章では，リーダー的地位のソーシャルメディア型プラットフォームが，戦略定石に基づき「同質化」戦略をとった帰結について，「固有の特色」というプラットフォーム研究の概念を用いて分析する。

第Ⅰ部　環境変化に直面したソーシャルメディア型プラットフォームの衰退

1.　事例分析の視点

1.1　プラットフォームビジネスにおける固有の特色

　序章にて触れたように，プラットフォームビジネスは，ネットワーク効果を梃子にしてその規模を拡大することが，競争力向上に直結すると考えられてきた（e.g., Katz & Shapiro, 1985; Parker et al., 2016）。もちろんそれは，物事の一部分ならば正しく捉えられていると言えるかもしれない。

　他方で，現実においては，規模の大小が異なるプラットフォームビジネスが同一カテゴリの市場に並存するケースが存在し得る。あるいは，後発のプラットフォームが既存のプラットフォームからシェアを奪うといったケースも観察される。規模の大きなプラットフォームビジネスが常に勝者でい続けられるとは限らないのは，プラットフォームビジネスの規模が競争力の最も重要なドライバーとはならない複数の要因が存在するからである（木川・足代, 2023）。第1章でも指摘した通り，純粋な規模の大きさのみがプラットフォームビジネスの競争力を決定づける条件は，（1）ユーザーの需要が均質的（homogeneity），（2）ユーザー（または補完者）の増加が他のユーザー（または補完者）の効用を妨げない，（3）補完品やコンテンツ等の増加がユーザーの効用を増加させる，の3点である（Cennamo, 2021）。現実的には，これらの条件を満たすことができる特性を持った市場は限られるであろう。

　こうした議論の一方で，McIntyre & Srinivasan（2017）は，後発プラットフォームが市場参入した際に既存のプラットフォームビジネスの競争力が持続しやすい条件として，ユーザーのスイッチングコストが高いことや固有の特色（specific features）に対する需要が限定的であることを挙げている。固有の特色とは，競合プラットフォームとの規模による競争や価格競争といった直接対決（head-to-head）を避けるために，市場での独自のポジショニング（Cennamo & Santalo, 2013; Karhu & Ritala, 2021）を可能にする要素のことである（木川・足代, 2023）。具体的には，より高い品質（性能）（Schilling, 2003; Zhu & Iansiti, 2012），独自の機能，あるいは，特定の範囲に限定したユーザーや補完者（Seamans & Zhu, 2014）などが挙

げられる。

　これらの議論を踏まえると，プラットフォーム企業は，何らかの方法で自社のプラットフォームビジネスが独自のポジショニングを可能にする要素を持つことによって，規模や価格の面での勝負を避けられることが示唆される。

1.2　後発企業による差別化 vs. 既存企業による同質化

　前項の議論の一方で，他社にはない独自の要素（例えば資源や能力）によって，差別化を図るというのは，戦略論において古くから行われてきた議論である（e.g., Barney, 1991; Hamel & Prahalad, 1994; 伊丹. 1984; 2012）。ここでは，後発企業による差別化に対して，既存企業はどのように対処すべきかについて，市場地位別の戦略定石の視点からマーケティングの教科書的[1]な議論を確認しておくことにする。

　市場地位別の戦略定石においてリーダー企業（市場シェアがトップの企業）が，それ以外の地位のポジションにいる企業から何らかの差別化策（新製品の発売や，新たな流通チャネルの創造など）を打ち出された場合，リーダー企業は，他社の行動を追随，すなわち同質化することが合理的である。なぜならば，リーダー企業は市場シェアがトップであるため，規模の経済性や経験効果が働く性質の市場では，コスト・リーダーシップ戦略を採用することが可能であり，競合他社に同質化したとしても，他社よりもコスト面で有利な立場に立てるからである。あるいは，リーダー企業は，製品市場において顧客から最も認知されており，流通チャネルにおける支配力も高いため，他社の差別化を模倣して同質化してしまえば，結局はリーダー企業が有利な立場にいるという関係性は維持される。それゆえに，後発企業が差別化を行う際には，リーダー企業が容易に模倣できないような資源に裏打ちされた戦略でなければならないというのが市場地位別の戦略定石である（沼上, 2009）。

　こうした「教科書的」な戦略定石をプラットフォームビジネスにそのまま適用できるかというと，一部の市場においては適用可能かもしれないが，そ

---

[1]　ここでの「教科書」は，網倉・新宅（2011），嶋口（1986），沼上（2008）を参照している。

れ以外ではどうだろうか。例えば，前項で言及した Cennamo（2021）の指摘する 3 つの条件を満たすような市場，すなわち EC（Amazon vs. 楽天市場）やクレジットカード（VISA vs. Master card），QR コード決済（Pay-Pay vs. 楽天ペイ）などの市場は，規模の経済性が働きやすい一方で，差別化要素が少ないため，head-to-head の競争に陥りやすい特性を有した市場である。これらの市場では，上述した教科書的な戦略定石が適用可能な市場かもしれない。

では，ソーシャルメディア型プラットフォームではどうだろうか。類似するサービスを提供する後発のソーシャルメディア型プラットフォームに対して，既に一定の市場シェアを持つ既存のソーシャルメディア型プラットフォームが後発者への同質化を繰り返した結果陥る帰結について，事例分析を行う。

2. 研究の方法

ミクシィ事例の選択理由は第 3 章で述べたが，ここでは，事例記述と分析に先立ち，ミクシィにおける補完者のエンゲージメント行動が示すものやその測定方法，また，補完者マネジメントに基づくミクシィのアウトプットが反映される指標を明確にしておきたい。

ミクシィの事例において，補完者のエンゲージメント行動とは，補完者によるユーザー生成コンテンツ（UGC）の投稿や，補完者を含む利用者による他利用者の投稿へのリアクションを指すものとする（山本・松村, 2017）。具体的には，詳細は後述するが，ミクシィが公開する「コミュニケーション投稿数」と，同社が調査・研究した「mixi ボイス」の投稿数や他利用者の投稿へのリアクション（例：「イイネ！」）数，日記投稿数等から，補完者のエンゲージメント行動の動向を判断した。加えて，これら行動が反映されると考えられる指標として，ウェブサイトの訪問頻度（山本・松村, 2017）の代理指標となるページビューも補足的に確認した。

また，本事例においては，プラットフォームの競争力（市場地位）は，一般消費者が選択利用する「各 SNS の利用率」から判断した。また，補足的に，各 SNS のアクティブユーザー率も確認している。これらに関しては，同一のデータソースにおいて年次ごとの連続した比較を行うことが困難で

あったため，市場調査会社（マイボイスコム株式会社，株式会社リスキーブランド）と公的機関（総務省情報通信政策研究所）による複数のソースで情報の妥当性を確認しながら，必要な情報を選択，使用した。

なお，ミクシィは SNS として事業を開始し，発展した事例であるが，SNS としての市場での地位を低下させた後，2014 年度頃からソーシャルゲーム関連サービスによって業績を急激に回復・再拡大させた。この事象は，本章での分析の検討外とするため，分析対象期間は概ね 2003 年度から 2013 年度（とりわけ 2007 年度から 2012 年度まで）に限定した。また，分析対象は日本国内市場のみとする。

事例研究のデータソースとしては，第 3 章で述べた通り，株主・投資家向け説明資料やニュースリリース，公式ブログ等のミクシィによる各種公開資料，ならびに新聞・雑誌・ウェブ記事等のアーカイバルデータを多面的に用いて，分析内容の信頼性，妥当性を確保することに努めた。アーカイバルデータを主とした分析を行ったのは，上述の通り，創業時から 2010 年代前半までのミクシィと，それ以降の同サービスとでは，サービスに対する市場での認識や利用者の認知が異なるため，当時の SNS としてのミクシィに関する現象を分析することを目的とし，振り返りバイアスや，観察者の意図を極力取り除くためである。なお，ミクシィに関しては，経営学分野での様々な切り口による研究やケース記述も既に存在しており（e.g., 前中, 2006; 根来・早稲田大学 IT 戦略研究所, 2006），それら書籍・論文の内容は以下の事例記述に反映させている。

3.　事例

3.1　ミクシィにおける利用者数の拡大

3.1.1　サービスの中心的機能

ミクシィ（mixi）は 2004 年 2 月にサービスを開始した SNS であり，運営主体は株式会社 MIXI（創業時は有限会社イー・マーキュリー），創業者は笠原健治氏である。同サービスは，2007 年度には会員数が 1000 万人を超え，2011 年度には 2000 万人を突破している（後述図 6-1）。そして，2009 年頃の一般消費者のサービス別利用率においても 80% を越えており[2)]，国内

第Ⅰ部　環境変化に直面したソーシャルメディア型プラットフォームの衰退

SNS 市場で圧倒的首位の状態にあった。

　ミクシィの中心的な機能は日記機能であった。日記機能では，利用者は文章を投稿し，他の利用者からコメントを受けることができる。日記機能はミクシィに多くの利用者を引きつける要因になったとされる（前中, 2006）。2006 年には，日記の総数は，約 9500 万件，1 日の書き込み数は 50 万件，コメント数は 1 日の書き込み数の約 4 倍にも達した（根来・早稲田大学 IT 戦略研究所, 2006）。

　また，ミクシィは他にも，共通の趣味や関心事を持つ利用者が集まるコミュニティ機能を有していた。ミクシィが実装した日記機能やコミュニティ機能は，他の SNS には不足していた，利用者間のコミュニケーションの重視，人間関係の尊重，心地よさの追求，といったミクシィの特色を追求するものであった[3]。

　さらに，他の SNS と比較してミクシィを特徴づけていたのが，招待制と足あと機能であった。招待制とは，ミクシィへの登録には既存の利用者からの招待が必要となる利用制限のことである。新規登録者は必ず知り合いとつながっている状態で参加することでミクシィのサービスをよりスムーズに楽しむことができるため，利用者に安心感や居心地の良さを与え，口コミで利用者の輪が広がったといわれている[4]。招待を受けミクシィに参加した利用者は，自分を招待してくれた知り合いや，サイト内で知り合った利用者を「マイミクシィ（マイミク）」として登録して，交流を行う。

　一方の，足あと機能とは，ミクシィ内の利用者個人のページへの，他利用者の訪問履歴を確認できる機能のことである。この機能の存在によって利用者は，自分以外の誰かに日記を読んでもらえているという感覚を持てたり，足あとを残すことで相手に関心を示したりすることができた。足あととは，SNS における他利用者の存在や，コミュニケーションを可視化するものであった。この機能も手伝い，ミクシィには「ミクシィ依存症」とも呼ばれる

---

[2]　マイボイスコム株式会社の市場調査結果「SNS の利用（第 5 回）」内，「利用している SNS サイト（n=13,939，複数回答）」より。首位の mixi は利用率 83.2 %，2 位の GREE は 17.1 ％であった。（https://www.myvoice.co.jp/biz/surveys/13607/index.html）　※最終アクセス日 2024 年 5 月 10 日
[3]　株式会社イー・マーキュリー「ニュースリリース」2004 年 11 月 15 日
[4]　『朝日新聞』2006 年 10 月 21 日付朝刊，be 週末 b1 面

ほどの利用者が生まれた（根来・早稲田大学 IT 戦略研究所, 2006）。

ミクシィが市場で地位を築いたと言える 2008 年前後において，同社の収益モデルの概ね 8 割が広告収入，残りが課金収入（主にプレミアムサービス）によるものであった[5]。同社は，ウェブメディアの広告収入はページビューに連動するものと考えていた。そのため同社にとって，利用者を自社サービスに引きつけるための機能改善や機能追加は必須であった。

3.1.2　サービスの機能改善と機能追加
（1）利用者数拡大への取り組み
ミクシィは，利用者数が 1000 万人を超えて以降，その一層の増加を意識したサービスの機能改善や機能追加を立て続けに行っている。例えば同社では，2007 年 10 月に表示デザインを一新したり，2008 年 3 月には利用者が投稿した日記の利用許諾をめぐる規約改定を行ったりしている。また，2008年 12 月には，利用者の年齢制限を従来の 18 歳以上から，15 歳以上へと緩和している。

さらに，2010 年 3 月にミクシィは，地方在住者や 35 歳以上の利用者，携帯電話を使う若年層等を取り込む狙いで，その特徴の 1 つであった招待制を廃止し，登録制へと移行した。この施策により，ミクシィは利用者数の拡大には成功した[6]。

（2）mixi アプリへの取り組み
元々笠原氏は，招待制がミクシィの利用者に安心感をもたらしているという考えを有していた（湯川, 2007）。しかし，それでも同社が招待制を廃止したのには，2009 年から取り組みを開始した「mixi アプリ」が背景にある。

このサービスでは，利用者がアプリ（自社開発と外部開発双方）をミクシィ上で自由に選択・利用できる。当時，Facebook や MySpace といった海外の SNS が API を公開することで，多くの外部開発者（サードパーティー）に SNS 上で利用できるアプリを開発・提供させる取り組みを行っていた。

---

[5]　株式会社ミクシィ「2008 年度第 4 四半期及び通期決算説明資料」
[6]　「ミクシィ笠原社長に聞く，mixi が登録制に移行したワケ」『CNET Japan』（https://japan.cnet.com/article/20384383/）　※最終アクセス日 2024 年 5 月 10 日

第Ⅰ部　環境変化に直面したソーシャルメディア型プラットフォームの衰退

　ミクシィもこの動向を踏まえ，当時モバイル向けの SNS を中心にソーシャルゲームの供給を通じて急速に利用者数を増やしていたグリー（GREE）やモバゲー（Mobage）に先行する形で API を公開し，2009 年 8 月に PC 版，10 月にモバイル（いわゆるガラケー）版，そして翌年 9 月にスマートフォン版のネイティブアプリの提供を開始した。当時多くの利用者をミクシィが抱えていたこともあり，外部開発者の数は増加し，「サンシャイン牧場」や「脳力大学－漢字テスト」といったヒットアプリも生まれている[7]。

　通常，外部開発者にとっては，SNS 上の多様な利用者に関する情報があればあるほど，アプリのサービス・機能開発を進めやすい。この背景のもと，ミクシィは招待制を廃止し，利用者層を拡大しようとした[8]。

（3）競合 SNS を意識した機能追加

　ミクシィが mixi アプリへの取り組みを行っていた頃，国内では競合 SNS の普及が進んでいた。例えば Twitter（現 X）は 2008 年 4 月に日本でサービスを開始した。Facebook も同年 5 月に日本語対応し，2010 年に日本市場開拓を本格化させている。

　この状況を受けて，ミクシィは，2008 年 8 月に，一言コメント発信機能の「エコー」を投入し，翌年にはそれを「mixi ボイス」へと名称変更した。mixi ボイスには，140 文字（発表当時は 150 文字）のコメント投稿機能（「つぶやき」）があり，これはその文字数からも明らかに Twitter を意識したサービスであると考えられる[9]。

　さらに 2010 年 12 月に，ミクシィは「イイネ！ボタン」（以下，「イイネ！」）の提供を開始した。この機能は，他利用者の投稿にワンクリックで気軽にリアクションを示すことができるものであり，Facebook の「Like（いいね！）」ボタンと類似している。また，このボタンは，ミクシィ外部の企業が API 連携によってそのウェブサイト上に設置することもできた。そ

---

[7]　株式会社ミクシィ「2009 年度第 3 四半期決算説明資料」，「2009 年度第 4 四半期及び通期決算説明資料」より

[8]　「招待制・"18 禁" 廃止の狙いを笠原社長に聞く」『ITmedia News』（https://www.itmedia.co.jp/news/articles/0811/27/news126.html）※最終アクセス日 2024 年 5 月 10 日

[9]　株式会社ミクシィ「mixi ボイスに関する質問」（https://mixi.jp/help.pl?mode=item&item=558）※最終アクセス日 2024 年 5 月 10 日

れら企業が増加していったことから[10]，当該サイトにミクシィの利用者が
「イイネ！」を示すことで，それがミクシィ上で他利用者に示されるといっ
た新たなコミュニケーションも生んだ。

　加えて，2011年8月には，個人の利用者と企業がコミュニケーションで
きる，「Facebookページ」と類似の機能を持った「mixiページ」を提供
し，ミクシィはサービスの改善を図り続けた。結果として，前項で述べた外
部開発者に加え，ミクシィ上には様々な事業者も参加するようになった[11]。

（4）足あと機能の廃止

　上述した動向に加え，ミクシィは2011年6月には，その象徴的機能であ
る足あと機能を廃止した。同社は足あと機能の廃止理由として，（1）自身の
行動が記録に残る精神的な「重さ」（いわゆる「ミクシィ疲れ」（濱野・佐々
木，2011）とも関連），（2）法人利用者によるスパム的な足あと，（3）実際
には足あとを利用する人より削除する人の方が多いこと，の3点を挙げてい
る。現実として，ミクシィからの退会理由として利用者が挙げる機能は，足
あと機能が42%と圧倒的に1位であり，2位はミクシィの中心的機能である
日記の28%であった[12]。そのため，同社では，足あと機能を廃止すること
で，利用者のページを訪れた人を「訪問者」として後日にまとめて表示する
方針に切り替えた。

　しかし結果として，足あと機能廃止に対して，「mixi足あと機能改悪反
対！」というミクシィ内のコミュニティに26万人の利用者が集い，また，1
万7000通もの反対署名が集められるという，大規模な反対運動が巻き起
こってしまった。結果，その後ミクシィは2013年1月に，各利用者のサイ
トへの訪問者のリアルタイム表示機能の提供という，事実上の「足あと機能
復活」を行った。

---

[10] 株式会社ミクシィ「2010年度第4四半期及び通期決算説明資料」
[11] 株式会社ミクシィのユーザーとの交流イベントにおけるプレゼンテーション資料より。
　　当該資料は，以下で閲覧した。
　　「事実上の"足あと"復活」『ITmedia News』（https://www.itmedia.co.jp/makoto/
　　articles/1302/01/news034.html）※最終アクセス日2024年5月10日
[12] 注釈11）に同じ。

第 I 部　環境変化に直面したソーシャルメディア型プラットフォームの衰退

3.2　ミクシィの低迷

3.2.1　各種指標の変化

(1)　利用者数の拡大とページビューの低下

　上述した機能改善・機能追加，そして，競合 SNS への対策も手伝って，ミクシィの利用者数自体は拡大を続け，ページビュー（PV）も増加していった（図 6-1）。市場における主流のデバイスが変化していったこともあり，デバイスごとのページビューの内訳は変化しているが，それでもページビュー数は増加している。

　しかし，2011 年に入った頃を境に，ミクシィのページビューは減少傾向を示した。内訳を見ると，2009 年度から開始したスマートフォン版のミクシィである「mixi Touch」のページビューは増加しているものの，全体の低下傾向を止めるほどの割合にはなっていない。

　さらに，月間ログインユーザー数（月間アクティブユーザー数とほぼ同義）は，2011 年 5 月の 1547 万人をピークに，2012 年 9 月は 1402 万人にまで落ち込んでいった[13]。総利用者数に占めるログインユーザー数の割合は，2009 年 3 月には約 69％であったのに対して，2011 年 3 月には約 65％，2012 年 3 月には約 55％へと低下していっており，利用者数は拡大しているが，利用頻度は低下している。

　収益面では，ページビューの動向と軌を一にして，ミクシィの収益モデルの中心であった広告収入は，2010 年度の約 133 億円をピークに，2011 年度は約 79 億円，2012 年度は約 46 億円と激減していった[14]。2010-11 年度の動向には東日本大震災による企業の広告出稿自粛の影響も考えられるが，ミクシィとしては震災の影響を受けない業種では出稿が旺盛であったとしており[15]，震災の影響のみによるものとは考えることはできない。また，この頃同社ではスマートフォン広告対応も強化しており，対応の遅れも無かったと言える。

---

[13] 株式会社ミクシィ「2012 年度第 2 四半期決算説明会資料」

[14] 株式会社ミクシィの各年度の「有価証券報告書」より筆者算出

[15] 株式会社ミクシィ「2010 年度第 4 四半期及び通期決算説明会資料」。スマートフォン広告への対応に関しても記載がある。

140

第 6 章　後発者への同質化の陥穽―ミクシィの事例―

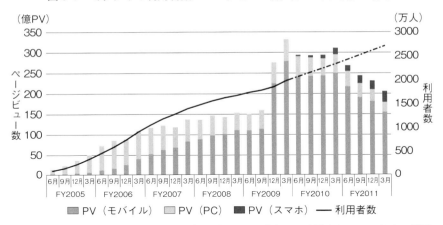

図 6-1　ミクシィの利用者数・ページビュー数（デバイス別）の推移

注：FY10 と FY11 の利用者数（ユーザー数）は 3 月時点のみ公開されているため，長鎖線（－・－）で表現。
出所：株式会社ミクシィ社株主・投資家向け説明資料より筆者作成

(2) コミュニケーション投稿数への着目

　前項で示した通り，ミクシィは 2009 年頃から，日記を中心とした従来のサービスとは異なり，アプリへの取り組みや機能追加等，競合 SNS を意識した多機能化を推進していたと言える。そのため，ミクシィは，従来用いていたページビューだけではなく，別の指標で自社サービスの利用状況を把握・公開しようとした。それが，「コミュニケーション投稿数」である。
　コミュニケーション投稿数とは，ミクシィのコミュニケーション機能（ボイス，日記，フォト，カレンダー，チェック，チェックイン，「イイネ！」）の投稿数とそれらへのフィードバック（コメント，「イイネ！」）数の総計で計測されるものである。本指標は 2010 年度の第 2 四半期の決算説明会資料で初めて示され，同年の第 3 四半期の同資料で上記の定義が明確化され[16]，外部への公開がなされるようになった。
　コミュニケーション投稿数の推移は，月ごとの推移のグラフが決算説明会資料にて公開されているが，ミクシィの強調している数値以外に実数は示さ

---

[16] 株式会社ミクシィ「2010 年度第 3 四半期決算説明会資料」から「2011 年第 3 四半期決算説明会資料」までの間の，総計 5 回分の決算説明会資料より。なお，コミュニケーション投稿数に関する記述は，特記がない限り，これらの資料を出所としている。

第Ⅰ部　環境変化に直面したソーシャルメディア型プラットフォームの衰退

れていない。そのため，本投稿数が資料に初登場した以降の各資料から読み取れる範囲で数値の推移を示すと，2011年3月には7億投稿数を突破し，同年5月には8億，7月には9億を突破している。

　また，コミュニケーション投稿数の内訳で，ミクシィが公開しているものの数値を追うと，mixiボイスは2010年6月には月1億投稿を超え，同年9月には日記の投稿数を超えたとされている[17]。さらに，2011年3月にはボイスとそれに対するフィードバック（「イイネ！」，コメント）の投稿の総数が2010年1月からみて8倍に到達したと発表されている[18]。

　2010年1月の数値が公開されていないため，正確な数値を把握することはできないが，2010年6月に月1億投稿を超えていたことからすると，2011年3月の8倍に到達した時点では，コミュニケーション投稿数の相当な部分をボイスとフィードバック投稿が占めていたことが推測できる[19]。実際，2011年8月の時点では，日記よりもボイスを利用する利用者が多いことも明らかとなっている（根来ほか，2012）。この動向には，2010年6月から，Twitterでの投稿がミクシィのボイスでシェアできるようになったことも貢献していると考えられる。加えて，実数非公開の社内データながらも，「イイネ！」の利用人数（1日あたり利用人数）も，2010年5月から2011年5月にかけて順調に拡大していることがミクシィから発表されている[20]。

　これらのコミュニケーション投稿数の増加には，ミクシィが行ってきた機能改善や機能追加が寄与したと，上記の決算説明会資料では説明されている。しかし，コミュニケーション投稿数の増加は，2011年7月で頭打ちとなった後は低下傾向に入り，以降半年ほどで1億を割ったのを最後に[21]，2011年度の通期決算説明資料からは公開されなくなった。

---

[17] 株式会社ミクシィ「2010年度第2四半期決算説明会資料」

[18] 株式会社ミクシィ「2010年度第4四半期及び通期決算説明会資料」

[19] 株式会社ミクシィ「ニュースリリース」2011年6月6日。この時点で，mixiボイスは最もユーザーに多く利用されている。

[20] 株式会社ミクシィ「足あと改修の背景」（プレゼンテーション資料）（https://www.slideshare.net/mixiPR/ss-9265391）　※最終アクセス日2024年5月10日

[21] 株式会社ミクシィ「2011年度第3四半期決算説明会資料」

第6章　後発者への同質化の陥穽―ミクシィの事例―

3.2.2　利用率の低下とユーザーファースト

(1) 利用率の低下

　上述の通り，ミクシィにとって 2011 年は，ページビューや月間ログインユーザー数が頭打ちになった時期であった。また，コミュニケーション投稿数自体は一時増加したものの，その後減少に転じたり，コミュニケーションの中身に変化が見られたりもした。

　2011 年より後の国内における SNS の利用率を，総務省実施の調査から見てみると[22]，2012 年の段階でのミクシィの利用率は 16.8% と，Facebook（16.6%）や Twitter（15.7%）と同程度であった。つまりこの段階においては，少なくとも国内市場においては，ミクシィと競合 SNS との間で，同程度の利用者基盤があったことを示唆している。

　しかし，その 1 年後の 2013 年には 12.3% と，Facebook（26.1%）や Twitter（17.5%）に逆転を許し，さらに 2014 年には利用率 8.1% と，Facebook（28.1%），Twitter（21.9%）に大きく差を付けられた。そして，その後，SNS としてのミクシィの利用率が向上することはなかった。この利用率の動向と同様に，国内主要 SNS のアクティブユーザー率の推移に関する市場調査結果においても，ミクシィは 2011 年を境に Facebook と Twitter に逆転され，その後も差は開いていった[23]。

(2) 利用者との交流と過去の施策に対する反省

　2012 年度に入ると，ミクシィは「ユーザーファースト」を重要テーマに掲げるようになり，自社のこれまでの機能改善・機能追加を振り返るととも

---

[22] 総務省情報通信政策研究所の調査「情報通信メディアの利用時間と情報行動に関する調査（平成 27 年，平成 28 年）」内，「主なソーシャルメディアの利用率（経年）（n=1,500）」より。なお，最も利用率が高いのは LINE であるが，LINE がリリースされたのは 2011 年 6 月であり，また，SNS 間の競合というよりもコミュニケーションのインフラとして国内に定着したことで圧倒的な利用率（2014 年時点で 55.1%）となっているため，比較対象からは除外している。なお，本章の注釈2）に示した時点からの推移を示す総務省による連続調査が存在しないため，注釈2）では市場調査会社による調査結果を用いている。当時，Facebook や Twitter は調査対象に挙がっていなかった。

[23] 株式会社リスキーブランドの市場調査結果「主要 SNS アクティブユーザーの推移（n=4,395，複数回答）」より。（https://www.riskybrand.com/images/RB_MV_REPORT_181024.pdf）※最終アクセス日 2024 年 5 月 10 日

143

第Ⅰ部　環境変化に直面したソーシャルメディア型プラットフォームの衰退

に，利用者との直接の交流を行うようにした（2012 年 11 月）[24]。笠原氏は交流の場で，以下の通り過去の取り組みに関して述べた。

> ここ数年，より便利で心地よいサービスを目指して改善をしてきたのですが，一方でお叱りの声をいただくことも増えました。ユーザーの皆様から見て，新しい機能やサービスが，使いづらかったり，むしろ要らなかったりといったことがあったのではないかと思います。[25]

> 身近な人とのコミュニケーションがミクシィの特徴で強み。それが主。興味関心が合う人とのコミュニケーションが従。主を大事にしたいし，守らなければならない。そういう取り組みが，この数年は強かった。特にフェイスブックが主の色合いが濃かったので……。[26]

笠原氏は元々，ミクシィと Facebook は根本思想が違うとして，棲み分けが可能だとしていた[27]。しかし，同氏は，実際には競合 SNS とりわけ Facebook を意識してサービスの改良や機能改善を行ってきたと振り返っている。

事実，ミクシィは mixi アプリや，mixi ボイス，「イイネ！」ボタンの投入と並行する形で，利用者数の拡大や，あるいは一時的にはページビューや月間ログインユーザー数を伸長させることには成功した。また，ボイスや「イイネ！」によるコミュニケーションは，従来機能に比して相対的にミクシィ内で増加していった。しかしそれにより，ミクシィのサービスは，競合と類似したものとなっていった。ミクシィが競合を意識して多機能化を進めていた頃，同社の利用者が Facebook や Twitter へと移動していったことは，ミクシィの経営陣も認めている（木村，2018）。

ミクシィの利用者は元々，ミクシィの良さを，居心地の良い出会いやコ

---

[24] 株式会社ミクシィ「2012 年度第 1 四半期決算説明会資料」

[25] 「事実上の"足あと"復活」『ITmedia ビジネス』（https://www.itmedia.co.jp/makoto/articles/1302/01/news034.html）　※最終アクセス日 2024 年 5 月 10 日

[26] 「悩めるミクシィ，笠原社長の誤算と覚悟」『日本経済新聞（電子版）』（https://www.nikkei.com/article/DGXBZO48711810S2A121C1000000/）　※最終アクセス日 2024 年 5 月 10 日

[27] 『日経コンピュータ』2011 年 5 月 26 日号．pp. 42-49

ミュニケーションができる「自分の居場所」にあると捉えていた（川浦ほか，2005）。実際ミクシィではコミュニケーションを行う人の利用頻度が高い傾向にもあった（西川ほか，2013）。利用者の日記やそれへのコメントは，ミクシィのコミュニケーションを支えるものであり，そして，その中心にあったのが，利用者がコミュニケーション相手の動きを実感できる，足あと機能であった（前中，2006）。

　ミクシィは，総利用者数を拡大させる中，利用者の心理的負担の減少やスパム対策を目的として足あと機能を廃止した。また，当時，「イイネ！」の利用が順調に伸びていた一方で，足あとの利用は伸び悩んでいたことも，廃止の背景として同社は挙げている[28]。ミクシィは当初，「足あと廃止によってサイト閲覧のハードルが下がることで，他利用者の投稿に対するコメントや『イイネ！』が増加し，ひいては投稿数が増える」という想定をしていたが，結果は，その全く逆で，足あとがつかないことは投稿者のモチベーションを下げ，投稿数，例えば日記投稿数は減少していった[29]。

　利用者との交流の場で，足あと機能の意義や，ミクシィ独自の魅力についての厳しい意見を利用者から受け，笠原氏は以下の通り自社が行ってきた施策を反省している。

　コミュニティが大好きなユーザーとか，日記検索で知らない人と交流できることが好きなユーザーに対しては，十分な配慮ができなかったですね。[30]

　反省としては，閲覧者の利便性を意識しすぎた施策だったんじゃないか，

---

[28] 株式会社ミクシィ「足あと改修の背景」（プレゼンテーション資料）（https://www.slideshare.net/mixiPR/ss-9265391）　※最終アクセス日 2024 年 5 月 10 日
[29] 株式会社ミクシィのユーザーとの交流イベントにおけるプレゼンテーション資料より。当該資料は，以下で閲覧した。
　『ガジェット通信』「mixi 初のユーザーとの交流イベント「ユーザーファーストウィーク」最終日は欠席者も目立つ」（https://getnews.jp/archives/272362）　※最終アクセス日 2024 年 5 月 10 日
[30] 「悩めるミクシィ，笠原社長の誤算と覚悟」『日本経済新聞（電子版）』（https://www.nikkei.com/article/DGXBZO48711810S2A121C1000000/）　※最終アクセス日 2024 年 5 月 10 日

第Ⅰ部　環境変化に直面したソーシャルメディア型プラットフォームの衰退

閲覧者の声に引きずられてしまったというのがあります。投稿者の利便性をかなり損なう結果になってしまった。閲覧者のメリットよりも投稿者のデメリットが大きかった。[31]

4. 議論

4.1　発見事実の整理

　ここではまず，ミクシィ事例の発見事実を整理しつつ，本書第Ⅰ部のリサーチクエスチョン（RQ1）「成熟段階にあるソーシャルメディア型プラットフォームが環境変化に直面した時，なぜ，どのような補完者マネジメントによって，補完者エンゲージメントを低下させてしまうのか」に対する検討を行う。

　表6-1はミクシィ事例の主要な出来事を時系列で整理したものである。以下ではまず，事例記述の内容に従い，ミクシィの競争力低下のメカニズムを，本書第Ⅰ部の分析枠組み（第3章図3-1）に基づいて分析する。それを図として整理したのが，図6-2である。図6-2内の灰色のボックスは分析枠組みの①－④の各項目にあたり，それらの下にぶらさがる白色の箱には，ミクシィ事例において観察された各項目の具体的内容が記載されている。また，分析枠組み①－④に該当はしないものの，各項目間の影響関係の媒介変数となる要因に関しては破線枠内に分析している。そして，これらの各項目と破線枠間の影響関係を，正（＋）もしくは負（－）の影響を与えている，あるいは影響があったとは言えない（NA）という分析を行っている。

①　環境変化

　まず，ミクシィ事例における①環境変化について整理する。国内のSNS市場にとって大きな変化となったのが，何よりもまず，FacebookやTwitterといった海外の競合SNSの日本市場参入（a.）である。ミクシィのサー

31）「事実上の"足あと"復活」『ITmedia ビジネス』（https://www.itmedia.co.jp/makoto/articles/1302/01/news034.html）　※最終アクセス日 2024 年 5 月 10 日

第 6 章　後発者への同質化の陥穽—ミクシィの事例—

表 6-1　ミクシィ事例に関する主要な出来事

時期	ミクシィ	競合 SNS，その他事業環境
2007 年度	会員数 1000 万人超	
2008 年 4-5 月		Twitter（4 月），Facebook 日本語版（5 月）開始
2008 年 8 月	「エコー」投入（翌年に「mixi ボイス」）	
2009 年頃	利用率 80%	海外 SNS の API 公開の取り組みが進む
2010 年		Facebook 日本市場開拓本格化
2010 年 3 月	招待制廃止	
2010 年度第 2 四半期	コミュニケーション投稿数の提示開始	
2010 年 12 月	「イイネ！ボタン」投入	
2011 年度	会員数 2000 万人超 PV，月間ログインユーザー数が減少開始	
2011 年 5 月	「イイネ！」の利用拡大（1 年間で）	
2011 年 6 月	足あと機能廃止	
2011 年 7 月	コミュニケーション投稿数 9 億（以降，減少）	
2011 年 8 月	「mixi ページ」投入，日記をボイスが上回る	
2012 年	利用率 16.8%	利用率：Facebook（16.6%），Twitter（15.7%）
2012 年 11 月	ユーザーとの交流（「ユーザーファースト」）	
2013 年	利用率 12.3%（以降，競合 SNS との差が拡大）	利用率：Facebook（26.1%），Twitter（17.5%）

出所：筆者作成

ビス開始から遅れること約 4 年，2008 年に両競合 SNS は日本版サービスの運用を開始した[32]。

---

[32] 海外でのサービス開始は，Facebook が 2004 年，Twitter が 2006 年である。

第Ⅰ部　環境変化に直面したソーシャルメディア型プラットフォームの衰退

図 6-2　分析枠組みに基づくミクシィ事例の整理

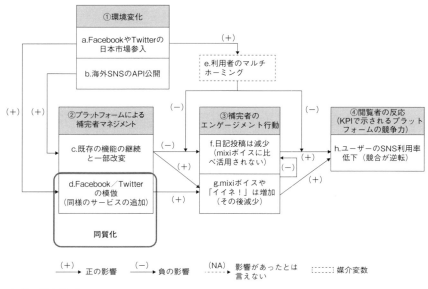

出所：筆者作成

　先述したミクシィ経営陣の振り返りにもある通り，とりわけ同社が意識していたのは，2008年4月に日本語版サービスを提供したFacebookであった。Facebookは，海外SNSによるAPI公開（b.）の取り組みの主役ともいうべき存在であり，ミクシィはその動向を意識した行動を取るようになる。

② **プラットフォーム企業による補完者マネジメント**
　次に，①環境変化に対する，ミクシィの実際の②補完者マネジメントの対応を整理する。ミクシィは，海外SNSがAPIを公開することによって，サービスを多様化するためにアプリの外部開発者を集めていたことを意識して，2009年後半に自社もAPI公開を行った。その際，ミクシィが狙ったのは，外部開発者が自社のプラットフォームに参加するインセンティブとなる，多様な利用者の獲得であった。
　そのため，ミクシィでは，日記やコミュニティに代表される既存の機能を継続する一方で，同社を特徴づける機能であった招待制の廃止という機能の

改変（c.）を通じて利用者層を拡大させようとした。また，後に同社は，利用者数の拡大に伴い歪みが生じていると考えられていた足あと機能の廃止という機能の一部改変も行った（2011 年 5 月）。

　さらにミクシィが行ったのが，競合 SNS と同様のサービスの追加（d.）である。競合 SNS のサービスは，サービスの細部は異なるものの，コンテンツを補完者が投稿するという意味では，ミクシィのサービスと類似したものであったと考えられる。また前述の通り，ミクシィの経営陣にとってみれば，とりわけ Facebook は，身近な利用者とのコミュニケーションを主体とするという意味で自社と同じ特徴を持つものであった。そのため，ミクシィでは，自社サービスの一層の拡大を狙って競合 SNS に同質化対応を行うことで，「エコー（後の mixi ボイス）」（2008 年 8 月）や「イイネ！ボタン」（2010 年 12 月），「mixi ページ」（2011 年 8 月）といった機能を追加投入していった。ミクシィは①の環境変化の時点では，国内 SNS 市場の先発企業の一角かつ圧倒的な利用率を誇るリーダー企業であり，国内市場における後発の競合に対するこれらの対応は必須であったと考えられる。

③　補完者のエンゲージメント行動

　②で確認したミクシィによる補完者マネジメントに対する投稿者（補完者）の反応はどのようなものであったか。まず，Facebook や Twitter のような競合 SNS の登場は，利用者によるマルチホーミングを促した（e.）。実際，先述した通り，ミクシィの経営陣は自社サービスから競合 SNS に利用者が一部移動したことを認めている。当時の各種 SNS の利用率調査を見ても，競合 SNS の日本市場参入当初はこれら SNS とミクシィとの間で大きな利用率の差は無かったと言えるものの，少なくともサービス間でのマルチホーミングが行われる土壌は市場に整いつつあったと言えるだろう。

　先述の通り，ミクシィにおける補完者のエンゲージメント行動とは，同社のコミュニケーション投稿数とその中身を指している。ミクシィによる補完者マネジメントへの反応として象徴的なのは，ミクシィの中心的機能であった日記の活用度合いが減少（f.）していったことである（2011 年 8 月頃）。その一方で，ミクシィによる機能の改変も手伝い，競合 SNS を意識した mixi ボイスや「イイネ！」によるコミュニケーションは増加（g.）し，特にボイスは利用者にとって日記投稿を上回るコミュニケーションになった

第Ⅰ部　環境変化に直面したソーシャルメディア型プラットフォームの衰退

（2010年度第2四半期から2011年7-8月頃）。しかし，同社コミュニケーション投稿数の推移を見ると，その増加は短期間で頭打ちを迎え，後に減少に転じた。

　ここで日記の活用度合いの減少には，上述した利用者によるマルチホーミングの他に，ミクシィによる機能の改変が影響していることが指摘されている。具体的には，足あと機能の廃止である。先述した通り，ミクシィの狙いとは反して，足あとの廃止は投稿者のモチベーションを下げ，日記投稿数の減少へと結びついた。また，足あと廃止の背景として，ミクシィでは，「イイネ！」の利用によるコミュニケーションが順調に増加していたことを挙げていた。しかし，実際には，2011年のミクシィにおける利用者の行動履歴データの分析によると，日記の投稿に，「イイネ！」によるフィードバックは大きな影響を及ぼさないと分析されている（根来ほか, 2012）。

　このように，環境変化を受けたミクシィの補完者マネジメントの仕組みに対するアクションは，競合SNSを模倣したサービスの利用を促す一方で，同社の中心的機能の利用を減少させた。つまり，ミクシィの環境変化への対応が，補完者のエンゲージメント行動に異なる影響をもたらしたのである。

④　閲覧者の反応

　上記の①～③で確認した環境変化やそれに対するミクシィの補完者マネジメント，あるいは，それに反応する補完者のエンゲージメント行動に対する，閲覧者の反応を整理する。ミクシィが「ユーザーファースト」を標榜して利用者との直接交流を図った頃（2012年11月）には，先んじてミクシィに起こっていたページビューの減少や月間ログイン数の減少（2011年度）といった変化が，対競合SNSでの均衡した利用率という状態として表出していた（2012年）。具体的には，一時期国内SNS市場における利用率80%という圧倒的な状態にあったミクシィの市場地位が，FacebookやTwitterとほぼ同率の利用率16%前後になったのである。そして，翌年には競合SNSに利用率の逆転を許し，以降SNSとしてのミクシィの利用率は向上しなかった（h.）。

　もちろん，この利用率の低下には，ミクシィの経営陣も認識していた利用者のマルチホーミングやサービス間移動も関係しているだろう。しかし，環境変化を契機としたミクシィの補完者マネジメントの仕組みの変化を受けて

150

補完者のエンゲージメント行動が変化し，実際にその頃ページビューや利用率が低下していったことを考えれば，補完者マネジメントを通じた補完者のエンゲージメント行動が利用率低下に与えていた影響は少なからずあると言えるだろう。このメカニズムが表現されているのが，図6-2である。

4.2　同質化の帰結

　ミクシィが行った既存機能の改変はもちろんのこと，国内SNS市場における後発の競合のサービスを意識してmixiボイスや「イイネ！」を展開した対応については，当時市場のリーダー的地位にいた企業が取り得る戦略的行動（Ross & Sharapov, 2015）という意味では，一見すると合理的なものであったと考えられる。また，同社が収益モデルの中心としていた広告収入獲得につながるページビュー数の確保にとっても，これらの施策は必要なものであった。

　第1章で確認した通り，既存プラットフォーム企業が競合プラットフォームの出現を意識して，新サービスを追加し，利用者を維持・拡大しようとすることは，成熟段階にあるプラットフォームがサービスのコモディティ化を防ぐために必要とされる打ち手として整合的である（Isckia et al., 2020）。また，mixiアプリや「イイネ！」のような，API公開による補完者のプラットフォームへの動員（Boudreau, 2010）も，ネットワーク効果を意識した際の打ち手としては既存研究の指摘に沿っていると考えられる。

　ここで議論の鍵となるのが，こうしたスタンダードな戦略論における市場地位別の戦略定石と，本章の第1節で整理したプラットフォームビジネスにおける固有の特色との2つの視座が交差することで生まれる問題である。ミクシィが行った競合SNSへの対応は，市場のリーダー企業の戦略定石である同質化行動（嶋口, 1986）である。日本のSNS市場においては後発企業であるFacebookやTwitterは，「Like（いいね！）」ボタンや，短文での投稿といった，ミクシィとは異なるサービスの差別化を事業の中心に据えて市場に参入してきた。その際，当時，市場のリーダー企業であったミクシィがそれら後発企業の施策を模倣し，同質化することは，市場地位を維持するための戦略的行動としては一見すると合理的であるように見える。

　しかし，第1節でも検討したように，市場地位別の戦略定石は，リーダー企業の規模とそれ以外の地位のポジションの企業の規模に差があり，それゆ

第Ⅰ部　環境変化に直面したソーシャルメディア型プラットフォームの衰退

えに規模の経済や流通チャネルの支配力などの観点で有利である，という条件が仮定されている。これをプラットフォームビジネスに当てはめると，プラットフォームの規模（インストールド・ベース）が競争力のドライバーとなりやすい条件（序章第4節参照）を満たすようなプラットフォームビジネスの場合，市場地位別の戦略定石は有効かもしれない。

　他方で，こうした「勝者総取りの論理（winner-takes-all logic）」が必ずしも有効でないプラットフォームビジネスの場合，何らかの方法による差別化が必要となる（Cennamo, 2021）。その論理を読み解く視座がプラットフォームビジネスにおける固有の特色（McIntyre & Srinivasan, 2017）である。先述の通り，固有の特色とは，市場での独自のポジショニング（Cennamo & Santalo, 2013; Karhu & Ritala, 2021）を可能にする，競合より高い品質（性能）（Schilling, 2003; Zhu & Iansiti, 2012）や独自の機能などの要素を指す。

　ミクシィが元来持っていたSNSとしての固有の特色は，居心地の良さやコミュニケーションの面白さであり，その中心にあったのは，日記投稿や足あと機能であった。ミクシィの笠原氏は後に，日記を気兼ねなく書けることが，ミクシィの大きなバリューであったと振り返っている[33]。また，ミクシィにおける足あと機能が，同サービスならではのものであることは言うまでもないだろう。これらの固有の特色によって，ミクシィは市場のリーダー企業として独自のポジショニングを築いてきた。

　しかし，成熟段階のミクシィにおいては，サービス開始当初のミクシィと比べて利用者間のコミュニケーションはライトなものとなった。換言すれば，ソーシャルメディア型プラットフォームとしての固有の特色が薄まり，競合SNSに対する同質化が進んでいった。同社の総コミュニケーション数が頭打ちから減少に転じ，そして利用率が下がっていった（一方，競合SNSの利用率は上昇していった）ことは，固有の特色を薄めたこの同質化がミクシィの競争力の維持・向上に結びつかなかったことを示唆していると考えられる[34]。

---

[33]「ミクシィ創業者の回顧録」『エン転職』（https://employment.en-japan.com/myresume/entry/2019/06/25/103000）　※最終アクセス日2024年5月10日

[34] もっとも，ミクシィの利用率低下の要因として，例えば，動画共有サービスのような他サービスのSNS関連市場での躍進，あるいは，同質化した競合SNSのユーザー・

5. 小括

　以上，本章ではミクシィの事例分析を通じて，本書第Ⅰ部のRQ「成熟段階にあるソーシャルメディア型プラットフォームが環境変化に直面した時，なぜ，どのような補完者マネジメントによって，補完者エンゲージメントを低下させてしまうのか」という問いを検討した。

　成熟段階におけるソーシャルメディア型プラットフォームにおいて，規模拡大や競合対応のために行われる戦略定石としての活動（補完者マネジメント）は，補完者のエンゲージメント行動を変化させてしまい，ひいては，プラットフォームの固有の特色をも変容させる可能性を有していることが，本章の事例からは解釈できた。第4章と第5章では，ソーシャルメディア型プラットフォームにおける，経営者の認知的慣性（Tripsas & Gavetti, 2000）と蓄積された能力による慣性（Henderson & Clark, 1990; Leonard-Barton, 1992; Tushman & Anderson, 1986），二重の慣性の課題を検討した。おそらくミクシィは，これらの慣性に縛られることなく，環境変化に対して，戦略定石通りに愚直に対応しようとしたものを考えられる。しかし，その際，ソーシャルメディア型プラットフォームが有する固有の特色の維持と同質化対応との間に，ある種のトレードオフが生じる可能性があることを，本事例は示しているのである。

　本章の事例分析からはまた，ドミナントな地位を形成した既存プラットフォームがさらなるスケールアップに成功しようとする際に，競争力を有しているプラットフォームであるがゆえに取る打ち手が，逆説的に当該プラッ

インターフェースに対して機能面や品質面で劣後していた可能性等も想定される。とりわけ後者に関しては，FacebookやTwitterがグローバルに事業を展開するSNSであることもあり，規模の効果を活かしてサービスの機能開発や品質向上に投資を行い，機能面での優劣があった可能性は否定できないが，それ自体はミクシィによる補完者マネジメントに影響は与えないものであると考えられる。また，ミクシィと競合SNSのターゲット層が異なっていた可能性もあるが，少なくとも性・年代別利用率に関していえば，Twitterが10代に支持されてはいたが，Facebookとミクシィに関しては大きな傾向の違いはなかった。例えば，以下を参照。MarkeZine「電通PR「2012年年末SNS調査」〜日本のSNS御三家Twitter, Facebook, mixiの認知度は95％超え」（https://markezine.jp/article/detail/17005）　※最終アクセス日2024年5月10日

第Ⅰ部　環境変化に直面したソーシャルメディア型プラットフォームの衰退

トフォームの固有の特色を変容させ得るということが示唆された。その際，鍵となるのが，エンゲージメント行動を起こす補完者マネジメントであることは，本章で確認した通りである。

　それゆえに，ソーシャルメディア型プラットフォームは，利用者全体を意識したプラットフォームの維持・拡大，あるいは競合対応のための施策を実行しながらも，構造的にその中に潜む「補完者としての顔も持つ利用者」の存在を注意深く見極め，その主張にまず耳を傾けなければならない。なぜならば，その補完者としてのエンゲージメント行動こそが，当該ソーシャルメディア型プラットフォームの固有の特色を体現する最も重要なものだからである。

　市場地位を落とした数年後にもミクシィを毎日使う利用者は確かにおり[35]，そこで日記が使われているということは，ミクシィの固有の特色になおも惹かれる利用者が存在することを示している。スケールアップだけが常にプラットフォームの目指す先とは限らないということも，ミクシィの事例は示唆していると考えられる。

---

[35] 株式会社ミクシィ「「mixi の利用実態」―アンケート調査レポート【前編】―」（https://sns.mixi.co.jp/blog/20181221-1.html）　※最終アクセス日 2024 年 5 月 10 日

第 7 章

環境変化に直面したソーシャルメディア型
プラットフォームの比較事例分析

本章では，第Ⅰ部のまとめとして，第4章から第6章にかけて行った事例研究の統合的な考察を行い，理論的含意と実践的含意を導き出す。まずは第1節にてリサーチクエスチョン（RQ1）と第Ⅰ部の分析枠組みを再確認した上で，第2節にて第4章から第6章にかけて行った事例の分析結果の要点と振り返り，比較整理を行う。それを踏まえて，第3節にて分析結果についての議論を行い，最後に第4節にて理論的含意，実践的含意を確認する。

1. リサーチクエスチョン（RQ1）と分析枠組みの整理

1.1 リサーチクエスチョンの再確認

　第Ⅰ部の結論を導き出す前に，第Ⅰ部の研究におけるリサーチクエスチョン（RQ1）を再確認しておきたい。本研究のリサーチクエスチョン（RQ1）は，「成熟段階にあるソーシャルメディア型プラットフォームが環境変化に直面した時，なぜ，どのような補完者マネジメントによって，補完者エンゲージメントを低下させてしまうのか」である。

　また，本章から目を通す読者のために，上述した RQ1 を導出したロジックについてもここで簡潔に整理しておく。このリサーチクエスチョンは，序章の問題設定を踏まえ，第1章と第2章における理論的検討を経て導出されたものである。第1章では，プラットフォームビジネスの文献レビューを通じて，成熟プラットフォームの競争力向上の促進要因と阻害要因を整理した。特に，ソーシャルメディア型プラットフォームの補完者エンゲージメン

155

第Ⅰ部　環境変化に直面したソーシャルメディア型プラットフォームの衰退

ト行動が競争力に与える影響に着目した。第2章では，補完者エンゲージメント行動の理論的背景を明確にし，補完者エンゲージメントがプラットフォームの競争力に直結する重要な要因であることを示した。さらに，環境変化が補完者エンゲージメントに与える影響についても詳細に検討した。第3章では，それまでの理論的検討を基にして上述したRQ1を導出した。

1.2　分析枠組みの再確認

　第Ⅰ部の研究の焦点は，成熟プラットフォームが環境変化に直面した際に，どのようなメカニズムで補完者エンゲージメントが低下するのかを明らかにすることである。そのために，第3章にて，後に続く章の事例分析を行うための分析枠組みが提示された。この枠組みは，①環境変化，②プラットフォーム企業による補完者マネジメント，③補完者のエンゲージメント行動，そして④閲覧者の反応の4つの要素で構成されている。

　具体的には，①まず，プラットフォーム企業が直面する環境変化を特定する。環境変化は技術的変化や競合の台頭など，プラットフォームの競争環境に大きな影響を与える要因である。②次に，プラットフォーム企業が環境変化に対してどのように対応するかを検討する。補完者マネジメントの視点から，プラットフォーム企業が補完者エンゲージメントを維持し，強化するための戦略を分析する。③そして，補完者が環境変化に対してどのように反応するかを観察する。④結果として，補完者エンゲージメント行動の変化が，閲覧者の反応にどのように影響を与えるかを明らかにする。また，ここでの閲覧者の反応というのは，ソーシャルメディア型プラットフォームの場合，多くの場合当該ビジネスの主要業績評価指標（KPI）であることから，プラットフォームの競争力の代理指標であると仮定する。以上が第3章図3-1で提示された分析枠組みである（図7-1）。

　この分析枠組みを通じて，第Ⅰ部の研究は，成熟段階にあるソーシャルメディア型プラットフォームが環境変化に適応できず，補完者エンゲージメントが低下するメカニズムを明らかにすることを目指した。具体的には，ニコニコ動画，クックパッド，ミクシィの3つの事例を通じて，プラットフォーム企業の対応策と補完者の反応の相互作用を検証した。この枠組みに基づく事例分析の比較分析により，本章においてプラットフォーム企業が競争力を維持するための理論的含意，実践的含意を導き出すことを目指す。

第 7 章　環境変化に直面したソーシャルメディア型プラットフォームの比較事例分析

図 7-1　RQ1 の分析枠組み（図 3-1 の再掲）

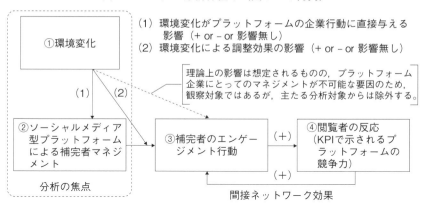

2. 各事例の発見事実の振り返りと整理

　本節では，各事例の発見事実を振り返るにあたり，第 4 章から第 6 章で取り上げたニコニコ動画，クックパッド，ミクシィの事例を通じて明らかになった主要な発見事実をあらためて整理する。具体的には，①それぞれのプラットフォームビジネスに対する環境変化，②環境変化に対するプラットフォーム企業による補完者マネジメント，③②に対する補完者のエンゲージメント行動，④最終的な閲覧者の反応の観点から整理する（図 7-1）。

　その上で，それぞれの事例で浮き彫りになった補完者エンゲージメント低下のメカニズムを再確認し，共通点と相違点を整理する。なお，本節の 2.1 項から 2.3 項は，第 4 章から第 6 章の各 4.1 項（発見事実の整理）を振り返っての要約である。

2.1　ニコニコ動画

　2010 年から 2012 年にかけて，国内主要通信キャリアが高速モバイルインターネットの通信規格である LTE のサービスを開始した（a.）。「YouTuber」という用語が浸透したのもこの時期である（b.）。この用語の浸透により，動画によって収益を獲得するという価値観が浸透していった（c.）。この価値観の浸透により，多くの利用者が存在するからこそ，多くの動画投稿

157

第Ⅰ部　環境変化に直面したソーシャルメディア型プラットフォームの衰退

図7-2　RQ1の分析枠組みに基づくニコニコ動画事例の整理（図4-5の再掲）

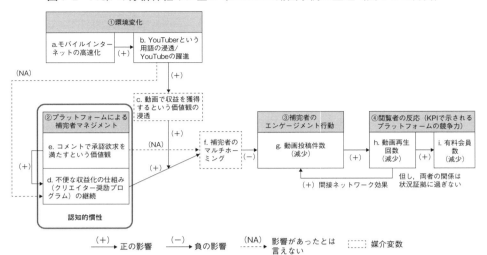

者が集まるという間接ネットワーク効果によってYouTubeは大きく利用者も増やした。その結果，2015年の時点において，ニコニコ動画のスマートフォン利用者数は1353万人，他方のYouTubeのスマートフォン利用者数は3060万人という差がついていた。

それに対してニコニコ動画を運営するドワンゴは，競合を意識したサービス内容の変更やアップデートなどは行ってこなかった。これは，YouTuberという用語が一般的になった2014年以降も，当時のニコニコ動画利用者（とりわけ投稿者）から評判が良くなかった「クリエイター奨励プログラム」の内容を変更しなかったことにも現れている（d.）。こうしたドワンゴの対応の変化の遅れの原因は，当時のドワンゴによるニコニコ動画の投稿者の動機に対する認識が，依然として収益獲得よりも「（YouTubeには無いニコニコ動画特有の機能である）コメントで承認欲求を満たす」であったことを示唆している（e.）。

こうしたドワンゴの対応に対して，当時の人気投稿者は，2015年頃を境にYouTubeへのマルチホーミングを始め，徐々にYouTubeへの動画投稿比率を増やしていった（f.）。時を同じくしてニコニコ動画に投稿された動画投稿件数もほぼ同じ比率で減少していることもまた事実であることから，人気投稿者とそれ以外の投稿者はほぼ同じようにマルチホーミングを

第 7 章　環境変化に直面したソーシャルメディア型プラットフォームの比較事例分析

図 7-3　RQ1 の分析枠組みに基づくクックパッド事例の整理（図 5-6 の再掲）

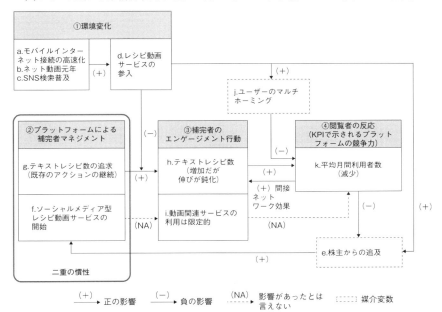

行っていたと考えられる（g.）。

　その結果，動画再生件数は，2015 年のピークを境に急速に減少してしまった（h.）。動画投稿件数の減少と動画再生件数の減少は，負の間接ネットワーク効果で説明が可能である。また，動画再生件数の減少と有料会員数の減少は，データセットの制約上証明が困難であるが，動画投稿件数の大幅な減少と有料会員数の減少との関係が偶然であると考えることも妥当ではないため，動画再生件数の減少は有料会員数の減少に正の影響を与えていると解釈する（i.）。

　以上をまとめたのが図 7-2 である（第 4 章図 4-5 の再掲）。

2.2　クックパッド

　2014 年頃からモバイルインターネット接続の高速化が進み（4G の普及）(a.)，それを背景としてネット動画サービスが市場へと浸透（b.）した。また，SNS が利用者に普及したこともあり，検索エンジンを介した情報検索ではない SNS 検索の利用が，とりわけ 20 代から 40 代までの女性ユーザー

第Ⅰ部　環境変化に直面したソーシャルメディア型プラットフォームの衰退

の中で進んだという状況もあった（c.）。これらの環境変化を契機として起こったのが，2015年から2016年におけるデリッシュキッチンとクラシルに代表されるレシピ動画サービスの市場参入（d.）であった。

　こうした環境変化にあって，クックパッドは，レシピ動画サービスの台頭に関する株主・投資家からの追及（e.）に対する質疑応答やその説明資料の中で，同社が従来得意としてきたテキストベースのレシピを投稿させるための補完者マネジメントに価値を継続して見出そうとする発言が見られた。その後同社が展開した動画関連サービスの「クックパッドスタジオ」（2017年12月）は，ソーシャルメディア型プラットフォームの補完者マネジメントの仕組みを活用した，動画コンテンツを利用者が投稿するものであった（f.）。そして，動画関連サービスを展開したものの，クックパッドのサービスの中心は依然としてテキストベースのレシピであった（g.）。

　レシピ動画サービスの参入があったものの，クックパッドがテキストレシピを補完者から引き出すための仕組みは堅持されたこともあり，同社のテキストベースのレシピ数は増加し続けたものの，株主・投資家向け資料などからも分かるように増加の割合は鈍化している（h.）。他方で，クックパッドが提供した動画関連サービスへの投稿は，クラシルやデリッシュキッチンのレシピの公開数や，クックパッドのテキストレシピの増加に比べると，限定的なものであった（i.）。

　その一方で，オンラインレシピサービス市場へのレシピ動画サービスの参入は，現実的にはクックパッドとレシピ動画サービスとのマルチホーミング（j.）という結果も招いた。その結果，主に「料理好きのルーキー」や「料理嫌い時短」を好む閲覧者のクックパッドからの離脱をもたらした（k.）。

　以上をまとめたのが図7-3である（第5章図5-6の再掲）。

2.3　ミクシィ

　ミクシィが身を置く国内のSNS市場にとって大きな変化となったのが，FacebookやTwitterといった海外の競合SNSの日本市場参入（a.）である。とりわけミクシィが意識していたのは，2008年4月に日本語版サービスを提供したFacebookであった。Facebookは，海外SNSによるAPI公開（b.）の取り組みの中心的存在であり，ミクシィはその動向を意識した行動を取るようになる。

160

第7章　環境変化に直面したソーシャルメディア型プラットフォームの比較事例分析

図7-4　RQ1の分析枠組みに基づくミクシィ事例の整理（図6-2の再掲）

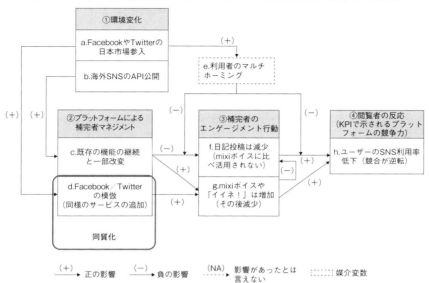

　ミクシィは，海外SNSがAPIを公開することによって，サービスを多様化するためにアプリの外部開発者を集めていたことを意識して，2009年後半に自社もAPI公開を行った。また，日記やコミュニティに代表される既存の機能を継続する一方で，同社を特徴づける機能であった招待制の廃止という機能の改変（c.）を通じて利用者層を拡大させようとした。さらにミクシィが行ったのが，競合SNSと同様のサービスの追加（d.）である。競合SNSのサービスは，サービスの細部は異なるものの，コンテンツを補完者が投稿するという意味では，ミクシィのサービスと類似したものであったと考えられる。

　こうしたミクシィの競合を意識した補完者マネジメントにもかかわらず，利用者によるFacebookやTwitterへのマルチホーミングは行われていた（e.）。とりわけ，ミクシィによる補完者マネジメントへの反応として象徴的なのは，ミクシィの中心的機能であった日記の活用度合いが減少（f.）していったことである。その一方で，ミクシィによる機能の改変も手伝い，競合SNSを意識したmixiボイスや「イイネ！」によるコミュニケーションは増加（g.）し，特にボイスは利用者にとって日記投稿を上回るコミュニケーションになった。しかし，同社コミュニケーション投稿数の推移を見ると，

161

第Ⅰ部　環境変化に直面したソーシャルメディア型プラットフォームの衰退

その増加は短期間で頭打ちを迎え，後に減少に転じた。

　ミクシィが「ユーザーファースト」を標榜して利用者との直接交流を図った頃には，先んじてミクシィに起こっていたページビューの減少や月間ログイン数の減少といった変化が，対競合 SNS での均衡した利用率という状態として表出していた。具体的には，一時期国内 SNS 市場における利用率80％という圧倒的な状態にあったミクシィの市場地位が，Facebook やTwitter とほぼ同率の利用率 16％前後になったのである。そして，翌年には競合 SNS に利用率の逆転を許し，以降 SNS としてのミクシィの利用率は向上しなかった（h.）。

　以上をまとめたのが図 7-4 である（第 6 章図 6-2 の再掲）。

2.4　各事例に見られる共通点と相違点の整理

①　環境変化

　まず，それぞれのプラットフォーム企業が直面した環境変化である。3 つの事例全てにおいて共通していたのが，環境変化の主要な要因は競合プラットフォームまたは代替サービスの登場であった。ニコニコ動画では，モバイルインターネットの高速化とそれを背景にした YouTube の躍進が大きな環境変化となった。一方，クックパッドでは，クラシルやデリッシュキッチンといった動画レシピサービスが市場に参入し，モバイルインターネットの高速化やスマートフォンの普及とともに動画コンテンツの需要が急増した。ミクシィにおいては，Facebook や Twitter などの海外 SNS が日本市場に参入し，ユーザーの選択肢が広がった。

　これらの環境変化は，各プラットフォームにとって競合プラットフォームまたは代替サービスの登場を意味し，各社の既存のプラットフォームビジネスに大きな影響を与えた。

②　環境変化に対するプラットフォーム企業による補完者マネジメント

　次に，環境変化に対するプラットフォーム企業による補完者マネジメントがどうであったのかを確認する。

　ニコニコ動画とクックパッドに共通するのは，環境変化に対する対応の遅れである。ニコニコ動画は，クリエイター奨励プログラムの改善が遅れ，YouTube の収益化モデルへの対応が遅れた。これは，コメント機能に依存

第7章　環境変化に直面したソーシャルメディア型プラットフォームの比較事例分析

しすぎた結果であり，投稿者の動機の変化に対する認識が遅れていたことを示唆している。クックパッドも同様に，動画コンテンツ提供の対応が遅れ，テキストと写真によるレシピ投稿の仕組みに固執した。

　一方，ミクシィは，競合他社への対応が遅れたわけではない，むしろ競合他社の機能を積極的に模倣する同質化戦略を採用した。また，API公開を背景に，招待制や足あと機能を廃止することで，利用者層を拡大することを目指した。

③　補完者エンゲージメント行動

　前述したプラットフォーム企業による補完者マネジメントの対応の結果，補完者エンゲージメント行動が減少したのも3つの事例に共通する点である。

　ニコニコ動画事例では，クリエイター奨励プログラムの不便さを嫌った人気投稿者が，より潜在的視聴者数の多いYouTubeにマルチホーミングし，ニコニコ動画での投稿が減少した。クックパッド事例では，「料理好きのルーキー」や「料理嫌い時短」といった利用者が，動画コンテンツを求めて代替サービス（動画レシピサービス）に流出したと考えられる。ミクシィ事例では，同質化戦略によってミクシィの固有の特色が薄れたことで，日記に代表される既存サービスの利用が減少し，一方で競合を模倣したサービスの利用は進んだ。これらにより，ミクシィを好んでいた利用者のみならず，他社SNSとミクシィに差を見出せない利用者が競合SNSに移行したと思われる。

④　閲覧者の反応（KPI）

　各プラットフォームとも，補完者エンゲージメント行動の減少はKPIの低下を招いた。ニコニコ動画事例では，有料会員数と動画再生件数が減少した。クックパッド事例では，月間平均利用者数とプレミアム会員数が減少し，売上収益も減少した。ミクシィ事例では，ページビュー数の減少に伴い，利用率も低下した。

　これらのKPIの低下は，各プラットフォームが競争力を失い，ユーザーエンゲージメントを維持できなかったことを示している。

　以上の整理を表7-1にまとめた。このように，3つの事例は共通した（ま

第Ⅰ部　環境変化に直面したソーシャルメディア型プラットフォームの衰退

表7-1　発見事実の整理と比較

	ニコニコ動画	クックパッド	ミクシィ
①環境変化	a. モバイルインターネットの高速化 b.YouTuberという用語の浸透／YouTubeの躍進	a. インターネット接続の高速化 b. ネット動画元年 c.SNS検索普及 d. レシピ動画サービスの参入	a.Facebook と Twitterの日本市場参入 b. 海外SNSのAPI公開
	競合または代替品の登場		
②プラットフォーム企業による補完者マネジメント	e. コメントで承認欲求を満たすという価値観 d. 不便な収益化の仕組み（クリエイター奨励プログラム）の継続	g. テキストレシピ数の追求（既存のアクションの継続） (e. 株主からの追及を媒介して) f. ソーシャルメディア型レシピ動画サービスの開始	c. 既存の機能の継続と一部改変 d.Facebook ／ Twitterの模倣 （同様のサービスの追加）
	環境変化に対する対応の遅れ		後発者に対する同質化
(1)①が②に直接与えた影響	影響があったとはいえない （①に対する直接的な②の変化が観察されなかった）	影響があったとはいえない	影響があった（c. やd. の実施）
	直接与えた影響なし		影響あり
③補完者のエンゲージメント行動	f. 他のプラットフォームへのマルチホーミングを媒介して，g. 動画投稿件数の減少	h. テキストレシピ数は増加を続けているものの，伸びは鈍化 i. 動画関連サービスの利用は限定的	f. 日記投稿数減少 g.mixiボイスや「イイネ！」は増加（その後減少）
	補完者エンゲージメント行動が減少		
(2)①による②から③に対する調整効果	b. は，「c. 動画で収益を獲得するという価値観の浸透」を媒介して，d. とf. の関係を促進させた（正の調整効果）	d. は，g. からh. の影響を弱める働きをした（負の調整効果）	(e. 利用者のマルチホーミングを媒介して) c. からf. への提供を弱める働きをした（負の調整効果）
	補完者エンゲージメント行動を減少させる影響を及ぼした		
④閲覧者の反応	h. 動画再生数減少 i. 有料会員数減少	k. 平均月間利用者数減少	h. ユーザーの利用率低下
	各プラットフォームともKPIが低下		

164

第 7 章　環境変化に直面したソーシャルメディア型プラットフォームの比較事例分析

たは類似した）環境変化に直面し，共通して補完者エンゲージメントを失い，競争力を低下させてしまった。他方で，環境変化に対してそれぞれのプラットフォームが取った具体的な対応とその背後に働いたメカニズムのみ，多少の相違点が見られる。

　そこで次節では，それぞれが若干異なりながらも，適切とは言えないプラットフォーム企業による補完者マネジメント（結果的に補完者エンゲージメントが低下した）に共通して働いた要因の有無を議論する。

3.　議論：補完者マネジメント失敗の背後にある論理

　前節までの議論（特に表 7-1 を参照）に基づけば，本書第Ⅰ部で取り扱ってきた 3 つのプラットフォームビジネスにおける競争力の低下という現象は，3 社それぞれが似たような環境変化に直面し，また，同じように補完者のエンゲージメントが低下し，その結果として閲覧者の反応（各社の KPI）が低下するというものであった。

　したがって，概ね各事例の間で類似したメカニズムによって，各プラットフォームの競争力を低下させてしまったと言えるだろう。但し，唯一若干異なるのが，環境変化に直面したプラットフォーム企業による補完者マネジメントの違いである。そこで本節では，それぞれの事例におけるプラットフォーム企業による補完者マネジメントの失敗が「なぜ」，「いかにして」生じたのかについて，理論面と照らし合わせながら解釈する。

3.1　環境変化への認識と対応スピード，対応の適切さ

　既に述べた通り，3 つの事例における競争力低下のメカニズムでは，環境変化に直面したプラットフォーム企業による補完者マネジメントのみに若干の違いがあった（表 7-1）。直前の 2.4 項と内容が若干重複するが，やや切り口が異なるため，3 つの事例の違いについて，補完者マネジメントの違いにのみ焦点を当ててもう一度簡単に確認しておきたい。

3.1.1　環境変化への認識

　3 つの事例に共通する主要な環境変化は，「競合または代替品の登場」であった。これに対して，それぞれのプラットフォーム企業はそれを認識でき

第Ⅰ部　環境変化に直面したソーシャルメディア型プラットフォームの衰退

ていたのだろうか。答えは恐らく「YES」である。ニコニコ動画事例においては，ドワンゴの2015年の有価証券報告書にYouTubeの存在が示唆されており（本書第4章3.5項），クックパッド事例においては，同社の2017年の第2四半期決算説明会の付録資料の中にその旨が記載されている（本書第5章3.3.2項）。また，ミクシィに至っては，競合を意識した機能追加を行っていることからも明らかである。したがって，環境変化そのものを認識できなかったわけではないだろう。

3.1.2　環境変化への対応スピード

　次に，環境変化への対応のスピードは適切であったかを確認する。

　まず，ニコニコ動画に関しては，対応が遅れたことは明らかだろう。前述の通り，2015年の段階でYouTubeの存在を脅威として認識していたにもかかわらず，具体的な手を打っていなかった。事実，人気ゲーム実況者のマルチホーミングは2015年から既に始まっていたが，2017年の炎上事件直後の自己分析を見る限りにおいては，競合への対処が遅れたということすら認識できていなかったことが示唆される。

　クックパッドに関しては，対応そのものが明確に「遅れた」とまでは言えないかもしれない。代替サービスであるデリッシュキッチンとクラシルの市場参入が2015年であるのに対して，「クックパッドTV」サービスの開始は2016年11月，「クックパッドスタジオ」サービスの開始は2017年12月である（第5章表5-1）。したがって，遅れたとまでは言えないかもしれないが，迅速だったとも評価はできないだろう。

　一方のミクシィに関しては，競合企業の日本市場参入に対して，少なくとも対応スピードにおいては，迅速であったことは間違いない。Twitterの日本語版が2008年の4月に開始されると，ミクシィは2008年の8月に140文字のつぶやき機能（「エコー」）を開始した。また，2010年にFacebookが日本市場開拓を本格化させると，2010年12月に「イイネ！」ボタンの提供を開始した。このように，競合を意識した対応として，少なくとも機能追加というアクションはかなり迅速であったと言えるだろう。

3.1.3　環境変化への対応の適切さ

　最後に，環境変化への対応の適切さを確認しておく。ニコニコ動画による

第 7 章　環境変化に直面したソーシャルメディア型プラットフォームの比較事例分析

YouTube への台頭に対する対応の遅れは前述した通りであるが，結局のところ，従来の信念に固執してしまい，2017 年の「炎上事件」によってプレミアム会員の減少が大々的に取り上げられるようになるまで，少なくともニコニコ動画単体[1]としては具体的な手を打ってこなかった。クックパッドについては，代替サービスであるデリッシュキッチンとクラシルの参入に対して，迅速とは言えないまでも，動画レシピサービスによる表面的な同質化による対処策は講じている。但し，クックパッドは，「テキストによるレシピ」，「レシピは一般消費者が投稿するもの」という 2 つの考えに固執してしまった。結果としてクックパッドが提供した動画レシピサービスは，料理のプロが調理し，動画のプロが撮影および編集する後発 2 社のサービス内容とは対照的であった。ミクシィについては，Twitter や Facebook の日本参入に対して，かなり迅速な同質化を行った。しかし，その対応に加え，同時期に行った拡大策（招待制や足あと機能の廃止）もあり，ミクシィを特徴づけていたサービスの利用を減らしてしまった。

3.2　環境変化に対する補完者マネジメントの失敗の論理

　前項で改めて行った 3 つの事例の比較検討を踏まえ，各事例を経営学の既存理論と照らし合わせた時にどのような共通点があるのかを確認する。

3.2.1　既存の成功体験や戦略への固執（ニコニコ動画，クックパッド）

　ニコニコ動画とクックパッドの事例に共通するのは，既存の成功体験や戦略に固執する傾向が見られたという点である。ニコニコ動画は，コメント機能という独自の魅力に依存しすぎてしまい，コメントによって承認欲求を満たすという従来の価値観から脱却することができなかった。この企業行動の背景には，第 4 章 4.2 項で述べたように，ドワンゴによる認知的慣性が働いていたと考えられる。認知的慣性とは，企業の経営者が持つ既存の認知フレームワークが，新しい技術や市場の変化を認識し，それに基づいた戦略的行動を取る際に，過去の成功体験に固執することで変更や適応が阻害される状態を指す（Tripsas & Gavetti, 2000）。

---

[1]　但し，ニコニコ動画を運営するドワンゴ社内では，ニコニコ動画とは別に「ニコニコch」のサービスが提供され，炎上事件の少し前から YouTube への差別化として本格的に力を入れ始めていた。この事例については本書第 9 章で取り上げる。

第Ⅰ部　環境変化に直面したソーシャルメディア型プラットフォームの衰退

　モバイルインターネットの高速化やスマートフォンでの動画視聴というライフスタイルの浸透と相まって，動画で収益を上げるという価値観が浸透すると，ニコニコ動画の動画投稿者の中にも，潜在的な閲覧者数の多い YouTube へ活躍の場を移す（あるいはマルチホーミングする）者が見受けられた。しかし，ニコニコ動画の運営側（ドワンゴ）の自社プラットフォームに対する認識は，依然として「コメントで承認欲求を満たす」という価値観のままであった。これにより，特に人気の動画投稿者（補完者）が YouTube へ活動の場を移す動きが加速した。

　クックパッドも同様に，既存のレシピ投稿の仕組みに固執してしまった。クックパッドの補完者エンゲージメント低下の背後には，（1）経営者の認知的慣性（Tripsas & Gavetti, 2000）と（2）蓄積された能力による慣性（Henderson & Clark, 1990; Leonard-Barton, 1992; Tushman & Anderson, 1986）という二重の慣性が存在していたと考えられる。同社は，長年の成功体験に基づく認知的慣性により，テキストと写真によるレシピ投稿の仕組に固執し，急速に普及した動画コンテンツの需要を見逃していた。その後，株主からの指摘等の影響によりレシピ動画サービスを開始するも，従来の補完者マネジメントの仕組みを継続し，「レシピは利用者が投稿するもの」という自社プラットフォームの特徴を維持しようとした。

　もっとも，クックパッドが早期に動画サービスの提供を開始していればこうした問題は起きなかったかといえば，そうではないだろう。クックパッドにとって，サービス開始以降同社の成長の過程で蓄積してきたレシピは競争力の源泉であり，それに貢献してきた補完者マネジメントの仕組みこそが，ソーシャルメディア型プラットフォームとしてのクックパッドを支えてきたと考えられる。換言すれば，活動の結果として，蓄積されてきたユーザー生成コンテンツ（UGC），すなわち情報資源は，クックパッドにとっては他社との差別化を図るための競争優位の源泉であった（少なくとも同社はそう認識していた）と考えられる。また，クックパッドが長期間に渡って磨いてきた同社のビジネスモデルに関わる問題解決能力，すなわち，利用者（補完者）にレシピを投稿させ，そのバラエティを追求するという価値観に基づき磨かれた能力そのものが，結果としてクックパッドの環境適応上の課題となっているのである。

　その結果，主に「料理好きのルーキー」や「料理嫌い時短」といった利用

第 7 章　環境変化に直面したソーシャルメディア型プラットフォームの比較事例分析

者が後発の動画サービスに流出する結果を招いてしまったことが示唆される。レシピに対するアクセス数の減少は，既存の投稿者のモチベーション低下を招き，結果として，クックパッドは補完者エンゲージメント行動を減少させてしまった。

3.2.2　同質化策による固有の特色の喪失（ミクシィ）

　ミクシィの補完者エンゲージメント低下の背景には，同質化戦略（e.g., 嶋口, 1986）とそれによる固有の特色（McIntyre & Srinivasan, 2017）の喪失がある。ミクシィは，後発の競合プラットフォームに対抗するため，競合の機能を模倣する同質化戦略を採用した。しかし，これが逆にミクシィが持つ固有の特色を失わせる結果を招いてしまった。第 6 章でも述べたように，ミクシィが元来持っていた SNS としての固有の特色は，居心地の良さやコミュニケーションの面白さであり，その中心にあったのは，日記投稿や足あと機能であった。

　Facebook や Twitter の参入本格稼働時，ミクシィは既に巨大な利用者基盤を有していたが，ミクシィの運営側は，利用者のさらなる拡大を目指していた。そこで，元々の強みであった「招待制」や「足あと機能」を廃止したのである。これらの対応は，利用者が安心して利用できる環境を提供し，補完者エンゲージメントを高めることを狙ったものであったが，これが逆に既存ユーザーの反発を招き，補完者エンゲージメントの低下を引き起こした。特に，コミュニティ機能や日記機能といったミクシィの強みであった部分が，競合プラットフォームに対する差別化要因として機能しなくなってしまったのである。結果として，ミクシィは補完者エンゲージメントを失い，利用者を競合 SNS へ流出させてしまった。

　古典的な戦略論やマーケティングの議論（e.g., 網倉・新宅, 2011; 嶋口, 1986; 沼上, 2008）においては，リーダーの市場地位にいる企業がチャレンジャーの差別化を模倣し，同質化することが有効な戦略定石であるとされてきた。しかしそこには，リーダー企業の規模とそれ以外の地位のポジションの企業の規模に差があり，それゆえに規模の経済や流通チャネルの支配力などの観点で有利である，という条件が仮定されている。

　プラットフォームビジネスの場合，ある程度の規模に到達した後は，一定の条件を満たすようなプラットフォーム市場でない限り，規模のみが最も重

第Ⅰ部　環境変化に直面したソーシャルメディア型プラットフォームの衰退

要な競争ドライバーとはならない（第1章第3節参照）。こうした条件が満たされるのは，一部の媒介型プラットフォームに限定されるだろう（Cennamo, 2021）。したがって，ソーシャルメディア型プラットフォームであるミクシィは，たとえFacebookやTwitterの参入本格稼働時に巨大な利用者基盤を有していたとはいっても，FacebookやTwitterに同質化して規模による競争のみを志向するのではなく，ミクシィが持つ固有の特色を維持しながら差別化による競争を行うべきであったと考えられる。

　もっとも，こうしたプラットフォームビジネス特有の戦略定石は，近年になって研究が進んできた内容でもあるため，当時のミクシィが伝統的な戦略論の戦略定石に基づいた企業行動をとってしまったのも無理はない話である。

3.2.3　共通する根本的な失敗（ニコニコ動画，クックパッド，ミクシィ）

　ここまで議論してきた内容は，各章の考察でも触れてきた内容である。最後に，もっと根本的な，3つのプラットフォームに共通する誤りについて検討する。これまでの議論で明らかになったように，3つのプラットフォームに共通する根本的な問題として，**プラットフォーム利用者のニーズやプラットフォーム参加の動機やプラットフォームへのニーズの多様性，そしてそれらがさらに多様化するということへの過小評価と，それに対する対応の誤り**が挙げられる。

　ここでプラットフォーム参加の動機の多様性とは，第1章で指摘したように，ソーシャルメディア型プラットフォームには，面白さややりがいなどの内発的動機（e.g., Osterloh & Rota, 2007; Roberts et al., 2006），社会的・互恵的な動機（e.g., Von Hippel & Von Krogh, 2003），シグナリングと評判を獲得しようとするインセンティブ（e.g., Restivo & Van De Rijt, 2012; Zhang & Zhu, 2011）などがコンテンツ投稿の動機となるだけでなく，コミュニケーション自体を楽しむことを目的とした，コンサマトリー（consummatory）参加（金森, 2009）といった多様な動機が存在する。また，ソーシャルメディア型プラットフォームの利用者によるコンテンツに対するニーズが多様であることは各事例分析の結果からも明らかである。そして，事例分析の結果からは，これらの多様な動機やニーズは，時間の経過，技術の進歩，新たなプラットフォームの出現などによって変化し，さらに多

第 7 章　環境変化に直面したソーシャルメディア型プラットフォームの比較事例分析

様化していくことが示唆される。

　分析対象となった 3 つのプラットフォーム企業は，自らが築き上げたプラットフォームビジネスの利用者基盤の大きさに対して強い自信を持っていたが，その一方でプラットフォーム利用者の参加動機やプラットフォーム利用者のニーズの多様性や，それらがさらに多様化したということ対して過小評価をしてしまっていたのかもしれない。

　事実，ニコニコ動画は，コメント機能という独自の強みに依存するあまり，動画の収益化を求める投稿者（補完者）層の動機の変化（非経済的動機→経済的動機）を過小評価してしまった。確かに，その変化は，当初は一部のセグメントだったかもしれないが，やがて無視できないほどの大きなセグメントに波及し，多くの利用者（有料会員含む）を流出させてしまった。クックパッドは，長年の成功体験に基づき，テキストベースのレシピ投稿の仕組みに固執し，動画コンテンツを求める新たな利用者層の投稿に対する適切な対応が遅れた結果，実質的な利用者を減らしてしまった。ミクシィは，日記に代表される既存サービスを好む利用者層を軽視し，新たな利用者層の取り込みを重視するあまり，ミクシィが元々有していた強みを失ってしまった。以上の議論をまとめたのが，表 7-2 である。

　ここで，「過小評価」という表現を用いているのには明確な理由がある。それは，3 つのプラットフォームが利用者の多様性を見落としていたわけではなく，自社プラットフォームの利用者に多様なニーズが存在することを十分に把握していたつもりが，ニーズのさらなる変化や多様化に対応できなかったことが，それぞれの事例から示唆されるからである。さらに言えば，プラットフォームを利用する利用者（閲覧者）のニーズの多様性や多様化に対応し得る，適切な補完者（投稿者）マネジメントを行うことができなかった。

　例えば，ニコニコ動画は，もともと大小様々なジャンルの動画が投稿されるプラットフォームである。様々なジャンルの動画が存在しているだけに，多様なニーズが存在していたことを把握できていなかったとは考えにくい。加えて，不便であったとはいえ，投稿した動画から収益を得られる「クリエイター奨励プログラム」が用意されていたことからも，ニコニコ動画が，動画投稿者（補完者）に経済的動機の側面が存在していることを想定していたことは明らかである。しかしながら，ニコニコ動画は，「収益化を重視する

171

第Ⅰ部　環境変化に直面したソーシャルメディア型プラットフォームの衰退

表7-2　補完者マネジメント失敗の論理の考察に基づく比較表

	ニコニコ動画	クックパッド	ミクシィ
環境変化に対するプラットフォーム企業による補完者マネジメント	e. コメントで承認欲求を満たすという価値観 d. 不便な収益化の仕組み（クリエイター奨励プログラム）の継続	g. テキストレシピ数の追求 （既存のアクションの継続） （e. 株主からの追及を媒介して）f. ソーシャルメディア型レシピ動画サービスの開始	c. 既存の機能の継続と一部改変 d.Facebook／Twitterの模倣 （同様のサービスの追加）
環境変化に対するプラットフォーム企業による補完者マネジメントに対する補完者のエンゲージメント行動	補完者のエンゲージメント行動を喪失した	補完者のエンゲージメント行動を喪失した	補完者のエンゲージメント行動を喪失した

上記プラットフォーム企業の補完者マネジメントの背後にある論理

問題①それぞれのプラットフォームは，環境変化を認識していたか？	YES （有価証券報告書に記述あり）	YES （株主との質疑応答に記録あり）	YES （企業行動からも明らか）
問題②それぞれのプラットフォーム企業の環境変化に対する補完者マネジメントの対応のスピードは適切だったか？	遅れた	動画レシピへの対応は遅れたとまでは言えないが，迅速とも評価できない	迅速に対応した
問題③それぞれのプラットフォーム企業の環境変化に対する補完者マネジメントの対応の内容はどうだったか？	動画へのコメントによって承認欲求を満たすという従来の価値観に捕らわれてしまい，適切ではなかった	テキストによるレシピ，レシピは一般消費者が投稿する物という従来の価値観に捕らわれてしまい，適切ではなかった	競合の模倣によって同質化しつつ，招待制や足あと機能廃止によって，より大衆的に迎合しようとしたことは，結果的に適切ではなかった
問題②③の共通要因はなぜか？	認知的慣性により，補完者のプラットフォーム参加への動機の変化を十分に認識することができなかった	二重の慣性により，利用者のニーズの多様化を十分に認識することができなかった また，認識できていても，自社のプラットフォームの構造を変革することが困難であった	同質化策やコアではない利用者層を取り込もうとして招待制や足あと機能を廃止した結果，ミクシィが持つ固有の特色を失い，コアな利用者の支持を失ってしまった
3つに共通する根本的な問題はなにか？	補完者のプラットフォーム参加の動機の変化（多様化）を過小評価してしまい適切な企業行動に移すことができなかった	利用者のニーズの多様化を過小評価してしまい適切な企業行動に移すことができなかった	利用者のニーズが本質的に多様であり，ミクシィらしさを評価してくれたコアな利用者のニーズを過小評価してしまいライト層に迎合してしまった

172

投稿者」という動機の変化（**動機の多様化**）を過小評価してしまい，多くの動画投稿者を YouTube へと流出させる事態を招いた。

　クックパッドもまた，利用者が求めるコンテンツの形態が多様化する中で，従来のテキストベースのサービスを堅持し続けたため，「料理好きのルーキー」や「料理嫌い時短」といった短くて分かりやすい動画コンテンツを求める利用者（**ニーズの多様化**）が代替サービスに移行する結果となった。クックパッドに関しては，代替サービスであるクラシルやデリッシュキッチンが動画レシピを内製するサービスであることもあり，それら代替サービスにクックパッドのレシピ投稿者を奪われたという構造にはなっていない。しかし，動画サービスの台頭に対して，消費者によるレシピの投稿という既存の補完者マネジメントの仕組み，つまり既存の閲覧者のニーズに応えてきたクックパッドの仕組みを転用しようとしたことが，同社の補完者マネジメントの適切ではなかった点と考えられる。

　ミクシィのケースでは，競合への同質化や利用者層を拡大するという戦略が，既存サービスを好む利用者層のニーズを過小評価してしまう結果を生んだ。特に，招待制や足あと機能の廃止によって，同社の強みであった日記の投稿は進まなかった。その一方で，競合を模倣したサービスの利用は一時的に進み，プラットフォームの固有の特色が失われ，結果として既存の利用者の支持を失ってしまった。これは，ミクシィの利用者のニーズが本質的に多様であり，その中で自社の持つ強みを評価してくれていた既存利用者のニーズ（**ニーズの多様性**），さらに言えば，それを支えていた補完者のニーズを過小評価（もっと言えば，自社の強みも過小評価）してしまった結果に他ならない。ミクシィは，同社の固有の特色であった日記の投稿者（補完者）のマネジメントを，競合を意識した機能の追加や足あと機能廃止によって誤ってしまったのである。

　利用者のニーズが多様なプラットフォーム市場においては，プラットフォームの規模（例えばインストールド・ベースの大きさ）と補完製品に対する需要は単調関係（monotonic relationship）とはならない（Rietveld & Eggers, 2018）。むしろ規模の大きさが単純なプラットフォームの競争力のドライバーとなる方が少ない（Cennamo, 2021）。さらに言えば，第1章で述べたように，ソーシャルメディア型プラットフォームは，本質的に補完者のプラットフォームへの参加の動機が多様である。そして，これまで見て

きた事例がそうであるように，こうした本質的に多様な利用者のニーズや補完者の動機はさらなる変化もする。

これらの事例から明らかになったのは，環境変化に対する迅速かつ適切な対応の重要性であり，既存の戦略に固執することのリスクである。その際，自社プラットフォームの利用者のニーズの多様性やニーズの多様化を考慮に入れた補完者マネジメントを行いつつも，各プラットフォームは，それぞれの固有の特色を維持し，環境変化への柔軟な対応が求められることが示された。

4. 結論とインプリケーション

これまでの議論を踏まえ，第Ⅰ部のリサーチクエスチョン（RQ1）「成熟段階にあるソーシャルメディア型プラットフォームが環境変化に直面した時，なぜ，どのような補完者マネジメントによって，補完者エンゲージメントを低下させてしまうのか」に対する本書第Ⅰ部の結論は次の通りである。それは，**ソーシャルメディア型プラットフォームが環境変化に直面する際，利用者や補完者の参加動機やニーズの多様性とその多様化を過小評価した補完者マネジメントを行ってしまったことが，補完者エンゲージメントの低下につながった**，ということである。

以上の結論を踏まえ，最後に理論的含意と実践的含意を確認して，第7章そして本書第Ⅰ部を締めくくるとしたい。

4.1 理論的含意

本書第Ⅰ部の理論的含意の1つ目は，本質的にプラットフォーム利用者の参加動機やニーズが多様なプラットフォームにおける動的な補完者マネジメントの必要性についてである。本書第Ⅰ部で再三に渡って述べてきた通り，ソーシャルメディア型プラットフォームは，利用者の参加動機も，利用者のニーズも本質的に多様である。無論，媒介型プラットフォームや基盤型プラットフォームのそれが一様的であると主張しているわけではない。

しかし，他の形態のプラットフォームにおいては明らかに経済的動機が中心（Boudreau & Jeppesen, 2015）であるのに対して，ソーシャルメディア型プラットフォームへの利用者（補完者）の参加の動機は必ずしも経済的

第7章　環境変化に直面したソーシャルメディア型プラットフォームの比較事例分析

動機が中心とは限らない（e.g., Osterloh & Rota, 2007; Restivo & Van De Rijt, 2012; Roberts et al., 2006; Von Hippel & Von Krogh, 2003; Zhang & Zhu, 2011; 金森, 2009）。だからといって，ソーシャルメディア型プラットフォームの利用者に経済的動機が無いとも限らない。加えて本書第Ⅰ部の研究で明らかになったのは，ソーシャルメディア型プラットフォーム利用者の多様な動機やニーズはさらに多様化する可能性があるという点である。この点がプラットフォーム企業にとって実に厄介である。

　なぜならば，ミクシィの事例がそうであったように，利用者の多くが望んだ機能変更であっても，同社の特徴となっている機能を好む一部の利用者がそれを望まない場合，多数の利用者の声に耳を傾けることが必ずしも正しいとは限らないからである。主要顧客の声に耳を傾けた結果の失敗については，イノベーション論でも議論されてきた（e.g., Christensen, 1997）。しかしながら，ソーシャルメディア型プラットフォームビジネスにおけるミクシィの事例は，明らかにそれらとは異質である。なぜならば，ソーシャルメディア型プラットフォームビジネスにおいては，そうした利用者同士の相互交流こそが，プラットフォーム上のコンテンツを生み出し，ひいてはプラットフォームの競争力に繋がるからである（Subramanian et al., 2021）。それゆえに，プラットフォーム企業は，環境変化に合わせて，自社のプラットフォーム資源や補完者マネジメントの仕組みを変化させながら，多様化するプラットフォーム利用者の参加動機やニーズに応えなければならない。

　この理論的な示唆からは，プラットフォーム研究とダイナミック・ケイパビリティ研究（Teece et al., 1997; Teece, 2007; Eisenhardt & Martin, 2000）を改めて結びつけ直した上で[2)]，ソーシャルメディア型プラットフォームを対象に分析する必要性が浮かび上がったと言えるだろう。この点について，Gawer（2021）やIsckia et al.（2020）は，プラットフォームの成長段階に合わせて，プラットフォームの境界範囲や価値提案の調整という視点から議論しているものの，まだ十分な蓄積が行われているとは言い難い状況にある。

　理論的含意の2つ目は，近視眼的なプラットフォームの規模の拡大への警

[2)]　プラットフォーム研究の文脈でダイナミック・ケイパビリティ概念を援用している研究には，Eisenmann et al.（2011）が挙げられる。

鐘である。プラットフォーム研究に関する先行研究では，プラットフォーム企業が規模の拡大を追求することに対する負の側面として，補完品の質の低下（Wareham et al., 2014）や，補完者同士が代替的である場合の補完者のプラットフォームからの退出（Boudreau, 2012）などが指摘されてきた。本書第Ⅰ部の研究結果によれば，少なくともソーシャルメディア型プラットフォームにおいても，先行研究とは同様の指摘が，異なるメカニズムによって導かれるだろう。

　ニコニコ動画やクックパッドの事例からは，既存プラットフォームが規模を追求することで，自らの競争力を強化してきた一方で，そうした過程で培った成功体験や組織能力（Leonard-Barton, 1995），あるいは蓄積されてきた情報資源（伊丹, 1984, 2012）が環境変化への適応を阻害してしまう可能性が示唆された。さらに，ニーズが多様であるソーシャルメディア型プラットフォームの場合，プラットフォーム企業が直接・間接ネットワーク効果などを利用しながら利用者基盤を拡大させることで，「ニーズをダイレクトには満たされていないが，他に類似するサービスもない」といった状態の利用者層の絶対数が増加することになる。こうした，潜在的もしくは顕在的なニーズを持った利用者層が一定数以上に到達し，かつそのニーズを後発者が知覚できた場合，一定規模に大きくなった「満たされないニーズを持ったセグメント」という格好のターゲットセグメントが存在することになる。クックパッドが後発の動画レシピサービスに一定の顧客層を奪われたのは，恐らくこのようなメカニズムであると考えられる。

　この主張における具体的なメカニズムの確からしさについては，別途検証が必要であるが，ここで強調しておきたいことは，プラットフォーム企業が近視眼的な規模拡大を追求することの危険性が，ソーシャルメディア型プラットフォームビジネスにおいても浮き彫りにされたと言うことである。この点は，少なくとも先行研究では議論されてこなかった。

4.2　実践的含意

　前項の理論的含意を踏まえ，実践的含意も確認しておきたい。実践的含意の１つ目は，ソーシャルメディア型プラットフォームの成長ステージに合わせた戦略の変更の必要性である。本書の前半で述べたように，プラットフォーム研究の初期の支配的なパラダイムは，get-big-fast 戦略に基づく

第 7 章　環境変化に直面したソーシャルメディア型プラットフォームの比較事例分析

ものであった（Lee et al., 2006）。これは，創業初期の Amazon.com がそうであったように，実際のプラットフォーム企業がこうした戦略を採用していたことに基づくものである。その後，プラットフォームビジネスにおいて利用者基盤が大きいことが必ずしも素晴らしいとは限らないという警鐘が鳴らされるようになった（e.g., Boudreau, 2012; Wareham et al., 2014）。

　近年では，上述した通り，プラットフォームの成長ステージに合わせた境界の調整の必要性が Gawer（2021）によって主張されている。例えば，プラットフォームの成長初期段階では，多くの利用者を集める必要があることから，プラットフォームの境界をよりオープンにする必要があるが，プラットフォームの成熟段階では，プラットフォームから得られる収益やガバナンスの強化を重視するために，境界をより厳格に設定し，プラットフォームへの参加者の対象やプラットフォーム上での活動を制限する必要性が生じる（Boudreau, 2010; Cennamo & Santalo, 2013）。

　プラットフォームビジネスはネットワーク効果による勝者総取りの側面が強調されがちであるが，先の理論的含意からも示唆されるように，少なくともソーシャルメディア型プラットフォームにおいては，どこまでも成長し続けられるわけではない，それゆえに一定規模に到達した後のさらなる成長戦略には注意を払う必要がある。これは，本書第 I 部が取り扱った 3 つの事例から共通して得られる重要な教訓である。

　実践的含意の第 2 は，一定規模にまで到達した後のプラットフォーム資源を用いた多角化の必要性である。先行研究も明らかにしているように，基盤型プラットフォームやソーシャルメディア型は，規模の大きさが競争のドライバーとはなりにくいタイプのプラットフォームである（Cennamo, 2021）。なぜならば，プラットフォーム参加者の需要が多様である場合，規模の大きさと補完品への需要が単調関係（monotonic relationship）とはなりにくいからである（Rietveld & Eggers, 2018）。むしろ，補完者同士が代替的な関係にあるようなプラットフォームでは，規模が拡大することで，クラウディングアウト効果の影響によって，一部の補完者が当該プラットフォームから押し出されてしまう可能性が示唆される（Boudreau, 2012）。例えば，本書でも取り扱ってきた「YouTuber」という現象は，2020 年以降 YouTuber 同士の競争が激しくなり，新規の参入が難しくなっているという見方がある[3]。

177

第Ⅰ部　環境変化に直面したソーシャルメディア型プラットフォームの衰退

　また，クックパッド事例の考察からは，本質的に多様なニーズの利用者が
参加するプラットフォームの規模が大きくなると，それに比例して，それぞ
れの多様なニーズの各セグメントが大きくなり，結果として後発者の参入を
許す間隙となりかねないことも示唆された。他方で，ミクシィの事例が示唆
するように，大多数の利用者が望むような機能追加やサービス変更は，必ず
しも全ての利用者に歓迎されるとは限らず少数派の不満足にもつながり得
る。

　そこで考えられるのが，プラットフォーム資源を用いた多角化やサブブラ
ンド化といった対応である。具体的には，メインのプラットフォームで培っ
た利用者基盤，データ，ないしは知名度（ブランド含む）といった情報資源
を活用しながら，他のサービス分野に進出することによって，範囲の経済を
活かしつつ，場合によっては異なるサービス間でネットワーク効果や補完関
係を見出すという方策が観察されるようになってきた。現実においては，近
年の楽天やLINE，メルカリなどが採用している方法である（但し楽天とメ
ルカリは，本書の分類上は媒介型プラットフォームに該当する）。

　これらの現象は，観察されるようになってから十分な年月が経過していな
いため，理論的な解釈も十分に収束していないが，本書の第Ⅱ部では，成熟
ソーシャルメディア型プラットフォームのさらなる成長戦略について，この
「多角化」を手がかりに検討し，萌芽的な事例検討を行う。

4.3　本書第Ⅰ部の研究の限界

　最後に，本書第Ⅰ部の研究における限界について言及しておきたい。まず
取り上げた3つの事例は，いずれもスマートフォンが普及する過程，あるい
はモバイルインターネットが高速化する過程（またはその両方）の時代にお
ける類似した現象を取り扱ったものである。また，いずれのソーシャルメ
ディア型プラットフォームも日本発のサービスであり，一部は海外進出して
いるものの，基本的には日本国内の現象のみを取り上げた。これは，できる
だけ条件を揃えた単一事例研究の積み重ねを踏まえての洞察を生み出すこと
を目指した本書執筆のアプローチの利点と欠点が同居している。すなわち，

---

3)　「まだYouTubeを軽く見る人が知らない地殻変動」『東洋経済オンライン』（https://
　toyokeizai.net/articles/-/424195）　※最終アクセス日2024年8月13日

3つの事例に共通する現象から見出されたインプリケーションはそれなりに説得力を生み出せていると考えられる一方で，本書の3つの事例から導き出された結論やインプリケーションには，時代と地域という2つのバイアスが生じている可能性が否定できない。

また，本書が「環境変化」と表現した要因には，他にも様々な現象が想定し得る。例えば，昨今であればAIの進歩などが典型的であろう。そうした，想定し得る幅広い環境変化を変数に取り入れた分析を行うことができていないのは，本書第Ⅰ部の研究の手法や分析対象の制約によるものである。

5. 小括

本章では，第3章で導き出されたリサーチクエスチョン（RQ1）に対する回答として，ソーシャルメディア型プラットフォームにおける競争力低下のメカニズムを明らかにした。第4章から第6章にかけて行った事例分析結果の統合的な考察と議論を通じて，環境変化に直面したプラットフォーム企業が，利用者や補完者の参加動機やニーズの多様性や多様化を過小評価した結果として適切な補完者マネジメントが行えないことが，補完者エンゲージメントの低下につながるというのが本章で導き出された結論である。また，理論的含意として，動的な補完者マネジメントの必要性，近視眼的な規模の拡大への警鐘が示された。また，実践的含意としては，プラットフォームの成長段階に合わせた戦略変更の必要性，そしてプラットフォーム資源を活用した多角化の必要性が示された。

次章からは本書第Ⅱ部として，このプラットフォームの多角化を中心に議論を行う。

第II部

ソーシャルメディア型
プラットフォームの持続的
な成長に向けた萌芽的研究

第 8 章

理論的検討：プラットフォーム企業の持続的な成長に向けた検討

　本章では，第Ⅰ部で明らかにした結論とそれに基づく理論的および実践的含意を踏まえ，第Ⅱ部で取り組む課題のリサーチクエスチョンを導き出すための理論的検討を行う。

　第7章では，ニコニコ動画，クックパッド，ミクシィの3つの事例を通じて，成熟段階にあるソーシャルメディア型プラットフォームが環境変化に適応できず，補完者エンゲージメントを喪失するメカニズムを明らかにした。これらの事例から，第7章では，ソーシャルメディア型プラットフォームにおける競争力低下の主要な原因が，プラットフォーム利用者のニーズや参加動機の多様性および多様化に対する過小評価と，それに伴う補完者マネジメントの失敗にあると結論づけた。

　本章では，これらの結論を踏まえ，成熟プラットフォームの競争力を向上させるために必要な要因を理論的に検討する。特に，第Ⅱ部で取り組む研究課題である，「成熟プラットフォームがさらなる成長を目指す上での課題についての萌芽的な検討を行う（研究課題2)」ことを目的とする。この問題意識をさらに具体的なリサーチクエスチョンに落とし込むため，成熟プラットフォームの成長戦略についての先行研究をレビューし，理論的な基盤を整理する。

1.　成熟プラットフォームの長期的な成長と多角化

　本書第1章では，成熟プラットフォームの競争力向上の促進要因と阻害要因を検討した。但しこれらは，あくまでもそれぞれの成熟プラットフォームにおける，既存のビジネスの競争力向上の促進要因と阻害要因の検討が中心であった。第Ⅰ部の結論や理論的・実践的含意に基づけば，単一のプラットフォームビジネスで規模を拡大し続けることは，少なくともソーシャルメディア型プラットフォームにおいては現実的ではないことが示唆される。

第Ⅱ部　ソーシャルメディア型プラットフォームの持続的な成長に向けた萌芽的研究

　しかしながら，多くの場合，プラットフォーム企業全体としては，収益としての成長を目指していかなければならない。これは営利企業の宿命である。つまり，このような理論上のジレンマが示唆されるにもかかわらず，プラットフォームの長期的な成長に関する先行研究では，プラットフォーム企業が既存の製品やサービス分野を超えて長期的な成長を実現する上での論点について取り上げた研究はあまり行われていないのが現状である[1]。

　こうした議論の一方で，現実を見渡すと，あるサービス分野で一定の規模にまで成長したプラットフォームが，自社の資源を用いて他のサービス分野に進出する例がしばしば見受けられる。例えば，本書の冒頭で言及したGAFAM は，いずれも創業時の市場から多角化を行っている。とりわけMeta（旧 Facebook）は，本書の関心の対象であるソーシャルメディア型プラットフォームである。わが国においても，LINE（現 LINE ヤフー）やメルカリは，プラットフォームビジネスに徹しつつ，積極的に新しいサービス分野を開拓している。

　そこで，以降では，プラットフォーム企業の長期的な成長を実現する手段としての多角化に焦点を当て，理論的な検討を行う。

1.1　プラットフォーム企業の長期的な成長に関する議論と限界

　近年のプラットフォーム研究は，get-big-fast 戦略に基づく初期の研究パラダイムから脱却し，成熟段階にあわせた柔軟な戦略の変更の必要性が指摘されるようになってきた。例えば，Gawer（2021）は，プラットフォームビジネスの成長戦略において，プラットフォームビジネスの成長と成熟に伴い，新しい利用者，新しい技術，新しいビジネスモデルに対応するために，プラットフォームの境界[2]を調整することが競争力を維持するために重要であると述べている。具体的には，プラットフォームが成長段階にあるうちは，プラットフォームの境界を狭め，収益性よりも多くの利用者をプラットフォームに集めることを重視する。プラットフォームが成熟段階に入ってからは，プラットフォームのガバナンスの強化や収益の増大を目的として，

---

[1]　少ない例外として，Isckia et al.（2020）や Li & Agarwal（2017）は，直接的ではないものの，既存プラットフォームが異なるサービス分野に進出することを暗黙の前提においた議論を展開している。
[2]　プラットフォームの境界については，第 1 章 3.4 項を参照。

184

プラットフォームの境界を拡大し，自社がコントロール可能な領域を多く確保する必要があると主張している。

同様に，McIntyre et al.（2021）も，一部のデジタルプラットフォームビジネスは長期間存続する一方で，他のプラットフォームビジネスはすぐに置き換えられてしまうのはなぜかという問題意識に基づき，プラットフォーム属性，ネットワーク属性，補完的属性に焦点を当てて，プラットフォームビジネスの競争力が持続する条件について，7つの命題[3]を導き出している。

このように，Gawer（2021），McIntyre et al.（2021）のどちらの研究も，長期的なプラットフォームビジネスの成長力と競争力の持続について論じているが，あくまでも既存のプラットフォームビジネスの枠における長期的な成長を論点にしている。

他方で，Isckia et al.（2020）は，成長フェーズに応じた戦略の変更が必要であることを指摘し，「新しい事業機会の探索（explore new business opportunities）」という表現で，新サービスの追加の必要性を示唆している。しかし，彼らの主たる関心は既存のプラットフォーム内での統合と補完者管理にあり，サービス分野の多角化を具体的に論じているわけではない。

上述した通り，企業が長期的な成長を考慮する際には，既存の製品やサービス分野を超えて，新たな市場機会を探索していかなければならない。これは，プラットフォームビジネスに限らない，経営戦略全般に渡って共通する話題である。その際，多角化は新たな市場機会を捉え，競争力を維持・強化するための戦略として広く認識されている。

1.2　伝統的な多角化の議論

事業の多角化とは，企業が事業活動を行って外部に販売する製品分野の全体の多様性が増すことを指す（吉原ほか, 1981）。事業の多角化は，Ansoff（1957）以来，経営戦略論（特に全社戦略）の中心的な議論の1つとして長

---

[3]　7つの命題は，全てプラットフォームのスケールアップ期間中を対象としたもので，1）直接ネットワーク効果の大きさ，2）多面市場の各サイドの相互依存性の高さ，3）競合とのアーキテクチャの重複度の低さ，4）クロスプラットフォームのネットワーク効果の大きさ，5）補完者のシングルホーミングの程度の大きさ，6）高ステータスの補完者からのサポートの程度の大きさ，7）豊富なリソースを持つ補完者からのサポートの程度の大きさ，の7つの観点からプラットフォームの持続期間の長さを主張している。

第Ⅱ部　ソーシャルメディア型プラットフォームの持続的な成長に向けた萌芽的研究

年に渡って議論されてきた。無論，それらを全て取り上げることはおろか，多角化研究についての系統的なレビューをすることも紙幅の都合上困難である。そのため，ここでは，本節における主要な関心事項であるプラットフォーム企業の多角化に関連する論点かつ，極めて有名な文献に限定して，その議論の内容を確認しておくことにする。

1.2.1　多角化の動機

　まずは，企業が多角化する動機を確認しておく必要があるだろう。経営学において，多角化という概念に先鞭をつけた Ansoff（1957）によれば，企業が成長する手段には，市場浸透，市場開発，製品開発，多角化の4つがあるという。その中でも多角化は，他の3つの成長選択肢とは一線を画しており，従来のビジネスの構造に物理的，組織的な変化をもたらすという。それにもかかわらず，企業が多角化を行うのは，既存事業のみの成長には限界があるからに他ならない，というのが Ansoff（1957）による主張である。その他，Ansoff（1957）では，既存事業と新規事業の間のリスク分散や相互補完[4]などが指摘されている。

　その後，Ansoff（1965）では，多角化から享受することのできるメリットとして，シナジー効果の存在が指摘されている。ここでシナジー効果とは，それぞれの事業を単独に遂行しているよりも高い経営成果が得られる効果を指す（沼上，2009）。例えば，日本国内の多くの鉄道会社は，本業である旅客輸送を超えて，不動産，小売，娯楽，通信インフラなどの事業に多角化をしている。これは，人々が移動することによって収益が生まれる旅客輸送という本業に対して，人々が（通勤や通学以外に）移動する動機を生む娯楽，そして沿線そのものの利便性を高める小売や通信インフラの充実などによって，周辺の土地の価値が高まり，結果として不動産事業の収益が高まるといったロジックによって，シナジー効果が働くからである。

---

[4]　関連する論点として，既存事業で生み出した利益を新規事業の投資に用いるという「異時点間の相補効果」（網倉・新宅，2011）を分析する方法こそが，経営学を学ぶ者であれば誰でも大学の学部生のうちに学ぶであろう「プロダクト・ポートフォリオ・マネジメント（PPM）」である。

第8章　理論的検討：プラットフォーム企業の持続的な成長に向けた検討

1.2.2　多角化と収益性

　事業の多角化を行う際にシナジー効果の発現を考慮することの重要性を裏づけているのが Rumelt（1974）や吉原ほか（1981）の研究である。Rumelt（1974）は，多角化を「関連多角化」と「非関連多角化」に分類し，それぞれの戦略が企業パフォーマンスに与える影響を分析した。その結果，関連多角化は企業パフォーマンスを向上させる可能性がある一方で，非関連多角化は逆にパフォーマンスを低下させる傾向があることが明らかになった[5]。

　また，吉原ほか（1981）も，Rumelt（1974）と同じ手法を用いて，日本企業を対象とした分析を行い，非関連多角化が収益性を低下させる可能性を指摘している。これらの研究結果は，多角化が必ずしも企業価値向上に繋がらないことを示しており，適切な多角化戦略の選択が重要であることを強調している。

　これらの研究が行われてきた 1970 年代から 1980 年代は，Porter（1980）に代表されるポジショニング・ビュー（沼上，2009）が全盛の時代であった。その後 1990 年代に入り，多角化企業の背後にある，共通した資源や能力に基づく強みが注目されるようになる。

1.2.3　多角化と能力，情報資源

　多角化戦略の成功には，企業が保有する経営資源，目に見えない資源の活用が鍵となる。その代表的なものが「コア・コンピタンス」（Hamel & Prahalad, 1994）や「見えざる資産」（伊丹，1984）といった概念である。コア・コンピタンスとは，企業の競争優位性の源泉となる，他社には容易に模倣できない独自のスキルや能力のことである。多角化においては，このコア・コンピタンスを活かせる関連性の高い事業分野に進出することで，シナジー効果を生み出し，企業価値を高めることが期待できるのである。

---

[5] 但し，Rumelt（1974）の多角化の分類にはいくつか問題点がある。例えば，産業効果などのバイアスが考慮されていないため，関連多角化だからといって収益性が高いとは限らない可能性が指摘されている。より具体的には，関連多角化を行っている企業は，その戦略が優れているから収益性が高いというのではなく，収益性の高い産業に所属している企業に関連多角化をする企業が多いという節が指摘されている（大木，2010）。

187

第Ⅱ部　ソーシャルメディア型プラットフォームの持続的な成長に向けた萌芽的研究

　一方の見えざる資産は，技術力，生産ノウハウ，顧客の信用，ブランドの知名度，組織風土，従業員のモラールの高さといった，企業が事業活動を通じて学習・蓄積してきた情報資源を指す（伊丹, 1984）。さらに伊丹は，企業が長期的な成長と企業価値向上を目指すためには，時には「オーバーエクステンション」が必要であるとも主張している[6]。

　このように，事業の多角化を実現する際には，コア・コンピタンスや見えざる資産といった経営資源を適切に活用し，事業間のシナジー効果が発現するような多角化の方法を模索する必要がある。その際には，時にはオーバーエクステンションも視野に入れつつ，自社の能力や資源，市場環境などを総合的に判断する必要があると言えるだろう。

1.2.4　情報資源の多重活用

　事業の多角化の議論，とりわけシナジー効果の検討を行う上で言及しておかなければならないのが，情報資源の多重活用についてである。伊丹（2012）によれば，情報資源が他の資源と異なっている特徴として，①同時に複数の人が利用可能，②使いべりしにくい，③使っているうちに，新しい情報が他の情報との結合で生まれることがある，という3点が挙げられる。この性質を利用して情報資源を多重活用することでシナジー効果の恩恵を享受しやすい。

　例えば，Apple は iPhone の OS（iOS）のソフトウェア資源そのものと開発の過程で蓄積したノウハウの両方を Apple Watch（watchOS）に転用することで，開発のコストを削減しつつ，2つの OS の間に互換性を持たせることに成功した。その結果，タブレット端末やスマートウォッチの競合に対するコストや開発スピード面で優位に立つだけでなく，iPhone のユーザーを Apple Watch に効果的にロックインすることができている。事実，日本国内のスマートウォッチ市場では Apple Watch が圧倒的なシェアを誇っている[7]。

---

[6]　伊丹（2012）によれば，モノやカネといった経営資源は，「物理的不可欠」の資源であるのに対して，見えざる資産は「うまく活動するのに必要」な資源だからである。つまり，企業が自社の能力や資源を超えた，一見すると無謀とも思えるような事業に挑戦することで，学習を通じて見えざる資産が蓄積されていくのである。

[7]　株式会社 MM 総研「2022 年度通期　スマートウオッチ市場規模の推移・予測」

これまで見てきたように，事業の多角化は，既存事業の成長の限界や将来へのリスク分散などを動機としつつも，うまく多角化を実現させることで，シナジー効果の恩恵を享受することも可能である。但し，そのためには，自社が保有するコア・コンピタンスや見えざる資産といった能力や資源を考慮しつつ，自社の本業との距離が遠くなく（関連多角化），シナジー効果が発現し易い多角化戦略を考慮すべきであろう。その際，情報資源を効果的に活用することで，多角化にまつわる資源配分の問題のいくつかは回避可能であることが示唆される。

とりわけ，プラットフォーム企業の場合，インターネットや情報資源を活用したビジネスを展開しているケースが多い。それゆえ，事業の多角化によって新規に参入する市場であっても，こうした情報資源をうまく活用することで，参入市場の先行者との競争を有利に進められる可能性がある。そこで，プラットフォーム特有の多角化戦略についても確認することにしたい。

1.3 既存プラットフォームによる新市場参入戦略

経営学のプラットフォーム研究において，多角化そのものが中心的な論点となる研究はそれほど多くないものの，比較的初期の段階から行われてきた（e.g., Gawer & Henderson, 2007; Tanriverdi & Lee, 2008）。例えば，Gawer & Henderson（2007）は，Intel が補完品市場へ参入した事例の分析を通じて，プラットフォーム企業が補完品市場に新規参入する際は，適度（ほどほど）な利益を追求することの重要性を強調している。それは，市場から生み出される利益をプラットフォーム企業が収奪しすぎないことで，補完者の保護だけでなく，プラットフォームビジネス全体の活性化を考慮に入れる必要があるからである[8]。

また，Tanriverdi & Lee（2008）は，ネットワーク効果が働きやすいアプリケーションソフト業界における多角化戦略の重要性を主張するために，プラットフォーム関連多角化戦略と製品市場関連多角化戦略という概念を導入することを試みた。ここで，プラットフォーム関連多角化戦略とは，類似した OS プラットフォーム（例えば，Unix，Mac，Linux など）間にアプ

（https://www.m2ri.jp/release/detail.html?id=577）

[8]　より具体的には，Iansiti & Levien（2004）もまた，Microsoft の事例分析を通じて同様の主張をしている。

リケーションソフトを提供するという多角化により，アプリケーションの開発・保守コストを削減し，品質向上を促進することで，顧客基盤の拡大を目指す戦略である。他方の製品市場関連多角化戦略，同一顧客層の複数のニーズに応える多角化により，クロスセル（例えば，Adobe Systems の Photoshop，Illustrator，Acrobat など）を促進し，顧客ニーズの把握を通じて補完品の拡充を図る戦略である。

　上記以外にも，明確に多角化そのものが中心的な論点ではないものの，既存プラットフォームによる新市場への参入（すなわち実質的に多角化を）を論じている研究も存在する。そして，その多くが，上述した Gawer & Henderson（2007）の事例と同様に，既存のプラットフォーム企業視点で見た際の，補完品市場への参入を論じている（Cenamor et al., 2013; Eisenmann et al., 2011; Li & Agarwal, 2017; Rietveld & Schilling, 2020）。Eisenmann et al.（2011）によるプラットフォーム・エンベロープメント戦略は，序章でも説明した通りであるが，その他にも Facebook による Instagram の統合によるファーストパーティー化（Li & Agarwal, 2017）や，ビデオゲームプラットフォームによるゲームソフトの内製化などが分析対象とされてきた（Cenamor et al., 2013; Rietveld & Schilling, 2020）。もっとも，内製化の問題は，補完品市場における補完者のモチベーションの低下やそもそも独占禁止法の問題などが指摘されている[9]。

　このように，プラットフォーム研究における新市場への参入についての議論は，プラットフォーム企業と隣接する補完品の市場への参入を論じる研究が多い。プラットフォーム特有の論点に着目しているという事情もあるのかもしれないが，それぞれの研究で指摘されている通り，補完品市場へプラットフォーム企業が参入することは，補完者マネジメントの観点からもコンプライアンス（独占禁止法）の観点からもリスクを伴う。

　そもそも，前項（1.2）で検討したように，一般的な事業の多角化においては，その動機の少なくない割合としてシナジー効果が指摘されるだろう。

---

[9] 但し，プラットフォームによる補完品市場への参入は，負の側面だけでなく，補完者にベネフィットをもたらす可能性も示唆されている。Qi et al.（2024）によれば，Amazon.com が自社製品をマーケットプレイスで販売する際に自社製品をプロモーションすることで，補完者が販売する類似製品の売り上げも増加するというスピルオーバー効果が生じることがある。

しかし，これまで見てきたようにプラットフォーム研究においてシナジー効果が発現するような多角化を論じている研究はそれほど多くない。少ない例外として挙げられるのが，Guyader & Piscicelli（2019），Tiwana et al.（2010）そして，Zhao et al.（2020）の研究である。

これらの研究では，多角化したサービス間の相互補完性を通じて，需要と供給のバランス，資源の効率的活用，顧客ニーズの多面的対応を実現すること（Guyader & Piscicelli, 2019）や，事業モデルを複雑化させること（Zhao et al., 2020），プラットフォームコンポーネント間の相互依存性を高めること（Tiwana et al., 2010）などを通じて，プラットフォーム企業の競争優位性が高まることが強調されている。但し，プラットフォーム企業による多角化には負の側面も存在することが指摘されている。Chung et al.（2024）によれば，ライドシェアの Uber がフードデリバリーサービスに多角化した際，Uber のみならず競合の Lyft の乗車台数が減少したことが確認されている。これは，ドライバーがライドシェアとフードデリバリーの両方で働くようになり，その結果としてライドシェアに割くリソースが低下したためだと推測されている。

このように，プラットフォームビジネスにおける新市場参入に関する先行研究では，プラットフォームが単一の機能や市場だけでなく，複数の異なる機能や市場に拡張することが議論されてきた。そこでは，一般的な意味での事業の多角化のみならず，プラットフォームに参加する補完者の事業領域への拡張といった，プラットフォームビジネス特有の論点に焦点が当てられる傾向にある。

2. リサーチクエスチョンの導出と研究の方法

2.1 リサーチクエスチョン

本書第Ⅱ部では，研究課題 2 として，「成熟段階にあるソーシャルメディア型プラットフォームがさらなる成長を実現する方法についての萌芽的な検討」を行う。これは，第Ⅰ部での分析を通じて，ソーシャルメディア型プラットフォームが単一事業のみで成長を継続することは非常に困難であるという結論に至ったことを踏まえて，追加の理論的検討を行うものである。

第Ⅱ部　ソーシャルメディア型プラットフォームの持続的な成長に向けた萌芽的研究

　この問題意識の下で，本章では，プラットフォーム企業の長期的な成長戦略に焦点を当て，特に多角化の可能性について検討してきた。先行研究を概観すると，プラットフォーム企業の成長戦略に関する議論は，既存のプラットフォーム事業の競争力強化に主眼を置くものが多く，新規事業への進出，すなわち多角化戦略については十分に検討されてきたとはいい難い状況にある。但し，プラットフォーム企業の多角化戦略として，補完品市場への参入に関する議論は比較的多く見られる（e.g., Cenamor et al., 2013; Eisenmann et al., 2011; Gawer & Henderson, 2007; Li & Agarwal, 2017; Rietveld & Schilling, 2020）。しかし，プラットフォーム企業による補完品市場への参入は，補完者との競合や独占禁止法上の問題を引き起こす可能性があるため，必ずしも望ましい戦略とは言えないだろう。少なくとも，本書が一環して注目するのが，ソーシャルメディア型プラットフォームにおける補完者エンゲージメントの引き出しであるため，プラットフォーム企業による補完品市場への参入というのは，ここでは筋の良い戦略であるという評価はできない。

　一方，既存のプラットフォームビジネスとのシナジー効果を創出したり，既存のプラットフォーム資源をうまく活用したりしながら新たな市場に進出することは，プラットフォーム企業の長期的な成長と競争優位性の維持にとって有効な戦略だと考えられる（Guyader & Piscicelli, 2019; Tiwana et al., 2010; Zhao et al., 2020）。

　以上の議論を踏まえ，本書第Ⅱ部では次のリサーチクエスチョンを設定する。

　RQ2：成熟段階にあるソーシャルメディア型プラットフォームは，どのような方法で補完者エンゲージメントを引き出し，新たなサービス分野への進出を実現させることができるのか。

　このリサーチクエスチョンは，これまでの議論を踏まえ，成熟段階にあるソーシャルメディア型プラットフォーム企業が長期的な成長を実現する上で，新たな市場へ進出することが求められるであろうという前提に立っている。その上で，RQ1に引き続き補完者エンゲージメントの引き出しに焦点を当てつつ，既存のプラットフォームビジネスとのシナジー効果を創出した

り，既存のプラットフォーム資源をうまく活用したりしながらそれらを実現するための方法を模索するためのものである。

2.2 研究方法

本書第Ⅰ部では，単一のリサーチクエスチョンと共通の分析枠組みを設定し，3つの事例を比較分析することで，共通の成熟プラットフォームの競争力低下のメカニズムを解明した。一方，本書第Ⅱ部では，第Ⅰ部とは異なるアプローチを採用する。具体的には，共通の分析枠組みは設定せず，各章において，それぞれの事例の分析を読み解く鍵概念とそれに関連する理論的枠組みを検討し，そこからサブリサーチクエスチョンを導き出す。そして，これらのサブリサーチクエスチョンへの回答を通じて，メインのリサーチクエスチョン（RQ2）への解の一端を導き出すことを目指す。

本書第Ⅱ部でこのような現象ドリブンの駆動型のアプローチを採用する理由は，プラットフォーム研究，とりわけソーシャルメディア型プラットフォームにおける多角化に関する現象や，理論的解釈が十分に収束していない可能性が高いためである。それゆえ，単一事例を深く掘り下げ，そこから新たな洞察を導き出すという探索な研究を通じて，成熟段階におけるソーシャルメディア型プラットフォーム企業の成長戦略に関する新たな視点の可能性を模索する。

2.3 事例の選択

本書第Ⅱ部で分析対象とするのは，ニコニコ動画およびニコニコチャンネル（第9章）とpixiv（第10章）の2事例である。これらの事例は次の基準に基づいて選定した。

第1に，日本国内のソーシャルメディア型プラットフォームであることである。これは，本書が一貫して，日本国内をメイン市場とするソーシャルメディア型プラットフォーム事業を分析対象としているためである。事例選択の一貫性という観点からもこれは重要な条件であろう。

第2に，メインのソーシャルメディア型プラットフォーム事業から新サービスに進出し，一定の成果が観察されることである。これは，成熟したソーシャルメディア型プラットフォームが新たなサービス分野に進出し，一定の成果を生み出している事例を選定することで，それを実現した一連のプロセ

第Ⅱ部　ソーシャルメディア型プラットフォームの持続的な成長に向けた萌芽的研究

スを具体的に分析することができるからである。

　第3に，分析に必要なデータや情報にアクセスが可能であることである。単一事例を時間軸に沿って検討する事例研究のアプローチ（Yin, 1994）を採用する都合上，アーカイブデータや公開情報など，分析に必要なデータや情報が十分に収集できる事例を選択する必要があった。

　現実としては，上記のような条件を満たす事例は多くなかったものの，幸いにして，上述したニコニコチャンネルと pixiv の事例は上記条件に合致したものであった。それぞれの事例の詳細な選択根拠は次の通りである。なお，各事例における調査や情報収集方法はそれぞれの章にて記載する。

2.3.1　ニコニコチャンネル

　ニコニコ動画およびニコニコチャンネルの事例を選択した理由は大きく2つある。

　第1は，プラットフォーム境界資源を活用した補完者エンゲージメントのマネジメントについてである。第4章で見た通り，ニコニコ動画は，利用者の一定の利用者基盤を持つサービスであったにもかかわらずそれらを失った。しかし，その後のプラットフォームビジネスの業績回復をニコニコチャンネルの事業展開によって実現している。業績回復を実現させた事業上の工夫こそが，本書第Ⅱ部の研究関心である，プラットフォーム境界資源を活用した補完者エンゲージメントのマネジメントに通じている。

　第2は，プラットフォーム境界資源を活用したプラットフォームビジネスの多角化についてである。後述するように，ニコニコチャンネルが事業として成長し，ドワンゴの業績に貢献するようになったタイミングは，ニコニコ動画の凋落直後であった。しかし，ドワンゴによるニコニコチャンネルへの資源配分は，ニコニコ動画が堅調に成長していた頃から既に行われていた。つまり，ニコニコチャンネルは，ニコニコ動画で培ったプラットフォーム境界資源を活用したプラットフォームビジネスの多角化に他ならないのである。以上により，本事例は，本書第Ⅱ部の研究対象として適していると判断した。

2.3.2　pixiv

　pixiv は株式会社ピクシブが提供する，ユーザーが自ら創作したイラスト

や漫画，小説といったコンテンツを投稿し，他のユーザーと交流できるサービスである。サービス開始当初のpixivは，イラスト分野に特化したソーシャルメディア型プラットフォームであったが，後に漫画や小説の分野にサービスの範囲を拡大し，ソーシャルメディア型プラットフォームとしての多角化を続けている。そのため同事例は，本書第Ⅱ部の研究対象として適していると判断した。なお，同社は，pixivの他に，出版社の作品も含んだ漫画や小説の配信サービス（pixivコミックやpixivノベル）や小説のクリエイターをファンが支援するためのサービス（pixivFANBOX）や，ユーザーがコンテンツを直接他ユーザーに販売できるサービス（BOOTH），メタバース関連サービス（VRoid）など複数のサービスを展開しているが[10]，本章では，コンテンツの投稿プラットフォームであるpixivを事例分析の中心的な対象とする。

3. 小括

本章では，「成熟プラットフォームがさらなる成長を目指す上での課題についての萌芽的な検討（研究課題2）」に取り組むために，多角化戦略を中心に議論を進めた。第Ⅰ部で導き出された結論から，単一のプラットフォームビジネスでの成長継続は困難であり，プラットフォーム企業が長期的な競争力を維持するためには，新たなサービス分野への進出が必要であることを確認した。

先行研究をレビューした結果，多角化戦略は，既存事業とのシナジー効果を創出し，プラットフォーム資源を有効活用することで，プラットフォーム企業の成長を支える有力な手段であると考えられる。また，特に補完者エンゲージメントを引き出す視点から見た場合，プラットフォームの成長と新市場への進出を両立させることが可能であることが示唆された。

これらの議論を踏まえ，第Ⅱ部では，研究課題2に対するリサーチクエスチョン（RQ2）を設定した。それは，「**成熟段階にあるソーシャルメディア型プラットフォームは，どのような方法で補完者エンゲージメントを引き出**

---

[10] pixiv「pixiv Business Guide 2024年7月Ver」（https://pixiv1.app.box.com/s/ujwz6w1ojoybvwznxjjgct0sg21ge2t6）　※最終アクセス日2024年8月16日

第Ⅱ部　ソーシャルメディア型プラットフォームの持続的な成長に向けた萌芽的研究

し，新たなサービス分野への進出を実現させることができるのか」というものである。第9章および第10章にて，本章で設定したリサーチクエスチョンに基づき，プラットフォーム企業の長期的な成長戦略の一環としての多角化を検討する。

第9章

プラットフォーム境界資源と補完者エンゲージメント─ニコニコチャンネルの事例─

　本章では，第8章にて導き出されたリサーチクエスチョン（RQ2）に対して，プラットフォーム境界資源（platform boundary resources）を活用した多角化について論じる。より具体的には，ソーシャルメディア型プラットフォーム企業による効果的なプラットフォーム境界資源の提供が，補完者エンゲージメントを引き出すという側面を検討し，それがプラットフォームビジネスの多角化とどのような関係があるのかを議論する。

　分析の対象となるのは，第4章で取り上げた株式会社ドワンゴが提供する「ニコニコ動画」とは別のサービス「ニコニコチャンネル」である。第4章では，ニコニコ動画が環境変化によって補完者エンゲージメントを喪失してしまった結果，動画投稿数の著しい減少を経て，有料会員数が大きく減少してしまったエピソードを取り上げた。一方のニコニコチャンネルは，「ニコニコサービス」の一環として，ニコニコ動画の凋落とは無関係に，新サービスとして同社が推進してきた事業である。

　本章の結論を先取りすると，2018年以降，ニコニコチャンネルの有料会員数は急伸しており，ニコニコ動画の有料会員流出による売上高減少を補う勢いで成長している。その鍵となるのが，本章にて焦点を当てる「プラットフォーム境界資源」と，それを活用した「補完者エンゲージメント」の関係性である。

　そこでまずは，本章の事例分析を行う上での前提となる，ソーシャルメディア型プラットフォームにおける補完者エンゲージメントと補完者の動機づけの関係について確認しておく。これは，本書第Ⅰ部で既に議論した内容であるが，本書第Ⅱ部から読み始める読者がいるかもしれないことを想定して，本章の第1節において議論の前提を改めて整理する。その後，ニコニコチャンネルの事例分析を通じて，プラットフォーム境界資源が補完者エンゲージメントの引き出しに影響を与える可能性した上で，それがプラットフォームビジネスの多角化とどのように関係するのかを議論する。

第Ⅱ部　ソーシャルメディア型プラットフォームの持続的な成長に向けた萌芽的研究

1.　事例分析の視点

1.1　議論の前提：補完者エンゲージメントと補完者の動機づけ

　第2章でも述べたように，主にマーケティング分野において発展してきたカスターマーエンゲージメントの概念をプラットフォームビジネス特有のアクターである補完者に援用したのが，補完者エンゲージメントという概念である（第2章第2節）。近年のプラットフォーム研究では，プラットフォーム企業がいかに補完者エンゲージメントを引き出すかについての様々な検討が行われてきた（e.g., Ceccagnoli et al., 2012; Saadatmand et al., 2019）。

　ここで，補完者エンゲージメントのマネジメントを検討する際に，ソーシャルメディア型プラットフォーム特有の問題として生じるのが，補完者の動機づけの問題である。先行研究では，補完者のプラットフォーム上での行動の動機は経済的なものであるという考えに基づいてネットワーク効果の形成を想定してきた（Boudreau & Jeppesen, 2015）。しかし，ソーシャルメディア型プラットフォームの利用者の場合，経済的動機とは異なるものに従って行動する場合もあると考えられる（Boudreau & Jeppesen, 2015）。SNSや口コミサイトなどの場合，面白さややりがいなどの内発的動機（e.g., Osterloh & Rota, 2007; Roberts et al., 2006），社会的・互恵的な動機（e.g., Von Hippel & Von Krogh, 2003），シグナリングと評判を獲得しようとするインセンティブ（e.g., Restivo & Van De Rijt, 2012; Zhang & Zhu, 2011）などがコンテンツ投稿の動機となり得る（第1章第5節）。

　このように，ソーシャルメディア型プラットフォームにおける補完者の動機づけは多様である一方で，ソーシャルメディア型プラットフォームにおける補完者エンゲージメント行動は，プラットフォームの中核的なコンテンツであるUGCの生成活動そのものであるため（Cennamo, 2021），プラットフォーム企業にとって補完者エンゲージメント行動のマネジメントは極めて重要なものとなる（第2章2.2項）。さらには第7章でも明らかになったように，ソーシャルメディア型プラットフォームの利用者のニーズも多様であり，さらには変化もし得る（第7章第3節）。

第9章　プラットフォーム境界資源と補完者エンゲージメント―ニコニコチャンネルの事例―

　それゆえ，補完者の投稿コンテンツ数や利用者数が増大したとしても，プラットフォーム上の全ての利用者に対してネットワーク効果として一様に影響を与えるとは限らない。つまり，媒介型プラットフォームで指摘されてきた，利用者の基盤の大きさ自体がプラットフォームの競争力につながりやすいということが，ソーシャルメディア型プラットフォームでは異なる様相を持つのである。

　この点を踏まえると，ネットワーク効果のみに依存できない局面，換言すれば，ネットワーク効果以外の成長ドライバーが求められる局面において，ソーシャルメディア型プラットフォームのプラットフォーム企業がいかにして補完者を自らのプラットフォームに参画（あるいは維持）させ，補完者エンゲージメント行動を引き出し続けられるのかが重要な論点となる。そこで注目されるのがプラットフォーム境界資源という概念である。

1.2　プラットフォーム境界資源と補完者エンゲージメント行動の関係

　プラットフォーム境界資源（platform boundary resources）とは，第1章でも触れたが，プラットフォーム企業とアプリケーション開発者（すなわち補完者）との独立した関係のインターフェースとして機能するソフトウェアツールおよび規則を指す（Ghazawneh & Henfridsson, 2013, p. 174）。先行研究では，プラットフォーム企業がプラットフォーム境界資源をどの程度補完者へ開放するか（Boudreau, 2010; Tiwana, 2015）を工夫することで，補完者からの補完者エンゲージメント行動を引き出し，自らが提供する製品・サービスと組み合わせてプラットフォームの価値を増大させることができると示唆されてきた（e.g., Dal Bianco et al., 2014; Engert et al., 2022; Petrik & Herzwurm, 2020）。また，プラットフォーム境界資源の提供の仕方によっては，後発のプラットフォーム企業や補完者に「ただ乗り」される懸念があることも指摘されている（Karhu & Ritala, 2021）。

　このように，プラットフォーム境界資源という概念を用いることによって，プラットフォーム企業がプラットフォーム境界資源の提供を通じて補完者からの補完者エンゲージメント行動を引き出しつつも，プラットフォームの製品やサービスの中核となる部分をプラットフォーム企業自らがコントロールすることを通じて，プラットフォームビジネスとしての独自性や収益

第Ⅱ部　ソーシャルメディア型プラットフォームの持続的な成長に向けた萌芽的研究

性を確保するという，プラットフォーム企業特有のマネジメントが説明可能となる（Engert et al., 2022）。先行研究で具体的に特定されているプラットフォーム境界資源としては，アプリケーションプログラムインターフェース（API）などのアプリケーション境界資源（application boundary resources），ソフトウェア開発キット（SDK）やデバッグツールなどの開発境界資源（development boundary resources），トレーニングや開発サポート，ハッカソンの開催といった社会的境界資源（social boundary resources）などが挙げられている（Dal Bianco et al., 2014; Petrik & Herzwurm, 2020）。

　こうした例示からも分かる通り，プラットフォーム境界資源は，情報システムやソフトウェアのアプリケーション開発者を主たる補完者として想定した，情報システム（IS）研究の領域から発展してきた概念である。それゆえ，プラットフォーム境界資源と補完者エンゲージメント行動の関係性を論じた研究の殆どは，IS 研究特有の論点を中心とした議論に終始する傾向にある。

　しかしながら，プラットフォームビジネスにおいて補完者エンゲージメント行動が重要な役割を果たすこと，そして，補完者からの補完者エンゲージメント行動を引き出す上でプラットフォーム境界資源が重要な役割を果たすことは，アプリケーション開発に限らないはずである。少なくとも，先述したソーシャルメディア型プラットフォームの特徴を踏まえれば，とりわけネットワーク効果のみに依存できない局面におけるソーシャルメディア型プラットフォームビジネスにおいては，補完者へのプラットフォーム境界資源の提供を通じた補完者エンゲージメント行動のマネジメントは，アプリケーション開発と同様に重要なものであろう。

　事実，Gawer（2021）は，SNS を 1 つの事例として，プラットフォームビジネスの事業段階に応じて，プラットフォームの範囲や参加プレイヤーといったプラットフォームの境界を変化させることの必要性を指摘している。同様に，Subramaniam（2022）も，デジタルサービスを提供するプラットフォームビジネスにおける API の重要性を強調している。

　ここで Gawer（2021）の指摘する「プラットフォームの境界」や Subramaniam（2022）の強調する「API」は，プラットフォームと補完者，そしてプラットフォーム利用者との間でのデータや情報の交換に関わってお

第9章　プラットフォーム境界資源と補完者エンゲージメント―ニコニコチャンネルの事例―

り，それを規定するのがプラットフォーム企業の提供するプラットフォーム境界資源に他ならない。しかし，プラットフォーム境界資源と補完者エンゲージメントの関係が注目されてから日が浅く（Engert et al., 2022），プラットフォーム企業が事業段階に応じてプラットフォーム境界資源の提供を工夫した方法や，その対象としての補完者エンゲージメント行動のマネジメントの要諦を検討した研究は，とりわけソーシャルメディア型プラットフォームを分析対象としてはまだ殆ど行われていない。

　以上を踏まえ，本章では以下を，本書第Ⅱ部におけるリサーチクエスチョン（RQ2）に対するサブリサーチクエスチョン 1（SRQ1）とする。

　SRQ1：ネットワーク効果のみに依存できない局面において，ソーシャルメディア型プラットフォームビジネスのプラットフォーム企業は，どのようにしてプラットフォーム境界資源を活用しながら補完者エンゲージメント行動をマネジメントしているか。

2.　研究の方法

　本章の分析対象には，株式会社ドワンゴ（以下，ドワンゴ）が提供するサービスである「ニコニコ動画」および「ニコニコチャンネル」を取り上げる。データソースとしては，第4章と同様である。具体的には，株式会社ドワンゴの動画プラットフォーム事業担当者（匿名希望）であるA氏に，2020年4月22日，同年5月20日，2021年5月26日，同年8月11日，10月6日，10月8日の6回，インタビューを実施した（各回約1時間，オンラインインタビュー）。なお，事例記述内で，データや用語の出所が示されている部分以外の記述は，原則当該インタビューの内容に依拠している。また，それらに加えて，正確な記述が必要となる数値や経営者の発言等については，同社のIR資料やニュースリリース，ならびに新聞・雑誌・ウェブ記事等のアーカイバルデータを多面的に用いた。

　また，チャンネル運営者の補完者エンゲージメント行動は次の方法でサンプリングした。2022年12月24日時点でニコニコチャンネル上に開設されていたチャンネルのうち，期間限定で開設され，その後は休眠傾向にある「映画ドラマ」，「アニメ」カテゴリを除いたチャンネル数である5518を基準

第Ⅱ部　ソーシャルメディア型プラットフォームの持続的な成長に向けた萌芽的研究

に，信頼水準 95％のサンプルサイズを計算し，361 件を算出した。次に，カテゴリごとのチャンネルの比率と同じ比率になるよう 361 件をカテゴリごとのサンプリング件数に割り振った（端数は切り上げ）。その上で，カテゴリごとにサンプリングすべき件数に応じて，1- 最大値までを生成する乱数によって示された番号のチャンネルにアクセスし，2013 年以降のコンテンツ投稿数をコンテンツ種別および年別に集計した。この方法以外にも，人気上位のチャンネルのコンテンツ投稿数の推移を集計する方法が考えられたが，ニコニコチャンネルは個別チャンネルの登録者数を公開していないため，その方法は実施不可能であった。

3．事例[1]

3.1　サービス概要と業績概況

3.1.1　ニコニコチャンネルのサービス概況

　ニコニコチャンネルは，ニコニコ動画から派生する形で 2008 年 12 月に誕生した。前述したコメント機能等の基本的な楽しみ方や技術的な仕組みはニコニコ動画とほぼ同様であるが，違いとなっているのは，動画配信者として想定されているのが企業や団体という点である。それゆえ，サービス開始当初は，チャンネルを開設し，コンテンツを配信する運営者となれるのは，原則としてドワンゴによる審査を通過した法人または行政機関のみであった。その後，2013 年 12 月からは一般ユーザーも対象となる「ユーザーチャンネル」も開始したが，現在も法人・行政機関，著名人といったチャンネル運営者を抱えており，純粋な UGC を投稿するプラットフォームであるニコニコ動画とはこの点が異なる（ニコニコ動画の概要は第 4 章参照）。

　また，配信者の属性に加えて，ニコニコ動画と大きく異なるのが課金方式である。ニコニコチャンネルは，ニコニコ動画の一般会員とプレミアム会員のような会員登録区分はなく，ユーザーが興味のあるチャンネルごとに有料会員の登録を行いコンテンツを楽しむ，いわゆるチャンネルごとのサブスク

---

[1]　本節に記述する内容は，わずかだが第 4 章（ニコニコ動画）と重複する記述がある。これは，第 9 章を単独で読んでも内容が理解しやすいよう，第 4 章と多少内容が重複した箇所もあえて記述しているためでもある。

リプション型の課金方式を採用している。また，配信コンテンツの金額を
チャンネルの運営者が自由に決定したり，柔軟に変更したりすることができ
るのも特徴的である。実際に提供されている有料チャンネルは，月額100円
程度から数千円までと幅広い。なお，ユーザーが課金した金額のうち，83%
がチャンネル運営者に分配され，残りがドワンゴの収益となる仕組みであ
る[2]。

　但し，ニコニコチャンネルにおける有料チャンネル数の割合は，2022年
時点において全チャンネル数の20%程度[3]であり，残る80%のチャンネル
運営者は，収益を得られないかわりにドワンゴへの支払いも発生していな
い。もちろん，有料化をしていないチャンネル運営者の中にも経済的動機を
持っている者もいるかもしれないが，それらのチャンネル運営者全てが経済
的動機を持っているとは考えにくい。それゆえ，ニコニコチャンネルのチャ
ンネル運営者は，必ずしも経済的動機のみに限定されず，多様な動機を持ち
得るという点において，他のソーシャルメディア型プラットフォームと同様
に解釈してよいだろう。

3.1.2　ニコニコ動画とニコニコチャンネルの業績概況

　ニコニコ動画，ニコニコチャンネルの両サービスは，ドワンゴの親会社で
ある株式会社KADOKAWAのWebサービスセグメントに位置づけられ
ているが，単独の売上高は公表されていない。そこで，売上高の代わりに，
収益の大部分を占める有料会員（プレミアム会員）数を同社のKPIとして
確認する。ニコニコ動画の収益の78%を占めるプレミアム会員数は，ピー
クの2016年以降減少の一途を辿っている（図9-1）。とりわけ，2017年から
2018年の1年間には，プレミアム会員が約36万人も退会してしまった。こ
の事実とその原因は第4章でも取り上げた通りである。一方のニコニコチャ
ンネルの有料チャンネル登録数は，2018年以降急伸しており，ニコニコ動
画の有料会員数に迫っている。

---

[2]　「Q［チャンネル概要］『ニコニコヘルプ』課金機能を使って収益を得る」（https://qa.
　nicovideo.jp/faq/show/4187?site_domain=channel）　※最終アクセス日2024年12月
　20日。
[3]　株式会社ドワンゴ「2022年3月期通期決算説明資料」（p. 34）

第Ⅱ部　ソーシャルメディア型プラットフォームの持続的な成長に向けた萌芽的研究

図 9-1　ニコニコ動画のプレミアム会員数とニコニコチャンネルの有料会員数の推移

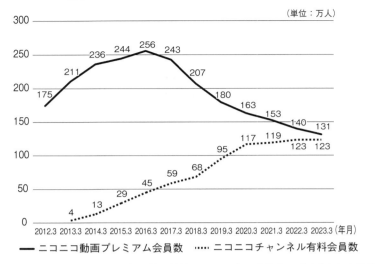

注：ニコニコチャンネルの 2016 年以前の数値は，2019 年に事後的に公表[4]された数値
出所：株式会社ドワンゴおよび株式会社 KADOKAWA の IR 資料[5]に基づき筆者作成

3.2　新機軸としてのニコニコチャンネルとその成功要因

3.2.1　チャンネル運営者の招致

　ニコニコチャンネルは，2008 年にサービスを開始していたが，当分の間ニコニコ動画の影に隠れた存在であったことは否めない。ニコニコチャンネルの有料会員数が，サービス開始後一定期間非公開にされていたことからも，ドワンゴ内で中心事業とはみなされていなかった[6]ことが伺える。

---

[4] 2016 年以前の数値は 2019 年にニコニコチャンネルの有料チャンネル登録者数が 100 万人に到達した際に事後的に公表されたものである。
[5] ニコニコ動画およびニコニコチャンネルの有料会員数は，株式会社ドワンゴ「2014 年以前の IR 資料」アーカイブ（https://dwango.co.jp/ir/6212687243509760/）および，株式会社 KADOKAWA「決算説明資料」アーカイブ（https://group.kadokawa.co.jp/ir/library/presentation.html）から各年度の決算説明資料において公表されている。
※いずれも 2023 年 8 月 5 日閲覧
[6] A 氏へのインタビュー時点においては，ニコニコ動画とニコニコチャンネルは，プラットフォーム境界資源は共有されているものの，ビジネスとしては切り離された事業部同士で運営されてきた。

第9章　プラットフォーム境界資源と補完者エンゲージメント―ニコニコチャンネルの事例―

しかし，その後，2017年3月期以降の同社のIR資料において，ニコニコチャンネルの有料会員数がニコニコ動画のプレミアム会員数と並べてKPIとして毎年公開されるようになった。この企業行動は，ニコニコ動画の凋落とは無関係に2014年頃からドワンゴ内で模索されていた，ニコニコチャンネルを成長させるアイデアが事業として結実し始めたことに基づくものである。

　　ニコニコチャンネルを成長させるアイデアとは，アーティストやクリエイターとそのファンの関係，いわばファンクラブのような世界観をニコニコチャンネルで実現することでした．その検討を行っていた2014年当時，既にYouTubeは存在していましたが，我々の考えでは，視聴者はプラットフォームのサービスの機能やその良し悪しではなく，自身がファンとなっている人物やグループの存在しか意識していません。
　　我々は，この考えに基づき，将来有力なチャンネル運営者になり得る著名人や，動画プラットフォーム上では活動していなかったアーティスト，クリエイターを新たなターゲットに定め，時には，その所属芸能事務所に直接接触して，ニコニコチャンネルに招致していきました．また，YouTubeのような動画の再生数ではなく，月額の有料会員収入をチャンネル運営者に分配する収益モデルは，チャンネル運営者を招致する際の訴求点にもなりました。（A氏）

このアイデアを実現する上で，ニコニコチャンネルがチャンネル運営者に提供したのが，ニコニコ動画と技術的資源を共有する「コメント可能な動画配信機能」に加え，ニコニコチャンネル独自の「コメント可能な生放送機能」，「ブロマガ（ブログ配信）機能」，「イベント開催支援（リアルのイベントを開催する際の申込みや決済などのインターフェースを提供する）機能」といった機能である。加えて，チャンネルを運営する上で必要となる「課金設定・決済代行」や「アクセス解析レポート」といった機能も提供した。
　それだけでなく，「運営サポート」によって，チャンネル運営者のチャンネルの開設や運営のサポートも用意した。この「運営サポート」では，チャンネル開設・運営に必要な情報をウェブサイト形式[7]で詳細かつ丁寧に説明するだけでなく，「収益化コンサルタント」という役割の担当者を配置し，

205

第Ⅱ部　ソーシャルメディア型プラットフォームの持続的な成長に向けた萌芽的研究

新規のチャンネル開設，チャンネルの会員増加を目的としたコンサルティングや，コンテンツのプロデュースなどを行っている[8]。

3.2.2　チャンネル運営者の参画とコンテンツ投稿活動

　このようなドワンゴによるチャンネル運営者招致の動きに対するアーティストやクリエイターの反応はどうだっただろうか。図9-2は，新規に開設されたチャンネルの推移，およびチャンネル運営者が上述した各機能を用いてニコニコチャンネル上に投稿したコンテンツ数の推移を集計したグラフである。新規開設チャンネル数は全数を集計したが，コンテンツ別投稿数の推移は，全数を集計するのが困難であったため，サンプリングによる集計を行った。

　新規開設のチャンネル数は，2016年から2017年にかけて減少しているが，これは先に確認したYouTubeの台頭の影響によるものであると思われる。それでもなお，それ以降2021年頃までは毎年600前後のチャンネルがコンスタントに新規開設されている点は強調されるべきであろう。

　次に，コンテンツの種類別に見たチャンネル内における投稿数の推移に注目する。ブログ投稿数は，2017年をピークに大きく減少しているが，これは先述した携帯電話の高速大容量通信化により，コンテンツ投稿の主たる表現方法が文字から動画に変化したことによるものであると思われる。他方の動画配信や生放送は，ニコニコ動画が2015年から2016年にかけてYouTubeに投稿者を大量流出させたのとは対照的に，2017年以降も大きくは減少しておらず横ばいを続けている[9]。

　これらのデータを踏まえると，YouTubeが台頭し「YouTuber」という用語が定着した以降であっても，ニコニコチャンネルには，チャンネルを新規に開設するチャンネル運営者が集まり続けており，一定数のコンテンツ投

---

[7]　ニコニコチャンネル「チャンネル開設者向け」FAQ（https://qa.nicovideo.jp/category/show/407?site_domain=channel　※2023年2月14日閲覧

[8]　収益化コンサルタントの役割の詳細について，株式会社ドワンゴからの直接的な情報公開は行われていないが，複数の大手求人サイトにおいて，同社が収益化コンサルタントを募集していることが確認できている（最終確認日2023年8月5日）。

[9]　但し，イベント開催数は，他のコンテンツの性質と比較しても明らかに，一貫してごくわずかな数に留まっていたため，グラフの視認性の観点から図9-2への記載を除外した。

206

第9章　プラットフォーム境界資源と補完者エンゲージメント―ニコニコチャンネルの事例―

図 9-2　新規開設チャンネル数（全数）とコンテンツ別投稿数（サンプリング）の推移

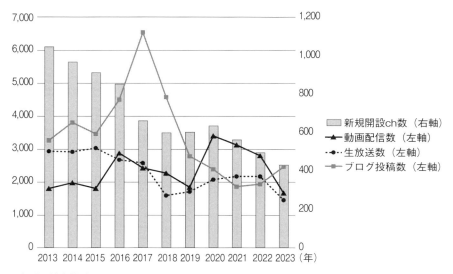

出所：筆者作成

稿が続いていると解釈することができる。そしてその結果として，図9-1に示したように累計の有料会員数が上昇を続けているのだと考えられる。

チャンネル運営者の中には，ドワンゴが招致したアーティストやクリエイターが含まれているが，それは必ずしも多数のファンを抱えている著名人だけというわけではない。これは，ニコニコサービスが，ドワンゴの中で「大きなマスではなくニッチの集合体であるサービスを目指す（A氏）」という志向を持っていることにも関係している。CEOの夏野剛氏は，ニコニコチャンネルを，「月額のサブスクリプションの仕組みなので，ファンの数がものすごく多くなくても，サポートしてくれるファンが一定数いれば，十分にやっていける[10]」仕組みを持ったプラットフォームであると捉えている。

結果として，ニコニコチャンネルの有料会員数が100万人を突破した2019年5月時点で開設されていた8563チャンネルのうち，有料チャンネルは1470チャンネルに達し，年間ユーザー課金額も2019年3月期はニコニコチャンネルのみで総額55億円を超えた[11]。これは，ニコニコ動画のプレミ

---
[10]『日経 MJ』2020年7月27日号．p. 3

アム会員収入の減少をカバーする規模に迫るものである。ドワンゴが，ニコニコチャンネルを国内最大級のサブスクリプション型「ファンコミュニティプラットフォーム」と捉えているのは，コメント機能という，視聴者（ファン）同士の交流を可能にし，かつ，YouTube が模倣することが困難な武器を活かすことができる（A 氏）からである。夏野氏も，ニコニコチャンネルが，経済合理性を持った YouTube とは異なり，クリエイターのための「文化的でやわらかい味わいのあるプラットフォーム」へと修正できてきており，ニコニコチャンネルを事業の中心にすべく経営資源の再配置を社内で図っているとしている[12]。

4. 議論とインプリケーション

4.1　発見事実の整理と考察

　ニコニコチャンネル事例における補完者エンゲージメント行動は，①チャンネルの新規開設，および②自らのチャンネルへのコンテンツの投稿の 2 つに大別されるため，ニコニコチャンネルが提供したプラットフォーム境界資源とそれぞれの補完者エンゲージメント行動との関係を考察する。

　まずは，ニコニコチャンネルが提供したプラットフォーム境界資源とチャンネルの新規開設との関係である。ドワンゴは，既に一定数のファンを抱えるアーティストやクリエイターをターゲットに定め，ファンとの交流を可能にするニコニコチャンネルのプラットフォーム境界資源をそれら補完者への訴求点とした。具体的には，ニコニコ動画で培ってきた「動画配信」だけでなく，「生放送」，「ブログ配信」，「イベント開催支援」といった様々なメディアを通じた補完者エンゲージメント行動を引き出すことを可能にするプラットフォーム境界資源の一体的な提供である。また，動画によって収益を上げるという社会的な価値観の変化を踏まえ，チャンネル運営者が自由に月額料金を設定できる「課金設定・決済代行機能」のプラットフォーム境界資源が，競合プラットフォームである YouTube とは異なる収益化機能であ

---

[11] 株式会社ドワンゴプレスリリース「「ニコニコチャンネル」月額会員数 100 万人に到達」（2019 年 5 月 28 日）
[12] 『日経産業新聞』2019 年 5 月 31 日付，p. 3

第9章　プラットフォーム境界資源と補完者エンゲージメント─ニコニコチャンネルの事例─

る点も積極的に訴求した。加えて，従来動画配信を行ってこなかった，新興のチャンネル運営者を「運営サポート」というプラットフォーム境界資源で支援した。

　ニコニコチャンネルによるこれらの取り組みは，ソーシャルメディア型プラットフォームが多様な動機を持った補完者が集まる性質のプラットフォームだということを認識した上で，ファンとの交流という特徴を前面に出しつつも，動画によって収益を上げるという補完者の経済的動機をも満たせるような訴求点であり，ニコニコ動画の事業衰退時には見られなかった働きかけである。こうした取り組みにより，累計有料会員数は毎年安定的に増加を続けている（前掲図9-1）。これはニコニコ動画が描いたKPIの軌跡とは対照的な結果であるが，ニコニコ動画で用いてきた「動画配信」や「生放送」といったプラットフォーム境界資源の活用やニコニコ動画とは異なる「課金設定・決済代行機能」のプラットフォーム境界資源の設定という点で，プラットフォーム企業であるドワンゴが既存プラットフォームビジネスの事業経験を活かしつつも，新規プラットフォームとしての補完者マネジメントを工夫した結果と言えるだろう。

　次に，チャンネル運営者によるコンテンツ投稿という補完者エンゲージメント行動とプラットフォーム境界資源との関係である。ニコニコチャンネルが掲げる「ファンコミュニティプラットフォーム」という特徴と，ニコニコチャンネルのプラットフォーム境界資源に魅力をおぼえプラットフォームに参画したチャンネル運営者は，積極的なコンテンツ投稿によって視聴者（ファン）との交流を増やすとともに，収益獲得を目指すというインセンティブが働く。その際，動画や生放送，ブログなど，コンテンツを投稿するメディアについては，チャンネル運営者とファンの関係性やチャンネル運営者のキャラクターやコンテンツのジャンルによっても異なる。それを背景として，様々なメディアによるコンテンツ投稿を可能にするプラットフォーム境界資源をニコニコチャンネルが提供した点は，多様なファンが集う場所を標榜するプラットフォームとして理にかなった対応である。

　また，「アクセス解析レポート」，「課金設定・決済代行」といった補完者エンゲージメント行動を間接的に支援するプラットフォーム境界資源が提供されることにより，チャンネル運営者は，チャンネルへのアクセス解析レポートを参照しながら，評判・反応の良かったコンテンツへのアクセス傾向

第Ⅱ部　ソーシャルメディア型プラットフォームの持続的な成長に向けた萌芽的研究

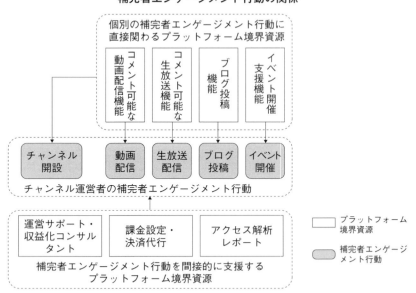

図9-3　ニコニコチャンネルのプラットフォーム境界資源と
補完者エンゲージメント行動の関係

出所：筆者作成

を分析することが可能となった。それは，十分なチャンネル登録者数が集まるまでは月額料金を低めに抑えるといった，ニコニコチャンネルの特徴である柔軟な課金設定をチャンネル運営者が可能にすることにも寄与していると考えられる。

このように，ニコニコチャンネルが提供したプラットフォーム境界資源が，チャンネル運営者（補完者）にもたらした直接的・間接的な影響をまとめたのが図9-3である。以上の発見事実から，ニコニコ動画のネットワーク効果のみに依存できない局面における，ドワンゴのニコニコチャンネルの事業展開における工夫の要諦は次の通りである。

すなわち，①「ファンコミュニティプラットフォーム」という競合とは異なる明確な特徴を掲げ，②ターゲット補完者（チャンネル運営者）を明確にし，③視聴者（ファン）との交流およびそれを通じた収益獲得という補完者の非経済的および経済的動機を実現させる上で必要となるプラットフォーム境界資源を，自社の既存プラットフォームビジネスで培った技術的資源など

第9章　プラットフォーム境界資源と補完者エンゲージメント—ニコニコチャンネルの事例—

を流用しつつも，それらを新規に設計し，一体的に提供した点にあると言えるだろう。こうして新規の補完者を獲得したことにより，その補完者のファンである新規の視聴者が集まり，補完者と視聴者との間での間接ネットワーク効果が働き，図9-1のような成長を遂げてきたのである。

4.2　インプリケーション

　本章の目的は，ネットワーク効果のみに依存できない局面において，ソーシャルメディア型プラットフォームビジネスのプラットフォーム企業がいかにして補完者を自らのプラットフォームに参画させるかについて，主として補完者エンゲージメント行動とプラットフォーム境界資源の関係性の観点から検討することであった。プラットフォームビジネスの競争力は，ネットワーク効果による部分が大きいと理解されがちであるが，利用者のニーズが同質的ではない製品・サービス領域においては，利用者数の増加と利用者が知覚する価値は単調関係にはならない（Rietveld & Eggers, 2018）。とりわけ，エンターテインメント的な性質を有するソーシャルメディア型プラットフォーム（あるいはビデオゲームなどのプラットフォーム）の場合，当該プラットフォーム上に多様なニーズが存在しやすい傾向にある（Rietveld & Eggers, 2018; Cennamo & Santalo, 2013）。これらの先行研究の指摘を踏まえた本章の理論的含意を明らかにしたい。

　理論的含意の第1は，自社プラットフォームビジネスの特徴と提供するプラットフォーム境界資源，そしてターゲットとなる補完者についての関係性を通じた差別化の可能性である。前節までの検討に基づけば，プラットフォーム企業は，競合プラットフォームとは異なる明確なプラットフォームビジネスの特徴を設計し，それを実現し得る補完者をターゲットとして定めることが重要であることが指摘できる。その際，プラットフォーム境界資源をターゲットとなる補完者に合わせて提供することで，補完者からの補完者エンゲージメント行動を引き出すことが可能となることが示唆される。加えて，補完者のインセンティブを考慮し，競合プラットフォームとは異なる収益モデルを設計することも肝要となる。それは結果として，競合プラットフォームとは異なる特徴を持ったプラットフォームビジネスとしての差別化に繋がることが示唆されるのである（Cennamo, 2021）。

　理論的含意の第2は，プラットフォーム境界資源の適用範囲に関してであ

る。本章1.2項でも述べた通り，プラットフォーム境界資源は主に情報システム（IS）分野のプラットフォームを研究対象として発展してきた概念である。それゆえに，ソフトウェアに関わる技術的資源に議論が集中する傾向にあった。そこでは，補完者が経済的動機に基づいて行動することが前提とされており，いかにしてプラットフォーム企業が補完者に対するガバナンスを維持しつつ，補完者のコスト負担を低下させるかといった点が主要な論点であった（Tiwana, 2015; Engert et al., 2022）。他方のソーシャルメディア型プラットフォームの場合，1.2項で述べた通り，補完者の動機は経済的な動機のみならず，非経済的な動機もコンテンツ投稿の動機となり得る。本章で取り上げたニコニコチャンネルが活用したプラットフォーム境界資源のように，補完者（チャンネル運営者）と視聴者（ファン）が交流可能なコンテンツ投稿を促進するプラットフォーム境界資源の提供は，補完者がコンテンツを投稿する際の非経済的インセンティブを引き出す効果をもたらした。無論，ニコニコチャンネルがニコニコ動画とは異なる収益分配方法を新たに設計したように，補完者の経済的動機への対応も必要である．このように，IS研究の分野で発展してきたプラットフォーム境界資源の概念をソーシャルメディア型プラットフォームに適用したことで，プラットフォーム境界資源と補完者エンゲージメント行動の関係をより幅広く捉え直すことができる可能性が示唆された。

　本章の議論はまた，以下の実践的含意も持つ。すなわち，プラットフォームビジネスにおけるプラットフォーム境界資源を活用した多角化の必要性である。単一のプラットフォームビジネスにおいて近視眼的に規模の拡大のみを追求することは，需要の不均質性や（Cennamo, 2021），補完者の動機の多様性の面からも（Boudreau & Jeppesen, 2015），リスクを含むものとなる。既存プラットフォームのプラットフォーム境界資源を活用しつつも，補完者のニーズに併せて新規にプラットフォーム境界資源を設計することを通じた，プラットフォーム企業による事業の多角化は，リスクの分散，範囲の経済性の追求といった観点からも，ネットワーク効果が限定的な局面におけるプラットフォーム企業が取り得る方策として考慮にいれるべきであろう。

　但し，プラットフォームの多角化を担う組織設計についても，あわせて考慮にいれる必要がある。例えば，事例で取り上げたドワンゴは，ニコニコ動画失速の後に事業転換としてニコニコチャンネルを展開したわけではなく，

第9章　プラットフォーム境界資源と補完者エンゲージメント―ニコニコチャンネルの事例―

それ以前から事業の多角化の一環として，ニコニコチャンネルの事業展開を推し進めていた。事実，第3節でも言及した通り，ニコニコチャンネルは，ニコニコ動画のプラットフォーム境界資源を活用してはいるものの，組織としては両者は切り離され，異なる事業部としてそれぞれのプラットフォームビジネスを運営してきた。成功した組織には，成功の過程で培った価値観や資源，能力による慣性が働くことは第4章や第5章で指摘してきた通りである。Christensen（1997）も，技術変化などの環境変化に伴う慣性の影響を最小限にするためには，既存事業と新規事業を切り離すことの有効性を主張している。ニコニコ動画とニコニコチャンネルが異なる事業部として切り離されていたことで，ニコニコチャンネルは，第4章で指摘したニコニコ動画における認知的慣性の影響を受けなかったことが示唆される。これらの議論に基づけば，プラットフォーム資源を活用した多角化を行う際には，組織設計もあわせて考慮にいれる必要があることが示唆される。

4.3　分析の限界について

　最後に，本章の限界を整理しておく。本章で行った考察，すなわちニコニコチャンネルが提供したプラットフォーム境界資源によって，チャンネル運営者による補完者エンゲージメント行動を引き出すことができたというのは，あくまでも状況証拠的なものであり，直接的な因果関係を完全に証明することは困難である。それゆえ，現段階では，プラットフォーム境界資源と補完者エンゲージメント行動との関係の確からしさが仮説的に示されたに過ぎない。本章の結論とインプリケーションの適用範囲を検討するには，一層の研究の蓄積が必要である。

　加えて，ニコニコチャンネルの事例は，ドワンゴがニコニコ動画で培った老舗プラットフォームとしての知名度やブランド力などを保有していたからこそ取り得る打ち手を分析している部分がある。それらが相対的に乏しいプラットフォームの戦略を議論するには，さらなる理論的，実証的検討が必要になる。

5.　小括

　本章では，「ネットワーク効果のみに依存できない局面において，ソー

シャルメディア型プラットフォームビジネスのプラットフォーム企業は，どのようにしてプラットフォーム境界資源を活用しながら補完者エンゲージメント行動をマネジメントしているか」という SRQ1 に対して，ニコニコ動画とニコニコチャンネルの事例を取り上げて事例分析を行った。

　第4章でも確認した通り，ニコニコ動画は YouTube の台頭などにより，従来の強みであったユーザー投稿型の動画配信プラットフォームとしての競争力を失いつつあった。他方で，ドワンゴは，ニコニコ動画で培ったプラットフォーム境界資源を活用することで，ニコニコチャンネル上で新たな補完者エンゲージメントを獲得することに成功した。具体的には，「ファンコミュニティプラットフォーム」という明確な特徴を打ち出し，チャンネル運営者（補完者）と視聴者（ファン）との交流と収益獲得という動機を実現するという競合との差別化を行った。これにより，チャンネル運営者は積極的にコンテンツを投稿し，視聴者との繋がりを深め，収益化も実現できるようになったのである。

　この事例は，プラットフォーム企業が既存のプラットフォームビジネスの事業経験を活かしつつも，新たなプラットフォームにおける補完者マネジメントを工夫することの重要性を示唆している。また，プラットフォーム境界資源の活用が，補完者エンゲージメントの獲得とプラットフォームビジネスの多角化に有効な手段となり得ることを示していると言えるだろう。

第 10 章

水平的補完性を活用したプラットフォームの多角化― pixiv の事例―

　本章では，第 8 章にて導き出されたリサーチクエスチョン（RQ2）に対して，水平的補完性（horizontal complementarity）を利用した多角化がプラットフォームの成長に寄与する側面を論じる。

　水平的補完性とは，同じプラットフォーム上で提供される複数の補完品が，組み合わさって利用されることで，個々の価値を超える相乗効果や新たな価値を生み出す関係性を表す概念である。ソーシャルメディア型プラットフォームにおける水平的補完性の例を挙げると，例えば，ある利用者が特定のテーマに興味を示した場合，そのテーマに関連する他の利用者の投稿やグループ，ページなどがリコメンドされる機能がある。この場合，これらのコンテンツ同士には水平的補完性が働いていると解釈することができる。このように，プラットフォーム上で提供される複数の補完品が互いに補完し合うことで，プラットフォームの利用者にとっての利便性が高まりプラットフォーム全体の価値が高まるのである。

　本章では，この水平的補完性の概念を用いて，クリエイティブ分野におけるソーシャルメディア型プラットフォームである pixiv（ピクシブ）の事例分析を行なう。pixiv は，事業開始当初はイラストの投稿に特化したプラットフォームであったが，その後漫画や小説分野のコンテンツカテゴリーを追加し，プラットフォームの多角化を行った。複数のカテゴリーの間でどのように水平的補完性が働いているのか，それは利用者の利用者の増加にどのように寄与しているのかを確認するのが本章の目的である。

　以降では，まず第 1 節にて水平的補完性の概念を確認した後，水平的補完性を用いた多角化をについて検討した上で，具体的な事例分析を行う。

第Ⅱ部　ソーシャルメディア型プラットフォームの持続的な成長に向けた萌芽的研究

1. 事例分析の視点

1.1　議論の前提としての水平的補完性

　本章の冒頭で述べた通り，近年，プラットフォームビジネスにおける水平的補完性（Thomas et al., 2024）の概念が注目されている。プラットフォームビジネスは補完者の存在を前提としているため，プラットフォーム企業の多角化の議論においても，プラットフォーム企業と補完者との関係性に焦点が焦点が当てられてきた（e.g., Gawer & Henderson, 2007）。ここでいうプラットフォーム企業と補完者との関係というのは，従来のプラットフォーム研究で指摘されてきた補完性を表す「垂直的補完性（vertical complementarities）」である。垂直的補完性とは，プラットフォームとその補完品（例：iOS とアプリ）の間の相互依存性のことであり，補完品がプラットフォームの機能を拡張し，プラットフォーム全体の価値を高める関係を指している。

　一方，水平的補完性は，プラットフォーム上に存在する複数の補完品が相互に補完し合い，個々の価値を超える相乗効果や新たな価値を生み出す関係性を指す。一例を挙げると，iOS 上で作動するカレンダーアプリとメールアプリが連携することで，ユーザーがスケジュール管理をより効果的に行えるといったことが該当する。この例示からも分かるように，エンドユーザーから見たプラットフォームの価値は，この補完品同士の水平的補完性の有無によって左右される（Thomas et al., 2024）。

　水平的補完性という用語を提唱し，具体的に論じたのは恐らくは Thomas et al.（2024）の研究が最初であろう。但し，補完品同士の相互補完性に言及している研究はこれまでにも行われてきた。例えば，Agarwal & Kapoor（2023）は，プラットフォーム上の補完品（あるいは補完的な技術）との相互補完性がユーザーにとっての価値を高める可能性を述べている。そして Borner et al.（2023）は，ユーザー自身が製品同士の相互補完的な組み合わせを特定して利用するプロセスに焦点を当てている。これらは，水平的補完性という文言が明示的にこそ用いられていないが，水平的補完性と同様の現象に着目している研究であると言えるだろう。

第 10 章　水平的補完性を活用したプラットフォームの多角化― pixiv の事例―

　また，プラットフォーム研究における勝者総取りの論理（WTA logic）に異議を唱える Cennamo & Santalo（2013）や Boudreau（2012）の研究も逆説的に水平的補完性の存在を示唆しているという見方ができるかもしれない。なぜならば，彼らの研究では，補完者同士の関係が代替的であるプラットフォームにおいては，補完者の増加がプラットフォームの価値を毀損するという側面に着目し警鐘を鳴らしているからである。つまり，彼らの主張を変換してみると，補完者の増加がプラットフォームの価値を毀損しないのは，補完者同士の関係性に相互補完性が形成されている（補完者同士が代替的でない）からであると解釈することができる[1]。

　では，プラットフォームは，プラットフォーム上での水平的補完性をどのように実現すればいいのだろうか。Thomas et al.（2024）は，水平的補完性の技術的な 4 つの促進要因を指摘している。すなわち，（1）プラットフォームが提供する API や機能を通じたプラットフォームデザイン，（2）HTML や RSS のようなオープン標準の活用，（3）補完者による異なる補完品同士の統合，（4）プラットフォーム企業や有力な補完者による複数の補完品の統合，の 4 つである。このうち，プラットフォームが直接コントロールできるのは（1）と（4）のみである。さらに，本書の関心事項に照らし合わせると，（1）をソーシャルメディア型プラットフォームの特徴に照らし合わせて詳細に検討する必要がある。

1.2　水平的補完性と多角化

　ここで，上述した水平的補完性と第Ⅱ部のテーマである多角化との関係性を整理しておく。第 8 章でも述べた通り，プラットフォーム研究において多角化を論じている先行研究は，補完品市場への参入を通じた多角化を分析対象としてる研究が多い（Cenamor et al., 2013; Eisenmann et al., 2011; Li & Agarwal, 2017; Rietveld & Schilling, 2020）。しかし，プラットフォーム企業による補完品市場への参入は，補完者と競合になることを意味するため，補完者エンゲージメントの引き出しという観点では，筋の良い戦略とは言えない。プラットフォーム企業にとって筋の良い多角化戦略としては，既

---

[1]　補完者同士が代替的であるプラットフォームを p，補完者の増加がプラットフォームの価値を毀損するを q とした時に，命題 p ⇒ q の対偶は，q̄ ⇒ p̄ であるから，命題に対して真となる。

存のプラットフォームビジネスとのシナジー効果を創出したり，既存のプラットフォーム資源をうまく活用しながら新たな市場に進出することは，プラットフォーム企業の長期的な成長と競争優位性の維持にとって有効な戦略だと言えるだろう（Guyader & Piscicelli, 2019; Tiwana et al., 2010; Zhao et al., 2020）。

　もし，プラットフォーム企業による多角化において，既存のプラットフォームビジネスと新規のプラットフォームビジネス（多角化事業）の補完品同士の間に水平的補完性を働かせることができれば，それは既存のプラットフォーム資源をうまく活用した新たな市場への進出（参入）の戦略であると評価できるかもしれない。その際，プラットフォーム企業は，既存のプラットフォームビジネスと新規のプラットフォームビジネスとの間の水平的補完性を設計することが求められる。しかしながら，水平的補完性は，まだ注目されてから日が浅く，研究蓄積が不十分であるばかりか，研究対象は情報システム分野が主であるため，ソーシャルメディア型プラットフォームの検討は十分とは言えない。

　少なくとも，ソーシャルメディア型プラットフォームにおいては，水平的補完性の設計が，いかに閲覧者や補完者からの利用を引き出しプラットフォームとしての成長に寄与するか（あるいはしないのかも含め）を具体的に検討する必要がある。また，本書で何度も述べてきているように，ソーシャルメディア型プラットフォームにおいてサービスの中核となるのは，利用者から投稿されるコンテンツそのものであるため，補完者エンゲージメント行動のマネジメントは決定的に重要である。それゆえ，ソーシャルメディア型プラットフォームによる水平的補完性の設計が，どのようにして補完者エンゲージメント行動の引き出しに貢献するのかも検討する必要がある。

　そこで本章では，以下を本書第Ⅱ部におけるリサーチクエスチョン（RQ2）に対する2つのサブリサーチクエスチョン（SRQ）として設定する。

　SRQ2-1：成熟段階にあるソーシャルメディア型プラットフォームが多角化を行う際に，どのような水平的補完性の設計が投稿者や閲覧者の利用促進に効果的だろうか。

第 10 章 水平的補完性を活用したプラットフォームの多角化— pixiv の事例—

図 10-1　ソーシャルメディア型プラットフォームの各アクターと水平的補完性の関係図の一例

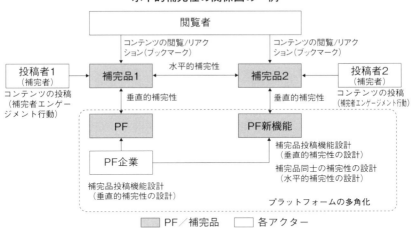

出所：筆者作成

SRQ2-2：成熟段階にあるソーシャルメディア型プラットフォームにおける水平的補完性が補完者エンゲージメント行動の引き出しに寄与するメカニズムはどのようなものか。

　本章では，上記2つのSRQに取り組むため，閲覧者のコンテンツ投稿に対するリアクション行動から補完品間に水平的補完性が機能しているかどうかを確認する。先のカレンダーアプリとメールアプリの同時提供で利用者にとっての利便性が高まるという例から分かる通り，水平的補完性は補完者側ではなく，閲覧者の利便性に寄与するものだからである。また，同時に，プラットフォームに対する補完者の補完者エンゲージメント行動，つまりコンテンツ投稿によって水平的補完性の機能の状況を確認する。
　そのため，本章においては，プラットフォームに参加する利用者全体を「利用者」，投稿されたコンテンツにリアクションしたり，それを閲覧したりする際には「閲覧者」，コンテンツを投稿する際には「投稿者（または補完者）」，と分けて表現する。以上の関係性を整理したのが図 10-1 である。

2. 研究の方法

　本章の分析対象には，日本のクリエイティブ分野におけるソーシャルメディア型プラットフォームである pixiv（ピクシブ）を取り上げる。事例分析においては，pixiv のユーザーのうち，閲覧者の反応は，pixiv に投稿されたコンテンツへのリアクションであるコンテンツへのブックマーク（BM）数から判断する。また，コンテンツの投稿者（補完者）の補完者エンゲージメント行動は，pixiv へのコンテンツの投稿数から捕捉する。さらに，pixiv の成長を判断する KPI（主要業績評価指標）として，同社が公開する登録ユーザー数と，市場調査会社（フラー株式会社）が推計する利用者数の推移のデータを参照した。なお，事例分析の期間としては，pixiv が公開された 2007 年 9 月から，上記の市場調査会社のデータが入手できた 2023 年 11 月までとする。

　事例研究の主たるデータソースとしては，pixiv を運営するピクシブ株式会社による公開資料と同サービスに関連したウェブ・雑誌記事，書籍（ピクシブ通信編集部, 2011），あるいは市場調査会社による調査結果等の二次情報を用いた。加えて，詳細は後述するが，pixiv のサービス上で入手可能な，ユーザーの行動関連データを用いた分析も行うことで，分析内容の信頼性，妥当性を確保することに注意して事例記述を行っている。

　また，pixiv の閲覧者と投稿者の行動は以下の通り集計した。まず，2023 年 1 月 1 日時点の pixiv でのイラスト，マンガ，小説の 3 つのカテゴリーにおけるマンスリーランキングの上位作品のうち，イラストはランキング 228 位中（2024 年 8 月 24 日確認）の 1-40 位，101-140 位，201-220 位の計 100 作品の投稿者を，マンガと小説はランキングとして公開されている最大値である上位 100 作品の投稿者を抽出した。その際，ランキング上に同一投稿者による作品が複数あった場合は，投稿者単位で人数をカウントし，まず，3 分野計 261 人の投稿者の行動を集計した。そして，その 261 人を，イラスト 228：マンガ 100：小説 100 の割合で分割し，イラスト 89 人，マンガ 37 人，小説 39 人の投稿者を抽出した。その上で，左記の各投稿者の個人ページを確認し，3 つのカテゴリーにそれぞれいくつの作品を投稿しているかを確認し，割合として算出した。これら上位投稿者を選択した理由は，1 ヶ月間継

第 10 章　水平的補完性を活用したプラットフォームの多角化— pixiv の事例—

続して人気があるため，pixiv における有力補完者とみなすことができるからである。また，マンスリーランキングはランキング時点での順位のため，必ずしもランキング上位の作品が，下位の作品よりも BM 数が多いとは限らない。そのため，イラストに関しては，上記の通り 228 位までのランキングを，3 つの閾値に分割し，可能な限りランダムに投稿者を抽出するようにした。

　閲覧者の行動に関しては，上記の各分野の上位 5 名の投稿者のマンスリーランキングに入っていた作品に BM をつけていた閲覧者をサンプル算出した。まず，各作品における BM 数を基準に，信頼水準 95％のサンプルサイズを計算し，それぞれのユーザー数を算出した。その上で，カテゴリーごとにサンプリングすべき件数に応じて，1– 最大値までを生成する乱数によって示された番号の BM のページにいる閲覧者の個人ページにアクセスし，当該閲覧者が各分野にどれだけ BM を付けているかを確認し，割合として算出した。

　なお，pixiv の仕様上，イラストとマンガへの BM は分けては集計されておらず，「イラスト・マンガ」というカテゴリーで BM 数が表示されるため，イラスト・マンガへの BM は，イラストの閲覧者のデータから取得している。

3.　事例

3.1　pixiv の概要

　pixiv は，イラストやマンガ，小説，短編アニメーションといった分野のクリエイティブコンテンツをユーザー間で投稿・共有できるソーシャルメディアである。pixiv の基本構造は，主に，イラストやマンガ，小説といったコンテンツを創作して投稿するユーザー（投稿者），投稿された作品を閲覧するユーザー（閲覧者）から成り立っている。コンテンツ投稿機能のみならず，コメントや「いいね！」，あるいはブックマークのようなリアクションを取ることで，ユーザー同士で交流することが可能となっている。その他，広告主やイラストコンテストや同人誌の販売会などのイベントを開催する関連業者などもプラットフォームに参加している。同社の収益モデルの詳

細は明らかにされていないが，広告収入が主たる収益源であり，他にも，創作物の売買に関わる手数料収入，有料会員収入（pixiv プレミアム）などがあると考えられる[2]。

pixiv はサービス開始以降，順調な成長を続けている。2020 年 4 月に pixiv の登録ユーザー数が 5000 万人を超えた後に[3]，2024 年 1 月には総登録ユーザー数が 1 億人以上を突破したのみならず[4]，アクティブユーザーの 40％以上が日本国外からとなっており，海外からの支持も集めている[5]。また，2024 年 2 月時点でイラストの総投稿数が約 1 億 2000 万作品，漫画が約 770 万作品，小説が約 1900 万件にも達しており，その後も，1 日あたりの新規登録者数が 3 万 4000 人，コンテンツ投稿数が 2 万 5000 作品のペースでサービスの利用拡大が続いている[6]。

3.2 投稿対象コンテンツの拡大

3.2.1 イラスト特化型プラットフォームとしてのスタート

上述の通り，pixiv は当初イラストの投稿に特化したプラットフォームであった。pixiv 以前にもイラストに関連したウェブサイトは存在していたが，それらと pixiv の違いは，ユーザーが関心を持つキーワードを元にイラストを探せるという点，そして，「アップロードされたイラストに対してイラストで反応を返す」[7]という設計思想を有していた点にあった。これらの違いにより，pixiv にはイラストの積極的な投稿が進み，さらにはユーザーの参加も進んでいった。

pixiv では，ユーザーの増加に伴い，タグ機能や検索機能の強化を行い，イラストの発見や共有を容易にする工夫が行われている。また，2020 年に

---

[2] 「リリースから 10 年の pixiv から学ぶ，マネタイズにおける 2 つのポイント」『ferret Media』（https://ferret-plus.com/8343?page=2）※最終アクセス日 2024 年 8 月 16 日

[3] pixiv "The number of registered users on pixiv has surpassed 50 million!"（https://www.pixiv.net/info.php?id=5745&lang=en, accessed 2024-8-16）※最終アクセス日 2024 年 8 月 16 日

[4] pixiv「pixiv の総登録ユーザー数が 1 億を突破！」（https://www.pixiv.net/info.php?id=10482）※最終アクセス日 2024 年 8 月 16 日

[5] 本章の脚注 1）に同じ

[6] 本章の脚注 1）に同じ

[7] 「日本発の最注目サイト「pixiv」のヒミツ（前編）」『ASCII.jp ×ビジネス』（https://ascii.jp/elem/000/000/198/198705/）※最終アクセス日 2024 年 8 月 16 日

第 10 章　水平的補完性を活用したプラットフォームの多角化— pixiv の事例—

は投稿者がファンのユーザーから有償で作品創作のリクエストを受けること
ができる「リクエスト機能」を実装し[8]，コンテンツの投稿と閲覧を促す仕
組みづくりを続けている。

　とりわけ pixiv の特徴となっているのが，タグ機能である。タグとは，イ
ラストの内容に関わる，あるいはイラストを検索しやすくするキーワードの
ようなものであり，pixiv では 1 つのイラストに 10 個のタグを付すことが
できる（ピクシブ通信編集部, 2011）。このタグの種類には，例えば「ファ
ンタジー」といったジャンルを示すキーワードもあれば，「○○していいの
よ」といったユーザーの行動を促す特徴的なものある。後者の例を挙げる
と，「塗ってもいいのよ」というタグがついたイラストは，それを検索した
ユーザーによってイラストに着色され，さらに「塗ってみた」というタグが
付けられる[9]。こうすることで，ユーザー間の交流がなされるのみならず，
新たなコンテンツがサイトに投稿されるという好循環を生んでいる。

3.2.2　マンガ投稿機能の追加

　pixiv は，イラストに特化したソーシャルメディア型プラットフォームで
あったこともあり，サービス開始後には「1 つの作品につき，イラスト 1
枚」[10]という原則があった。その原則が破られたのが，2009 年 9 月のマンガ
投稿機能の実装による，サービスの拡張である（サービス名は「pixiv マン
ガ」）。従来，pixiv においてマンガのような表現を行おうとする場合には，
イラストをページごとに連続投稿するか，1 枚のイラストの中で縦に長くマ
ンガを描くという方法（スクロールマンガ）しかなかったが，この方法は投
稿者にとっても不便であるし，閲覧者にとっても一覧性の面で難があった[11]。
　そこで pixiv は，マンガ投稿機能（マンガビューア機能）を提供すること

---

[8] 「みんなで「相乗り」できる！ pixiv 新機能「リクエスト機能」がリリース開始」『PR
　TIMES』（https://prtimes.jp/main/html/rd/p/000000107.000035885.html）※最終アク
　セス日 2024 年 8 月 16 日
[9] 「コンテンツが自己増殖する CGM」『日経コミュニケーションズ』2008 年 12 月 15 日
　号。
[10] 「創作活動のプラットフォーマーとして，ピクシブが思い描く未来」『logmi Business』
　（https://logmi.jp/tech/articles/329587）※最終アクセス日 2024 年 8 月 16 日
[11] pixiv「ピクシブ百科事典（「マンガビューア」を検索）」（https://dic.pixiv.net/）
　※最終アクセス日 2024 年 8 月 16 日

223

第Ⅱ部　ソーシャルメディア型プラットフォームの持続的な成長に向けた萌芽的研究

で，投稿者がマンガをページごとにアップロードでき，また，閲覧者がそのページをクリックするだけで次のページをめくることができる機能を実装した[12]。この機能により，投稿者は連載マンガやストーリー性を有したイラストなど，イラスト投稿機能だけでは表現することが難しかった作品を投稿できるようになった。また，マンガ投稿機能には当初，コンテンツに対してリアクションを送ることができる「拍手」ボタンが付いていた（現在は，「いいね！」ボタンにコンテンツ間で統一）。これにより，閲覧者と投稿者の間のコミュニケーションが促進され，コンテンツが投稿されるという流れが生まれた。

　pixiv マンガからはその後，例えば，『ヲタクに恋は難しい』や『映画大好きポンポさん』のような民放や映画でアニメ化がなされるようなヒット作品も生まれた。一方で，先述の通り，pixiv におけるイラストの総投稿数が約 1 億 2000 万作品なのに比して，マンガは約 770 万作品にとどまっている。この背景として，イラストとマンガの作品数の数え方の違いや，pixiv マンガで人気を博した投稿者が商業デビューすることなどがあると考えられる[13]。また，pixiv では，2014 年 9 月に「複数枚投稿機能」を実装することで，複数枚のイラストを投稿できるようになった[14]。それ以前には，複数枚のイラストを投稿するにはマンガ投稿機能を用いるしかなく，イラストとしてのカテゴリー分けを投稿者が望んだとしても，マンガへとカテゴリー分けがなされていた。しかし，複数枚投稿機能により，上記のような問題が解決されたことも，作品数の違いの一背景になっていると考えられる。

3.2.3　小説投稿機能の追加

　イラストとマンガに続いて pixiv で投稿可能になったのが小説である。2010 年 7 月に pixiv に実装された小説投稿機能は，それまでの pixiv には無かった，テキストによる小説作品の投稿を可能とするものである（サービス名は「pixiv 小説」）。投稿される小説の文字数は，10 字以上 30 万字以内（サービス開始当初は 3 万字以内）で記すことができ，表紙も 12 種類のデ

---

[12] pixiv「マンガ投稿・マンガビューア機能を実装」(https://www.pixiv.net/info.php?id=203)　※最終アクセス日 2024 年 8 月 16 日
[13] 本章の脚注 1）に同じ
[14] 本章の脚注 11）に同じ（「複数枚投稿機能」を検索）

フォルト画像やクリエイターが希望する画像をアップロードして設定することができる[15]。また，小説投稿機能独自のものとして，特殊タグ機能を用いて，従来の pixiv に投稿されたイラストやマンガを，小説の挿絵として挿入したり，任意の URL へとジャンプしたりすることもできる。

上述の通り，元来 pixiv はイラストとマンガに特化した SNS であったが，小説投稿機能が実装されるより前から，画像に文章を書き込んだ作品や，マンガ投稿機能を活かした小説の投稿が確認されていた[16]。その動きを受け追加された小説投稿機能であったが，小説カテゴリー自体はイラストや漫画に比べ，長きに渡りピクシブ社内での存在感は決して強くはなかった。それに変化が起きる契機となったのが，2017 年の社内における小説専任チームの創設である[17]。専任チームができたことで，レコメンデーション機能や検索機能の改善がなされたり，各種小説コンテストを創設したりすることで[18]，小説の投稿数がそれまでの 2 倍以上になり，ユーザーの閲覧も増加した。その後，先述の通り，pixiv 小説は約 1900 万件の作品を抱えるまでになり，pixiv の一角を占めるようになった。

pixiv に小説カテゴリーが根づいたことは，他のカテゴリーとの間に相乗効果ももたらしている。先述した，pixiv 内にあるイラストやマンガを小説の挿絵にできる機能も一例であるし，2021 年に開催された「pixiv 小説表紙をつくろう！〜空想タイトル編〜」のような，小説のタイトルから想起される表紙のイラストを投稿する企画なども，pixiv の中では行われている。また，先に述べた閲覧者からイラストの投稿者へのリクエスト機能は，小説投稿においても利用することができるため，カテゴリーをまたがったコンテンツの投稿や閲覧を促進する機能でもある。

3.3　カテゴリー間におけるユーザーとクリエイターの動向

上記で確認した通り，pixiv では，イラストからマンガ，そして小説へと

---

[15] 本章の脚注 11）に同じ（「小説投稿機能」を検索）
[16] 本章の脚注 11）に同じ（「pixiv 小説」を検索）
[17] 「「pixiv 小説」圧倒的成長の軌跡」『logmi Business』（https://logmi.jp/tech/articles/329585）※最終アクセス日 2024 年 8 月 16 日
[18] pixiv「イラスト投稿サイトと思われがちな pixiv ですが，小説チームができました」（https://inside.pixiv.blog/2020/01/28/180000）※最終アクセス日 2024 年 8 月 16 日

第Ⅱ部　ソーシャルメディア型プラットフォームの持続的な成長に向けた萌芽的研究

図10-2　pixiv の MAU の指数の変化

出所：フラー株式会社が提供するアプリ分析サービス「App Ape」による推計データ（スマートフォンベース）を基に筆者作成

サービスの対象カテゴリーを追加することで，コンテンツ投稿ならびにユーザーの利用を増加させ続けている。例えば，近年の pixiv（マンガ，小説含む）の利用動向を各年の前後半の平均月間アクティブユーザー数（MAU）で確認すると，2016年後半を基準指数（100）[19]とした際に，近年若干の上げ止まりはあるものの，MAUが増加していることが見て取れる（図10-2）。

さらにここでは，pixiv がイラストからマンガ，小説へとカテゴリーを追加したことで，pixiv における閲覧者と投稿者のカテゴリーをまたいだサイト内行動の動向を確認する。

表10-1からは，以下のことが見て取れる。まず，pixiv にコンテンツを投稿する投稿者（補完者）視点で見ると，イラスト投稿者はほぼイラストしか投稿しないが（95.4％），マンガ投稿者はイラスト（42.9％）とマンガ（56.9％）をまたいで投稿していることが分かる。一方，小説投稿者はほぼ小説しかコンテンツを投稿しない（96.2％）。これは，イラストとマンガが元々描画表現として類似しているし，近年ではイラストの複数枚投稿機能に

---

[19] ローデータには実数の記載があるが，調査会社の規約上非公表のため，指数に加工している。スマートフォンベースとは，iOS と Android 各々の MAU の合算値。

第 10 章　水平的補完性を活用したプラットフォームの多角化― pixiv の事例―

表 10-1　pixiv 内での投稿者と閲覧者の行動

【投稿者の行動】

主な投稿分野	投稿先割合		
	イラスト	マンガ	小説
イラスト (n=89)	95.4%	4.6%	0%
マンガ (n=37)	42.9%	56.9%	0.8%
小説 (n=39)	3.0%	0.8%	96.2%

【閲覧者の行動】

主な閲覧分野	ブックマーク（BM）先割合		架橋 BM
	イラスト・マンガ	小説	
イラスト・マンガ (n=1,897)	99.2%	0.8%	23.5%
小説 (n=1,742)	47.3%	52.7%	99.4%

出所：筆者作成

　よって，マンガ投稿者も作品によってはイラストを選択することが多いことが背景の 1 つとなっていることが理解できる。あるいは，普段イラストを書き溜めている投稿者が，イラストを投稿したり，複数枚イラストが溜まった時点でマンガにしたりと使い分けていることが想定される。小説に関しては，表紙や挿絵に pixiv 内のイラストを用いたり，イラスト投稿者と協業したりすることができるものの，コンテンツとしての小説の純然たる部分は，専門の投稿者によって創作されていると推測される。

　他方，コンテンツの閲覧者視点で見ると，まず，イラストとマンガの閲覧者は，ほぼイラスト・マンガにしかブックマーク（BM）をしていない（99.2%）。さらに，イラストとマンガの閲覧者は，4 分の 1 程度は一部小説への BM も行っている（23.5%）。これは，描画表現のみならず，マンガと小説に共通するストーリー性を好んでいる行動であると推測可能である。他方，小説の閲覧者は，イラストとマンガの閲覧者に比して，小説（52.7%）のみならず，イラスト・マンガ（47.3%）にまたがって（架橋して）BM している割合が多い（99.4%）。前述の通り，pixiv 小説への投稿や閲覧が増加しだしたのは，2017 年頃のことである。そのため，従来の pixiv の主たるコンテンツであるイラストやマンガへの閲覧行動を行いつつも，増加する小説を好んで読むようになっている層が一定数いること，あるいは，小説を好んで閲覧するために pixiv に登録したユーザーの一部を，イラストやマンガの分野に引き込めていると推察できる。

227

第Ⅱ部　ソーシャルメディア型プラットフォームの持続的な成長に向けた萌芽的研究

4. 考察とインプリケーション

4.1　発見事実の整理

SRQ2-1 は，ソーシャルメディア型プラットフォームが多角化を行う際に，どのような水平的補完性の設計が投稿者や閲覧者の利用促進に効果的だろうか，というものであった。この SRQ に対応する発見事実は次の通りである。

pixiv の多角化により，既存のイラストカテゴリーに対して，マンガや小説のカテゴリーが追加された。この追加により，小説閲覧者の 99％がイラスト・マンガ[20]にもブックマーク（BM）を行っている一方で，イラスト閲覧者の 23.5％しか小説に架橋 BM していないというデータが示された。また，小説閲覧者の BM 全体の割合は，イラスト・マンガへの BM が 47.3％，小説への BM が 52.7％であった。

pixiv では，挿絵機能やタグ検索機能，イラスト投稿コンテストなど，コンテンツ間の利用を促進する機能や企画が導入されている。これにより，異なるカテゴリー間で補完的関係を構築し，ユーザーが複数のカテゴリーを横断的に利用する促進要因として機能していることは，表 10-1 からも（少なくとも小説→イラスト・マンガにおいては）確認できる。

続いて SRQ2-2 に対応する発見事実についても確認する。SRQ2-2 は，ソーシャルメディア型プラットフォームにおける水平的補完性が補完者エンゲージメント行動の引き出しに寄与するメカニズムはどのようなものか，というものであった。マンガ投稿者の投稿割合を見ると，イラスト（42.9％），マンガ（56.9％），小説（0.8％）のように，少なくともイラストとマンガの間には，マンガ補完者視点での水平的補完性が働いていることが示唆される。他方で，イラストと小説との間には，カテゴリーをまたがっての投稿は殆ど確認されなかった。

---

[20] イラストとマンガは異なるカテゴリーであるが，pixiv の仕様上，BM 数は「イラスト・マンガ」と合算して表示される。

228

4.2 発見事実に基づく考察

　上記発見事実に基づくと，小説カテゴリーの追加が，pixiv ユーザー全体の利用促進に寄与したことが示唆される一方で，イラスト・マンガカテゴリーと小説カテゴリーの間に相互補完的な関係は必ずしも成立していないことも示唆される。また，今回集計したデータは横断データであるため，小説閲覧者が小説カテゴリーの新設に伴って新規で増加したユーザーなのか，既存のイラスト・マンガ閲覧者の小説閲覧数が増加した（あるいはその両方）なのかは不明である。図 10-2 や表 10-1 を総合的に解釈する限り，小説カテゴリーの追加に伴って，新規の利用者（アクティブユーザー）が増加したと解釈して良いだろう。

　また，pixiv では，挿絵機能やタグ検索機能，イラスト投稿コンテストなど，コンテツ間の利用を促進する機能や企画が導入されている。これにより，異なるカテゴリー間で補完的関係を構築し，利用者が複数のカテゴリーを横断的に利用する促進要因として機能していることは，表 10-1 からも（少なくとも小説→イラスト・マンガにおいては）確認できる。

　以上より，SRQ2-1 に対する回答としては，ソーシャルメディア型プラットフォームの多角化に必要な水平的補完性の設計とは，補完的なカテゴリーの追加とコンテンツカテゴリー間の利用促進に関する機能や企画が肝要であることが結論づけられるだろう。pixiv の多角化戦略では，補完的なカテゴリーの追加と，それを支援する機能（挿絵機能，タグ機能など）によって，水平的補完性が一定程度促進されているものの，カテゴリー間の相互補完性は必ずしも強固ではない。特に，小説カテゴリーの利用者はイラストやマンガのカテゴリーを併用する傾向が強いが，イラストやマンガの利用者は小説への関与が限定的である。

　この事実から示唆されることは，PF が新しい補完的カテゴリーを追加する際，単にカテゴリーを追加するだけでは不十分であり，異なるカテゴリー間での相互補完性を強化するための機能的な支援が不可欠であるという点である。また，各カテゴリーが持つ固有のユーザー層の特性を踏まえた上で，利用者のカテゴリー架橋的な利用をより効果的に促進するための仕組み作りが求められるだろう。

　続いて，SRQ2-2 についても確認する。この問いに対して事例分析から導

き出されるメカニズムは大きく分けて2つ考えられる。

1つ目は，カテゴリー間の水平的補完性が直接的に補完者エンゲージメント行動を引き出したというメカニズムである。イラスト投稿機能とマンガ投稿機能のように，補完性の働くカテゴリー間では直接補完者エンゲージメント行動を増加させる効果があることが示唆される。但し，こちらもSRQ2-1と同様にカテゴリー間の相互補完性は見出せず，一方向（マンガ→イラストの方向は観察されたが逆は観察されなかった）の補完性しか観察されなかった点にも言及しておく必要があるだろう。

メカニズムの2つ目は，カテゴリーの追加による水平的補完性が閲覧者の利用を促進し，間接ネットワーク効果によって投稿者の補完者エンゲージメント行動が引き出されたというメカニズムである。小説カテゴリーの追加により，小説閲覧者が増加し，さらにその一部がイラストやマンガにも関心を示しているという可能性は上述した通りである。その結果，イラスト・マンガおよび小説カテゴリーの全ての投稿者にとってBM数が増加したであろうことは，図10-2からも推定される。利用者（アクティブユーザー）が増加することによって，投稿者（補完者）が増加すること，すなわち閲覧者と投稿者の間に間接ネットワーク効果が働くことは多くのソーシャルメディア型プラットフォームで観察される現象である。

以上より，SRQ2-2に対する回答をまとめると次の通りとなる。水平的補完性が補完者エンゲージメント行動を増加させるメカニズムは，次の2つに集約されるだろう。すなわち，①補完者視点から見て関連性の高いカテゴリー間においては，水平的補完性が直接的に働き，異なるカテゴリー間でのコンテンツ投稿，すなわち補完者エンゲージメント行動が増加するというメカニズムと，②閲覧者視点から見て水平的補完性の働くカテゴリー間での閲覧者からのリアクション（BM数）増加が，間接ネットワーク効果を通じて投稿者の補完者エンゲージメント行動を増加させたというメカニズムの2点である。但し，前者は全方向において見られたものではなく，また後者のメカニズムはあくまでも状況証拠的に示されるものであって，pixivの事例分析から実証されたとは言い切れないものであることには留意が必要である。

これらの結果から示唆されるのは，プラットフォームが水平的補完性を設計する際，カテゴリー間の相互補完性を考慮した機能を導入することで，補完者エンゲージメント行動を効果的に引き出せる可能性があるという点であ

第 10 章　水平的補完性を活用したプラットフォームの多角化— pixiv の事例—

表 10-2　pixiv の事例分析に基づく発見事実と考察のまとめ

対応する SRQ	発見事実	実現方法	水平的補完性の受益者	裏づけるファクトまたはエビデンスとなるデータ
水平的補完性の設計と投稿者や閲覧者の利用促進（SRQ2-1）	補完的なコンテンツカテゴリーの追加	・イラスト・漫画⇔小説	閲覧者	小説作品に BM した閲覧者の99%がイラストにも BM を行っている。
	コンテンツ間の相互利用を促進する機能	・挿絵機能（イラスト・マンガ⇔小説）・タグ検索機能・イラスト投稿企画（イラスト⇔小説）	閲覧者	小説作品に BM した閲覧者は，全体の BM 数の約半分ずつ位の割合でイラスト・マンガと小説に BM している。
水平的補完性が補完者エンゲージメント行動を引き出すメカニズム（SRQ2-2）	水平的補完性が直接的に補完者エンゲージメント行動を引き出す	・イラスト投稿機能⇔マンガ投稿機能	投稿者（補完者）	人気マンガ投稿者は，約半分ずつ位の割合でイラストと漫画に投稿している。但し，イラストやマンガと小説の間には，補完者にとっての相互補完性は確認できなかった。
	カテゴリーの追加による水平的補完性が閲覧者の利用を促進し，間接ネットワーク効果によって投稿者の補完者エンゲージメント行動を引き出す	・イラスト・漫画⇔小説・挿絵機能（イラスト・マンガ⇔小説）・タグ検索機能・イラスト投稿企画（イラスト⇔小説）	閲覧者↓投稿者（補完者）	状況証拠的であり，実証はされていない。

る。また，新しいカテゴリーを追加する場合でも，閲覧者視点で見た場合の
既存のカテゴリーとの水平的補完性を強化することで，補完者のエンゲージ
メント行動をさらに向上させることができる可能性が示唆される。以上の関
係を整理したのが表 10-2 である。

第Ⅱ部　ソーシャルメディア型プラットフォームの持続的な成長に向けた萌芽的研究

4.3　インプリケーション

　以上の結論を踏まえ，本稿の理論的含意を確認する。理論的含意の第 1
は，補完性を働かせようとするコンテンツ間の補完者視点での類似性の程度
についてである。本研究の分析結果からは，水平的補完性は，閲覧者にとっ
ては異なるカテゴリー間の相互利用を促進し，利便性や利用の頻度を高める
効果が示唆された。他方の補完者に関しては，水平的補完性が直接的に補完
者エンゲージメント行動を引き出すこともあるが，補完性の方向が一方向に
限定されたり，全く補完性が働いていないコンテンツ同士も観察された。分
析対象の pixiv の投稿者は，クリエイターとしての性質を持つ補完者である
ため，自身の専門分野を超えたコンテンツ制作が困難であることが想定され
る。その場合，コンテンツカテゴリー間の類似性が低すぎてしまうと，同一
の投稿者が 1 人でカバーすることが困難な 2 つのコンテンツカテゴリーが存
在しているに過ぎない状況が生じてしまう可能性が高い。このことから，
ソーシャルメディア型プラットフォームにおいては，水平的補完性が働くコ
ンテンツカテゴリー間の類似性の設計が非常に重要であると言える。

　理論的含意の第 2 は，水平的補完性が補完者エンゲージメント行動へ与え
る影響のメカニズムである。水平的補完性が補完者エンゲージメント行動に
与える影響としては，直接的なカテゴリー間の相互作用と，間接的なネット
ワーク効果の 2 種類存在することが示唆された[21]。従来の研究では，水平的
補完性が（ソーシャルメディア型プラットフォームに限らない）一般の利用
者から見たプラットフォームの価値向上に寄与することは示されていたが
(Thomas et al., 2024)，補完者へのベネフィットや補完者エンゲージメン
ト行動への影響については明確にされていなかった。本章の研究結果は，水
平的補完性が閲覧者と補完者の行動に与える影響の理論的な全容を明らかに
するには至っていないものの，ソーシャルメディア型プラットフォームにお
ける水平的補完性が，閲覧者と投稿者の双方向に影響する可能性を示すもの
であり，今後の理論的な検討の重要な基盤となるだろう。

　このように，本章の研究者，水平的補完性の概念が主に情報システム分野

---

[21] 但し，後者の間接的なネットワーク効果については，pixiv の事例から直接的に観察さ
れたものではないため，推測の域に留まっている。

232

で用いられている中で，ソーシャルメディア型プラットフォームにも適用可能であることを示唆した点で新たな理論的貢献を果たしているだろう。

4.4　分析の限界について

　最後に，本章の研究の限界についても言及しておく。まず，分析対象がpixivという単一のソーシャルメディア型プラットフォームに限定されているため，他のプラットフォームに結果を適用する際には慎重な検討が必要である。特に，異なるビジネスモデルやユーザー層を持つプラットフォームでは，水平的補完性や補完者エンゲージメント行動に異なる影響が現れる可能性があり，一般化には限界がある。

　次に，閲覧者の行動を捉えるデータが主にブックマーク（BM）数に依存しており，これにより閲覧者や補完者の動機や行動の多様性を十分に捉えきれていない可能性があり得る。閲覧者の行動の全体像を理解するためには，BM以外の指標（例えばコメントやシェアなどの行動）や，その他閲覧者や補完者の行動をより深く探るための定性的なデータを用いた分析が必要である。

　さらに，本研究は横断的データを使用しており，時間の経過とともに水平的補完性や補完者エンゲージメント行動がどのように変化するかは分析の対象外としている。水平的補完性についての長期的な視点からの分析や，補完者エンゲージメントがどのように進化し，持続するのかを理解するためには，縦断的データの収集や分析が必要になるだろう。

5.　小括

　本章では，「成熟段階にあるソーシャルメディア型プラットフォームが多角化を行う際に，どのような水平的補完性の設計が投稿者や閲覧者の利用促進に効果的だろうか（SRQ2-1）」，「成熟段階にあるソーシャルメディア型プラットフォームにおける水平的補完性が補完者エンゲージメント行動の引き出しに寄与するメカニズムはどのようなものか（SRQ2-2）」という2つのSRQに対して，日本発のクリエイティブ分野に特化したソーシャルメディア型プラットフォームであるpixivの事例を取り上げて事例分析を行った。

第Ⅱ部　ソーシャルメディア型プラットフォームの持続的な成長に向けた萌芽的研究

　pixiv は当初，イラストに特化したソーシャルメディア型プラットフォームビジネスを展開していたが，その後，漫画や小説といったカテゴリーに多角化を行った。本事例では，特に小説カテゴリーの追加がユーザーの利用行動に与えた影響や，カテゴリー間の水平的補完性の働きが観察された。分析の結果，いくつかのカテゴリー間では閲覧者のカテゴリーをまたいだ閲覧行動や，カテゴリーをまたがった投稿者の作品投稿が確認された。このことから，一部のコンテンツカテゴリーの間で水平的補完性が働いていることが見出されたが，カテゴリー全体での相互補完性は確認されなかった。この事例からは，ソーシャルメディア型プラットフォームが多角化を行う際，新しい事業（サービス）との間に水平的補完性を働かせることで，閲覧者の利用促進や投稿者の補完者エンゲージメント行動を引き出しに寄与する可能性が示唆される一方で，既存事業と新事業との間の相互補完性を強化する設計が必要であることを示唆している。

| 終 章 |

プラットフォームビジネスの
持続的成長に向けて

　本書は，成熟段階にあるプラットフォームがその競争力を維持できなくなってしまうのはなぜかという問題を出発点とし，ソーシャルメディア型プラットフォームに焦点を当てて事例研究を積み重ねてきた。本章では，これまでの議論を振り返りながら全体のまとめを行う。まず，第1節にて，本書の出発点となった問題意識とその背景，2つの研究課題の再確認を行う。その上で第2節にて，第Ⅰ部，第Ⅱ部それぞれの要点と結論を整理する。そして，第3節にて，それらの結論から導き出される理論的，実践的インプリケーションを明らかにする。その後，本書の研究の課題と今後の展望について確認した上で，最後に第5節にて本書のまとめと意義について言及する。

1. 研究の背景と研究課題の再確認

　本書の出発点となる問題意識は，巨大プラットフォームによる特定市場の寡占の事例が存在する一方で，支配的な地位を築いたはずのプラットフォーム企業が，成熟段階に達した後に競争力を失い，成長が鈍化または衰退するといった現象が，なぜ，いかにして，起こり得るのかという点にあった。従来，プラットフォームビジネスは，ネットワーク効果によってユーザー数や補完者数を拡大し，その規模が競争力の源泉となるとされてきた。プラットフォームビジネスに関わる実務家の間では「get-big-fast」戦略が支持されており（Spector, 2000），プラットフォーム研究者の間でも勝者総取りの論理（WTA logic）が主要な研究パラダイムであった（e.g., Cusumano et al., 2019; Hagiu & Yoffie, 2009; Moazed & Johnson, 2016; Parker & Van Alstyne, 2005）。

ところが，2010年代後半以降，ネットワーク効果を享受していたはずの
プラットフォームが，成熟段階において競争力を失い，ユーザー数や補完者
数の減少を経験する事例が増加傾向にある。プラットフォーム研究の初期の
研究パラダイムにおいては，プラットフォームビジネスの失敗と言えば，十
分なネットワーク効果の恩恵を享受する前段階での失敗に焦点が当てられて
おり，それを乗り越えて支配的な地位に到達した後の凋落という現象は，見
落とされてきたように思われる。しかし，少なくとも現実に観察される現象
は，規模の拡大に依存するだけでは，プラットフォームの持続的な競争力が
維持されないということを示唆しており，この現象の背後にあるメカニズム
を詳細に研究する必要があった。これが本書の研究の背景である。

　こうした背景を踏まえ，本書では2つの研究課題を設定した。それは，
「成熟プラットフォームの競争力向上の阻害要因を明らかにする（研究課題
1)」と「成熟プラットフォームがさらなる成長を目指す上での課題について
の萌芽的な検討を行う（研究課題2)」の2つである。

　これらの研究課題に取り組むことで，成熟プラットフォームの成長を阻害
する要因を明らかにするとともに，成熟プラットフォームが持続的な成長を
実現する上での課題を課題を明らかにするというのが，本書の目的である。

2. 主要な発見の総括

　上述した2つの研究課題に取り組むために，本書の第I部（第1章から第
7章）では研究課題1について議論し，本書の第II部（第8章から第10章）
では研究課題2について議論してきた。本節では，各章の要点をごく簡単に
振り返る。

2.1 第I部の要点

　第I部では，成熟段階にあるソーシャルメディア型プラットフォームの競
争力低下をもたらす要因について，補完者エンゲージメント行動のマネジメ
ントという観点から，3つの事例研究を通じて検討してきた。まず第1章で
は，プラットフォームビジネスに関する経営学分野の文献レビューを通じ
て，成熟プラットフォームビジネスにおける競争力向上の促進要因と阻害要
因を整理した。特に，これまで媒介型プラットフォームの一部として位置づ

けられてきたソーシャルメディア型プラットフォームの理論的位置づけと，当該プラットフォーム特有のマネジメント上の課題に焦点を当てて検討を行った。その結果，ソーシャルメディア型プラットフォームにおいては，閲覧者（ユーザー）と投稿者（補完者）が折り重なる構造となっている点や，補完者の動機づけやインセンティブ設計において，経済的な側面だけでなく，社会的・心理的な要素も考慮する必要性などが浮かび上がった。

　第2章では，第1章にて明らかになったソーシャルメディア型プラットフォーム特有のマネジメント上の難しさをさらに掘り下げた。まず，補完者エンゲージメント行動という概念を導入し，プラットフォーム企業による補完者マネジメントと補完者エンゲージメント行動，そしてプラットフォームの競争力との関係を整理した。その上で，環境変化，とりわけ技術革新や競合の出現が，プラットフォーム企業による補完者マネジメントや補完者エンゲージメント行動に与える影響，およびこれがプラットフォームの競争力にどのように影響するかというメカニズムを検討した。

　第3章では，第1章と第2章の理論的検討に基づき，「成熟段階にあるソーシャルメディア型プラットフォームが環境変化に直面した時，どのような補完者マネジメントによって，補完者エンゲージメントを低下させてしまうのか」というリサーチクエスチョン（RQ1）を導出した。そして，このRQ1を検証するための分析枠組みを提示し，ニコニコ動画，クックパッド，ミクシィの3つの事例とその選定理由を説明した。

　第4章から第6章では，3つの事例研究を通じて，RQ1に対する詳細な検討を行った。ニコニコ動画の事例では，同サービスがモバイルインターネットの高速化という環境変化に直面した際に，どのように補完者エンゲージメントが低下したのかを明らかにした。ニコニコ動画は，コメント機能という従来の強みに固執するあまり，動画投稿者の動機の変化に対応できず，多くの投稿者をYouTubeに奪われる結果となった（第4章）。クックパッドは，テキストベースのレシピ投稿の仕組みに固執し，動画コンテンツへの対応が遅れたことや，動画コンテンツへの対応に着手した後も，ソーシャルメディア型のメディアに固執するなどの環境変化の遅れによって競争力を低下させた（第5章）。ミクシィの事例では，ミクシィがFacebookやTwitterといった競合SNSの参入という環境変化に直面した際の対応を検討した。ミクシィは，競合への対抗策として同質化戦略を採用したが，これが逆

に居心地の良さやコミュニケーションの面白さといったミクシィが持つ固有の特色に基づく強みを失わせ，利用者の減少を招いてしまった（第6章）。

第7章では，これらの3つの事例の分析結果を統合的に考察し，ソーシャルメディア型プラットフォームの競争力低下のメカニズムを明らかにした。分析の結果，3つの事例に共通する根本的な問題として，プラットフォーム参加の動機やプラットフォーム利用者のニーズの多様性や，それらがさらに多様化するということに対する補完者マネジメントの失敗が挙げられた。また，理論的含意として，動的な補完者マネジメントの必要性と近視眼的な規模の拡大への警鐘，実践的含意として，プラットフォームの成長段階に合わせた戦略変更の必要性とプラットフォーム資源を活用した多角化の必要性が示された。

第Ⅰ部ではこのように，成熟段階にあるソーシャルメディア型プラットフォームの競争力低下に関する問題を，補完者エンゲージメント行動のマネジメントという観点から，3つの日本企業の事例を通じて明らかにした。

2.2 第Ⅱ部の要点

第Ⅱ部では，第Ⅰ部での議論を踏まえ，成熟段階にあるソーシャルメディア型プラットフォームがさらなる成長を実現する方法について取り組んだ。

第8章では，まずプラットフォーム企業の長期的な成長戦略としての多角化の可能性を検討した。プラットフォーム研究において，多角化の研究はそれほど多く行われてこなかったものの，プラットフォームの多角化は既存事業とのシナジー効果を創出し，プラットフォーム資源を有効活用することで，プラットフォーム企業の成長を支える有力な手段であると考えられる。特に，補完者エンゲージメントを引き出すという観点から見た場合，多角化は，プラットフォームの成長と新市場への進出を両立させることが可能であることが示唆された。

これらの議論を踏まえ，第Ⅱ部では，研究課題2に対するリサーチクエスチョン（RQ2）を設定した。それは，「成熟段階にあるソーシャルメディア型プラットフォームは，どのような方法で補完者エンゲージメントを引き出し，新たなサービス分野への進出を実現させることができるのか」というものである。

第9章と第10章では，第8章で設定したリサーチクエスチョン（RQ2）

終章　プラットフォームビジネスの持続的成長に向けて

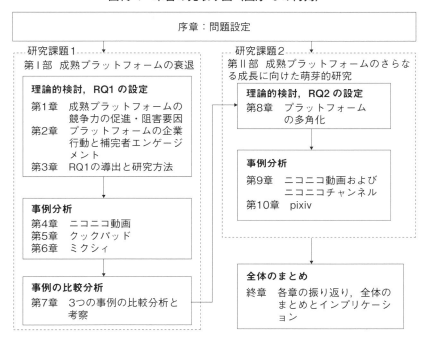

図終-1　本書の見取り図（図序-8の再掲）

に基づき，プラットフォーム企業の長期的な成長戦略の一環としての多角化について検討した。第9章では，ニコニコ動画とニコニコチャンネルの事例を題材に，ソーシャルメディア型プラットフォーム企業による効果的なプラットフォーム境界資源の提供が補完者エンゲージメントを引き出す側面をプラットフォーム境界資源という概念を導入して検討した。

第10章では，クリエイティブ分野におけるソーシャルメディア型プラットフォームであるpixivの事例を題材に，異なるカテゴリーのコンテンツの間に生まれる補完性が閲覧者のアクセスを増加させたり，補完者エンゲージメント行動を引き出す側面を，水平的補完性という概念を導入して検討した。

第Ⅱ部では，成熟したソーシャルメディア型プラットフォームが，プラットフォーム境界資源の活用や水平的補完性の設計を通じて，補完者エンゲージメントを引き出し，新たなサービス分野への進出を実現できる可能性を示唆した。

3. 本書のインプリケーション

本節では，各章で明らかになった発見に基づき，本書全体の理論的インプリケーションと実践的インプリケーションを導き出す。

3.1 理論的含意

本書全体を通じて導き出される理論的含意の1つ目は，ソーシャルメディア型プラットフォームの成長メカニズムに関する新たな視点である。第7章で明らかにされたように[1]，ソーシャルメディア型プラットフォームの競争力低下の主要な原因は，プラットフォームが環境変化に直面した際の利用者や補完者のニーズの多様性とその多様化に対する過小評価である。この分析から導き出される理論的含意は，ソーシャルメディア型プラットフォームの成長戦略において，従来の規模拡大一辺倒の考え方への依存が持続的成長を保証するものではないという点である。これまでプラットフォームビジネスに対して一般的に採用されてきたネットワーク効果に基づく拡大戦略（e.g., Hagiu & Yoffie, 2009; Moazed & Johnson, 2016; Parker & Van Alstyne, 2005）は，特に成熟段階にあるソーシャルメディア型プラットフォームにおいては，その効果が限定的であるか，かえって補完者エンゲージメントの維持を困難にするリスクさえあることが事例分析から示された。このことはまた，ソーシャルメディア型プラットフォームは，やみくもに大きくなることを目指すのではなく，環境変化に合わせて，自社のプラットフォーム資源や補完者マネジメントの仕組みを変化させながら，多様化するプラットフォーム利用者の参加動機やニーズに応えなければならないことを示唆している。

2つ目の理論的インプリケーションは，プラットフォーム資源を活用した多角化戦略の重要性の視点である。これは，理論的インプリケーションの1つ目と密接に関連している。本書では，プラットフォームの多角化を単なる新規事業の追加ではなく，既存のプラットフォーム資源を有効活用すること

---

[1] この点については本書第Ⅰ部の理論的インプリケーションとして，第7章で詳しく述べているのでそちらを参考にされたい。

終章　プラットフォームビジネスの持続的成長に向けて

で補完者エンゲージメントを引き出し，競争力を高める方法という視点で検討してきた。第9章で示されたように，プラットフォーム境界資源（Ghazawneh & Henfridsson, 2013）は，新規の補完者をプラットフォームに招致し，補完者エンゲージメントを引き出すために有効であり，ソーシャルメディア型プラットフォームの差別化を支える重要なプラットフォーム資源となる。さらに，第10章で取り上げた水平的補完性（Thomas et al., 2024）は，異なるカテゴリーのコンテンツやサービスを組み合わせることで新たな価値を創出し，利用者の多様なニーズに応えると同時に，プラットフォーム全体の価値を高めることが可能である。

　ソーシャルメディア型プラットフォームの利用者（閲覧者，補完者）は，多様な参加動機やニーズを有しており，それらはさらに変化もする。第7章でも述べた通り，このような「ニーズをダイレクトには満たされていないが，他に類似するサービスもない」といった状態の利用者層の絶対数が増加し，ビジネスが成り立つ規模の市場セグメントに成長する可能性が起こり得る。そしてそれが，後発者の参入を許す間隙にもなり得るのである。こうした理論上想定される事態に対処するために，プラットフォーム企業には，変化する競争環境に柔軟に適応する能力が求められている。これは，Eisenmann et al.（2011）がプラットフォーム・エンベロープメント戦略におけるプラットフォーム資源の再結合プロセスを，ダイナミック・ケイパビリティ（Teece et al., 1997; Teece, 2007; Eisenhardt & Martin, 2000）と表現したように，プラットフォーム資源を活用しながら自らの成長ステージや利用者の多様なニーズ，その他環境変化に適応して持続的な成長を実現するために，プラットフォーム企業に求められるマネジメントであると言えるだろう。

　もっとも，本書第Ⅱ部の議論は，今後発展していくべき議論の最初の取っ掛かりを提示したに過ぎないため，今後の展望については最後の第5節（本書の課題と今後の展望）にて改めて言及する。

3.2　実践的含意

　続いて実践的含意も確認しておく。本書全体を通して導き出される実践的含意の1つ目は，成熟段階にあるプラットフォーム企業における補完者エンゲージメントの持続的管理の重要性である。本書の事例分析に基づけば，

ソーシャルメディア型プラットフォームは，利用者の拡大に応じて補完者の動機やニーズが多様化し，単純な利用者数の増加だけでは十分な成長を維持できない可能性が高い。そのため，プラットフォーム企業は，補完者の経済的および非経済的な動機に合わせたインセンティブを提供し，持続的な補完者エンゲージメントを引き出す戦略が不可欠である。

　2つ目の実践的含意は，柔軟な戦略転換の実践である。プラットフォーム企業が直面する市場環境や技術の変化に適応するためには，既存のプラットフォーム資源を活用しながらも，迅速かつ柔軟に戦略を転換することが求められる。これは，先に挙げた補完者エンゲージメントの持続的管理に対しても同様である。本書の事例分析結果によれば，単なる競争相手の模倣や規模拡大に依存するのではなく，差別化された価値を提供するための補完者マネジメントの重要性が強調されている。それゆえ実務家は，環境変化に即応するための動的なマネジメントを実践する必要がある。

　3つ目の実践的含意は，プラットフォーム企業の多角化戦略の実行である。本書を通して明らかにされたように，多角化戦略は，単なる規模の拡大や新規参入のための手段ではなく，既存のプラットフォーム資源を効果的に再活用し，利用者の多様なニーズに応えるための手法である。単一のプラットフォームで成長し続けることは，少なくともソーシャルメディア型プラットフォームにおいては殆ど困難であると言っていいだろう。あの Facebook（現 Meta Plarfomts, Inc.）でさえ，Instagram の買収を通じて多角化を行っていなければ，今頃は Facebook の利用者減に頭を悩ませていたことだろう。現に，今や Facebook よりも Instagram の利用者の方が多いのが現状である[2]。それゆえ実務家は，プラットフォームの多角化において，単なる新規市場の開拓にとどまらず，既存のプラットフォーム資源や機能を適切に再配置することで，持続的な成長を実現できる可能性を模索すべきである。

---

[2] 「米国では若者の "Facebook 離れ" が深刻に——利用率は 32 ％にまで低下と米調査」『ダイヤモンド・オンライン』（https://diamond.jp/articles/-/333805）※最終アクセス日 2024 年 9 月 30 日

終章　プラットフォームビジネスの持続的成長に向けて

4.　本書の限界と境界条件について

　本書が提示した分析結果や理論的・実践的含意は，ソーシャルメディア型プラットフォームに限定されたものではなく，より広範な分野に応用可能な意義を持つ。特に，プラットフォームビジネスにおける補完者エンゲージメントの概念や，プラットフォーム資源を活用した多角化戦略の一部は，少なくとも他のタイプのプラットフォームビジネスにも適用可能であろう。また，「補完者」はプラットフォーム特有のプレイヤーではあるものの，それをパートナーや顧客に読み替えれば，それらとの関係強化や，既存資源を活かした価値創出といった戦略は，異なる業界やビジネスモデルでも重要な示唆を提供するだろう。

　一方で本書には限界もある。本書では，ソーシャルメディア型プラットフォームの成長と衰退，そしてその対策としての多角化戦略について事例分析を行ってきた。しかし，事例として取り上げたプラットフォームは，主に日本国内のプラットフォーム企業に限定されており，国際的な競争環境や異なる文化的背景におけるプラットフォームの運営や成長戦略を包括的に取り扱っていない。また，補完者エンゲージメントや多角化戦略についての議論が，プラットフォーム企業の特定の側面に焦点を当てている点も課題である。具体的には，補完者エンゲージメントにおいて経済的インセンティブが強調される一方で，ソーシャルメディア型プラットフォームに特有の非経済的動機（例えば，コミュニティ参加の意義や社会的承認欲求）についての深掘りが不足している。これにより，補完者エンゲージメントの包括的な理解には至っていない可能性がある。さらに，プラットフォーム境界資源や水平的補完性についての理論的検討は進んでいるものの，実証的なデータの裏づけが部分的である。より多様な事例やデータを用いた定量的な分析が必要であり，これによってより確かな理論的枠組みが構築されるべきである。

　以上を踏まえ，本書の理論的・実践的含意が適用可能な境界条件（boundary condition）について，前提となる価値観，時間，空間の観点（Bacharch, 1989）の観点から確認しておくことにする。

243

① 前提となる価値観

　本書が提示したインプリケーションの根底には，「規模の拡大」に依存せず，多角化や補完者エンゲージメントを通じて新たな価値を生み出すという価値観がある。一方で，勝者総取りの論理すなわち規模の大きさが競争上の最も重要なドライバーとなるタイプのプラットフォームビジネスの市場も依然として存在する。例えば，Amazon マーケットプレイスなどがそれに該当するかもしれない（Cennamo, 2021）。そうしたプラットフォーム製品やサービスの市場に本書のインプリケーションは適用されにくいだろう。さらに，地域や業界によっては，経済的インセンティブよりも社会的・文化的な動機が強調される場合があり，こうした場合には補完者エンゲージメントのマネジメントにも調整が必要となる。

② 時間（歴史的・技術的背景）

　本書のインプリケーションは，インターネットやモバイル技術の進展によって支えられた時代のソーシャルメディア型プラットフォームの分析を通じて導き出されたものである。それゆえ，こうした技術が存在しない過去の時代や，今後技術が大きく変化する未来では，異なる成長戦略が必要になる可能性がある。特に，ネットワーク効果や多角化戦略は，技術の発展に依存しているため，その適用には技術的進展が前提となる。

③ 空間（地域・市場の特性）

　地域や市場の文化的・経済的な違いも，本書の理論的・実践的含意が適用可能かどうかを左右する要因である。例えば，日本のプラットフォーム企業で成功した補完者エンゲージメント戦略が，異なる文化的背景を持つ国や地域で同様に機能するとは限らない。また，市場規模や消費者の価値観によって，補完者やユーザーの期待が異なる場合もあり，地域ごとの適用可能性を慎重に検討する必要がある。

5. 本書の意義と今後の展望

　最後に，本書の意義と今後の展望を明らかにしておきたい。本書は，プラットフォームビジネスの衰退という現象に焦点を当てて検討してきた。本

書のまえがきでも述べた通り，勝者総取りに近い地位に届いているプラット
フォームビジネスの衰退という現象に対して，経営学では十分な注意が払われ
てこなかった。特に，プラットフォームがネットワーク効果を活用し，初
期の市場でいかに迅速に競争優位を確立するかに関する研究が多く，成熟段
階での課題に関する分析が相対的に少なかった。もっとも，2010年代は，
成熟段階のプラットフォームが競争力を失うという事例自体がさほど多く見
られなかったことも，研究の関心が集中しにくかった要因だと考えられる。
　一方，近年では，プラットフォーム企業同士の競争が激化しつつある。か
つては非プラットフォーム企業を破壊してきたプラットフォーム企業が，他
のプラットフォーム企業との競争に直面するケースが増えている。例えば，
SNS市場，音楽配信市場，シェアリングサービス市場，キャッシュレス決
済市場といった様々な領域において，複数のプラットフォームがしのぎを削
る状況が見られ，プラットフォーム企業同士がユーザーや補完者を奪い合う
レッドオーシャン化が進行している。これに伴い，単なる市場支配や規模拡
大に依存する戦略が限界を迎え，より柔軟で多様な成長戦略が求められるよ
うになっている。
　このような環境変化の中で，本書が示唆してきた環境変化や成長段階に応
じた補完者マネジメントやプラットフォームの多角化戦略の意義は一層高ま
るだろう。特に，利用者や補完者の多様化に対応する柔軟な戦略転換は，競
争が激化する中でも持続的な成長を実現するために不可欠である。本書で取
り上げたニコニコ動画，クックパッド，ミクシィの事例は，単一サービスの
拡大に依存する従来の戦略の限界を示しており，複数のプラットフォームに
分散させることで多様なニーズに応える多角化戦略の必要性を裏づけてい
る。事実，例えばMetaは，ソーシャルメディア市場の多様化するニーズに
応えるべく，異なるプラットフォームを活用して多面的なサービス提供を行
い，持続的な成長を実現している。このように，多角化戦略が成功した場
合，単なる競争力の維持にとどまらず，新たな市場創造にもつながる可能性
もあるだろう。
　今後，プラットフォームビジネスの成熟段階においては，ますます多様な
市場ニーズや競争環境に適応する能力が問われることになるだろう。本書が
示す理論的・実践的含意は，成熟プラットフォームが直面する新たな課題に
対する実践的な指針を提供し，持続的な競争力を確保するための戦略的枠組

みとして意義を持つものである。これらの含意は，将来的にさらに多くのプラットフォーム企業が同様の課題に直面する中で，より広範に適用される可能性があるだろう。プラットフォーム企業同士の競争や破壊が一般化する時代において，本書の議論が，プラットフォーム企業の競争優位を維持し続けるための重要な示唆となることを願っている。

　最後に，今後の研究の展望についても言及する。今後の研究においては，少なくとも第Ⅱ部の議論は萌芽的なものであり，さらに深めるべき領域が存在する。具体的には，「プラットフォーム資源を活用したプラットフォームの多角化」自体が，本書で言及したプラットフォーム境界資源や水平的補完性以外の観点からも議論が必要であり，さらなる研究の蓄積が求められるだろう。多角化戦略を推進する際には，他のプラットフォーム資源（例えば，技術基盤やユーザーエクスペリエンスの最適化）も重要な要素となり得るため，これらを含めた広範な検討が必要である。

　また，本書で言及したプラットフォーム境界資源や水平的補完性に関しても，これまでの事例分析や理論的枠組みを超え，データを用いた実証研究が不可欠である。例えば，異なる産業分野や国際的なプラットフォーム企業における境界資源の役割や，水平的補完性がユーザーエンゲージメントに与える影響を定量的に測定することが，今後の研究の焦点となるだろう。

　さらに，プラットフォームの多角化戦略がもたらすリスクとメリットをより詳細に検討することも求められる。多角化が必ずしも成功を保証するわけではなく，その実行には細心の注意と戦略的な判断が必要であるため，実際の成功例と失敗例を踏まえた実証研究が期待される。

　このように，成熟プラットフォームのマネジメント上の課題については，まだまだ明らかにすべき点が多く，さらなる研究が必要である。本書が今後のプラットフォーム研究に少しでも貢献できれば幸いである。

あとがき

　本書のベースとなる研究の構想が始まったのは 2019 年後半のことだった。当時のプラットフォーム研究の中心的な関心事項は，勝者総取りの地位を勝ち取ったプラットフォームの成功要因などを分析するものが大半であったが，現実の世界では，いくつかのサービス分野において，隆盛を極めたプラットフォームに凋落の兆しが見え始めていた。当時はまだ，その「兆し」というものが直感に過ぎず，明確に言語化できていたわけではなかったが，筆者の直感は数年と立たずに現実のものとなることが殆どであった。

　研究は，本書の分担執筆者（足代訓史）との共同研究の形で進められ，その研究成果の一部は，2023 年 2 月に分担執筆者の博士学位論文として早稲田大学に提出された。その後は筆者が単独で研究を続行し，刊行された数編の論文に大幅な加筆・修正の上，まとめ直したものが本書である。

　本書の研究の対象には，リアルタイムで進行する現象が多く含まれていたため，日々アップデートされる情報を追いかけ続けなければならないという苦労もあった。例えば，本書第 4 章で取り上げた「ニコニコ動画」の衰退の原因を分析している最中に，「ニコニコチャンネル」の成長が著しいものとなり，それが第 9 章のベースとなる研究へ着手するきっかけとなった。そうかと思いきや，その後は，親会社の KADOKAWA がサイバー攻撃を受けたことによって，「ニコニコ動画」や「ニコニコチャンネル」のサービスを約 2 ヶ月間停止せざるを得ない状況に追い込まれてしまった（但し，KADOKAWA のサイバー攻撃被害の件は分析対象期間外であるため，本書本編では言及していない）。また，この「あとがき」を執筆している最中の 2024 年 12 月 16 日には，「mixi2」というサービスがリリースされた。

　このようにプラットフォーム企業各社は，日々変化する環境の中で，悪戦苦闘しながらも，それぞれのサービス市場で今日も競争を続けている。それゆえ，本書が取り上げた現象やそこから導き出されたインプリケーションも，もしかするとあっという間に過去の出来事になってしまうかもしれない。それでも，本書の執筆にあたっては，2010 年代から 2020 年代にかけてのプラットフォーム企業にとっての激動の 10 年弱を切り取り，その競争環境の描写を通じて，成熟したプラットフォームが持続的な成長を実現するた

めの新たな視点を提供することを心がけた次第である。本書が，研究者や実務家の方々にとって少しでも貢献することができるのなら誠に幸いである。

　最後に，本書の執筆にあたり，この場を借りてお世話になった方々へのお礼を述べることをどうかお許しいただきたい。まずは，本書の草稿に目を通し，丁寧なコメントを下さった井上祐樹先生（東京科学大学），岩尾俊兵先生（慶應義塾大学），寺本有輝先生（一橋大学），中園宏幸先生（広島修道大学），松原優先生（関西学院大学）（五十音順）に深く御礼を申し上げたい。

　本書のベースとなる研究を進める過程で，学会発表や学術誌の査読等を通じて大変有益なコメントを多数頂いたことも，研究の進展に大いに寄与した。とりわけ『組織科学』のSEを務めて頂いた安本雅典先生（横浜国立大学），『VENTURE REVIEW』の審査編集委員を務めて頂いた秋庭太先生（龍谷大学），稲葉祐之先生（国際基督教大学），『日本経営学会誌』の編集委員の先生方（匿名）には大変お世話になった。心より感謝を申し上げたい。

　研究生活の中で出会った先生方からは大きな知的刺激を受けた。善如悠介先生（神戸大学）と橘高勇太先生（一橋大学）からは，経済学の視点でプラットフォームにまつわる現象を観察する際の視点を学ばせて頂いた。また，詳しいエピソードは伏せるが，園田薫先生，舟津昌平先生（ともに東京大学），田原慎介先生（公立諏訪東京理科大学），中原翔先生（立命館大学），伊藤智明先生（横浜市立大学）からは，本書の執筆に着手する最初のモチベーションを与えて頂いた。そのことにも感謝を表したい。明治学院大学大学院木川ゼミナールの山田啓太さん，黄泓茗さんには，第10章のデータ収集をサポートして頂くとともに，序章の内容を大学院生の視点でチェックしていただいた。献身的な協力に感謝を申し上げたい。

　本書のベースとなる研究では，調査対象の企業にもご協力を頂いた。特に株式会社ドワンゴの担当者，そして株式会社エブリーの担当者の皆様には貴重な一次情報を提供して頂いた。ご本人の希望により直接実名を挙げて御礼を述べることは差し控えさせて頂くが，心より感謝を申し上げたい。

　勤務先である明治学院大学の皆様にも感謝を申し上げたい。筆者は本書のベースとなる研究を続行中に現職である明治学院大学に所属先を移したが，恵まれた研究環境により，研究に専念することのできる時間が大幅に増えた。本来であればお世話になっている教職員の方々全ての名前を挙げて御礼を述べたいが，膨大な人数になってしまうため，ここでは関係者の皆さまへ

あとがき

の感謝を表すに留める。

　また，本書の出版にあたっては，株式会社白桃書房の方々に大変お世話になった。まずは，昨今の厳しい出版事情の中で，本書の出版をお引き受け頂いた大矢栄一郎社長に感謝を申し上げたい。そして編集部，特に金子歓子さんにも多大なご協力を賜った。執筆の過程での構成に対するアドバイスや，研究者以外の読者の視点を踏まえた表現などの緻密な指摘，そして丁寧な校正には大変助けられた。原稿執筆から出版に至るまでの多大なるサポートに深く感謝申し上げたい。

　なお，本研究は，日本学術振興会科学研究費助成事業 JP20K13562（若手研究），JP23K1561（基盤研究（C）），および独立基盤形成支援（施行）の助成を受けたものである。

　　　　　　　2024 年 12 月　季節外れの紅葉が残る白金台の研究室にて

　　　　　　　　　　　　　　　　　　　　　木川　大輔

補表「レビュー対象文献一覧」

No.	扱うPFの種別	著者	研究類型	主張・結論の概要	メタレベルの議論
1	多面，基盤	Cennamo（2021）	理論研究	・PFの種別を検討した上で，PFが競合との差別化をするためには，一人勝ち（winner-takes-all）の論理ではなく，識別性（distinctiveness）の論理が重要であると主張。 ・それを分析する視点として，理論的検討を踏まえて，「顧客の共通性」と「アーキテクチャの類似性」の2軸を提示している。	・PFの差別化
2	多面，基盤	Hein et al.（2020）	理論研究	・デジタルPFエコシステムを構成する，(1) PFの所有権，(2) 価値創造メカニズム，(3) 補完者の自律性の3つの構成要素を提起。 ・補完者とエコシステムの相互作用，make-or-joinの意思決定などの研究展望を示す。	・補完者マネジメント ・補完者の戦略
3	多面，基盤	McIntyre & Srinivasan（2017）	レビュー研究	・PF仲介ネットワークに関する先行研究を産業組織論，戦略論，技術経営論の研究領域からそれぞれ整理し，リサーチアジェンダを提案。 ・多面的PF，基盤型PF双方を議論の対象とし，PFの質や補完者の属性の問題などを提起。	・PFの質 ・補完者マネジメント
4	多面	McIntyre et al.（2021）	理論研究	・競合や新規参入が出てきた際に，PFが長期間いかにしてその能力を維持できるかを論じている。PFの市場での存続を促進または妨げるネットワーク，PF，補完者の属性の役割を強調する命題を提出。NW効果によるロックインへの依存に警鐘も鳴らす。 ・加えて，PFの競争力の持続に関する動的なプロセスを概念化。	・PFの差別化 ・PFの成長戦略 ・マルチホーミング
5	多面	Evans & Schmalensee（2010）	定量研究	・PFビジネスのローンチ直後における問題，いわゆるチキンエッグ問題や，PFが成長するにあたって直面するクリティカル・マスの存在を指摘。 ・PFビジネスを成功裏に拡大させるための施策を，数理モデルを基にして議論している。	・PFの成長戦略

補表「レビュー対象文献一覧」

6	多面，基盤	Isckia et al. (2020)	事例研究	・PF ビジネスにおける事業機会の創出と価値提案がライフサイクルに応じて変化することに言及。Amazon，eBay，Apple の PF ビジネスの進化の事例を分析。 ・ライフサイクルの段階ごとの PF マネジメントの要諦や PF ビジネスの構造変化を議論。	・PF の差別化 ・マルチホーミング
7	多面	Li & Zhu（2021）	定量研究	・マルチホーミングが存在するオンライン日用雑貨市場の PF 間競争に着目した研究。 ・PF が取引情報の透明性を低下させることで，競合 PF からの補完者の引き抜き（マルチホーミング）を減少させる結果となることを実証。加えて，補完者のマルチホーミングが減少したことで，消費者のマルチホーミングが増加するシーソー効果も確認。	・マルチホーミング
8	多面	Subramanian et al.（2021）	定量研究	・ユーザー生成コンテンツ（UGC）型の将来的な成長の不確実性に言及。 ・UGC 型の PF よりもユーザー間のインタラクションが生じる PF の方がユーザーに対するスイッチングコストが高く，PF の将来的な価値が大きくなることを実証。	・ネットワーク効果の限界 ・マルチホーミング
9	多面	Wang & Miller（2020）	定量研究	・出版社（補完者）は，Kindle と物理的書籍に，どの製品を提供しているのかの比較。 ・Kindle に参加する出版社は，Kindle（PF）に参加しつつも，別のチャネルを利用している。むしろ，競争力のある本は Kindle に提供していない。	・補完者の戦略 ・マルチホーミング
10	多面	Edelman（2014）	事例研究	・多面的 PF の複数の事例を引きながら，補完者の PF への依存を減らすための戦略を整理。 ・補完者と PF との関係に着目することで，PF が網羅できないサービス・機能領域に補完者がつけ込むことや，PF を介さない直接取引を強化することを，補完者が取り得る戦略として提案。	・補完者の戦略

11	多面，基盤	Gawer（2021）	理論研究	・デジタル PF における（1）PF 企業の境界・範囲，（2）PF の構成要素とそれらの組成，（3）デジタルインターフェースという 3 つの要素を提起。 ・PF ビジネスのローンチ直後と成熟期でどのように変化するかを多面的 PF，基盤型 PF それぞれに分けて議論。	・PF の差別化 ・アーキテクチャ
12	多面	Li & Agarwal（2017）	定量研究	・PF 企業による補完的アプリケーションのファーストパーティー化の影響を検証。 ・Facebook と Instagram のデータを用い，ファーストパーティー化が需要のスピルオーバーを生み，ユーザー数の多い競合アプリケーションはその恩恵を受けて需要が増加するが，ユーザー数の少ない競合アプリケーションは逆に顧客を奪われることを実証。	・PF の差別化 ・ファーストパーティー化
13	多面	Hagiu & Spulber（2013）	定量研究	・PF 企業がファーストパーティーコンテンツを利用する戦略が，補完者にとって好ましいものである場合と好ましくないものである場合，およびファーストパーティーコンテンツとサードパーティコンテンツが補完的な場合と代替的な場合を設定。 ・上記により PF への期待値が異なり，競争に影響することを，数理モデルを用いて検討。	・ファーストパーティー化 ・マルチホーミング
14	多面	Zhao et al.（2020）	事例研究	・中国のオンライングループバイイング業界における 12 の多面的 PF を対象とした縦断的な事例研究。 ・イノベーションと模倣を同時に用いて非常に複雑な活動システムを構築することがマーケットリーダーになる必要条件であることを示唆している。	・PF の差別化
15	多面	Boudreau & Jeppesen（2015）	定量研究	・無報酬の補完者による PF ビジネス（オンラインゲームエンジン PF）の成長への効果を検証。 ・金銭的インセンティブがなくても補完者は PF の成長へ寄与するが，その効果は持続的ではないことを補完者によるゲームの改造データを用いて検証。	・補完者マネジメント ・ネットワーク効果の限界

16	多面	Jain & Qian (2021)	定量研究	・PF 上のコンテンツの量と質に与える影響を「コンテンツ生産者の数」,「消費者の数」,「消費者によるコンテンツ生産者への直接的な寄付」,「クロスネットワーク効果」の4つの観点から議論。 ・生産者間の競争激化が,生産者の報酬とコンテンツの質向上をもたらすことを示す。	・補完者マネジメント ・PF の質
17	多面	Kane & Ransbotham (2016)	定量研究	・オープンコラボレーションコミュニティでの消費と貢献が互いに正の影響を及ぼすこと,投稿されるコンテンツの状態がそのフィードバックループを制御することを示す。 ・コミュニティのタイプによってこれらの要因の不均質性があることも指摘。	・補完者マネジメント ・ネットワーク効果の限界
18	基盤	Boudreau (2010)	定量研究	・PF（コンピューター OS）が補完者（デバイスメーカー）に対するアクセス権を付与するか完全に統制を放棄するかで,補完品の増加がどう変わるかを検証。 ・アクセス権を付与して部分的にコントロールした方が補完品が増加する効果があることを実証。	・オープン／クローズの意思決定
19	基盤	Boudreau (2012)	定量研究	・PF（コンピューター OS）が補完者（ソフトウェア開発業者）の数を増やすことが,その後の補完品の量へ与える影響を検証。 ・PF が既存の補完品と類似する補完品を追加するとクラウディングアウト効果が生じ,イノベーションの創出にマイナスの影響を与えることを実証。	・補完者マネジメント
20	基盤	Rietveld et al. (2019)	定量研究	・補完品を注目させるための選択的プロモーションはどのようなものかを議論。 ・ビデオゲームコンソールを分析対象とし,プロモーションされる補完品は,ベストインクラスのものではなく,エコシステム内でのトレードオフで決まることを示唆。	・補完者マネジメント

21	基盤	Cennamo & Santalo（2013）	定量研究	・PF ビジネスの主要な戦略である Get Big Fast 戦略を批判的に検討する。 ・インストールド・ベースを大きくするよりも，競合 PF との間に築くユニークなポジションがその後の PF の成功を決定づけることを，ビデオゲームコンソール業界のサンプルデータを用いて実証。	・ネットワーク効果の限界 ・補完品の（需要の）不均質性
22	基盤	Rietveld & Eggers（2018）	定量研究	・ビデオゲーム産業のデータを用いて，補完品であるゲームソフトの販売数量が，ゲーム機器のライフサイクルの進行に伴って減少することを検証。 ・ユーザーの嗜好は同質的ではなく異質的であり，それゆえに製品の需要とインストールド・ベースの拡大との関係も単調関係にはならないことを示唆。	・ネットワーク効果の限界 ・ユーザー・補完品の（需要の）不均質性
23	基盤	Tiwana（2015）	定量研究	・PF と補完者の調整コストが高まると，補完者が PF 離れを起こすことを，ソフトウェア設計・開発に関するデータを用いて統計的に実証。 ・結果を踏まえ，アーキテクチャの観点から知的財産権をどの程度開放するべきを議論。	・オープン／クローズの意思決定 ・補完者マネジメント
24	基盤	Eisenmann et al.（2011）	事例研究・定量研究	・特定の市場で十分なインストールド・ベースを確保した PF の，他のレイヤー（他の既存 PF が存在する市場）への参入戦略を検討。 ・元のレイヤーで集めた顧客やコンポーネントを活用しながら新規に参入する戦略である「プラットフォーム・エンベロープメント（包囲）」を指摘。	・競合 PF の参入 ・マルチホーミング
25	基盤	Karhu & Ritala（2021）	事例研究	・後発 PF による参入戦略を，先行する PF との関係において，複数事例を用いて検討。 ・具体的戦略として，（1）先行する PF を活用する，（2）先行する PF の境界資源にただ乗りする，（3）自社 PF の境界資源を競合 PF に注入するという 3 つを提示。	・競合 PF の参入

補表「レビュー対象文献一覧」

26	基盤	Tavalaei & Cennamo (2021)	定量研究	・モバイルアプリの開発者が特定のカテゴリに特化するか，複数のPFにアプリを提供するかで補完者の収益がどう変化するか，および市場のサイズがどう変化するかを統計的に検証。 ・補完者の戦略は，マーケットリーチの最大化という単純なものではないことを示唆。	・補完者の戦略 ・マルチホーミング
27	基盤	Zhu & Iansiti (2012)	定量研究	・後発PFが既存PFからシェアを獲得する条件を，(1) 間接NW効果，(2) PFの品質，(3) 消費者の将来リリースされるアプリケーションに対する期待値，の3点から議論。 ・(1) や (3) がある閾値を下回る時，PF間競争のドライバーは (2) のPFの品質になることを示唆。	・競合PFの参入 ・PFの質
28	基盤	Wareham et al. (2014)	事例研究	・エコシステムのコア企業（＝PF企業）による補完者のガバナンスにおけるいくつかの主要なトレードオフについて，「成果物（標準か多様か）」，「アクター（制御か自律か）」，「同一化（個人か集団か）」の観点から議論。ERPソフト業界の事例研究。 ・「大きいことは良いことだ」というPFビジネスの近視眼的な戦略観を批判的に検討。	・補完者マネジメント
29	基盤	Saadatmand et al. (2019)	事例研究	・PF企業が補完者のエンゲージメントを引き出す上での，ガバナンスとアーキテクチャの相互作用性について，コンピューターシステムの共有PFの事例から議論。 ・ここでのアーキテクチャとは，PFの組織形態を指し，結論としては，エンゲージメントの高い順にモジュラー型組織，水平型組織，垂直型組織となる。	・補完者マネジメント
30	基盤	Parker & Van Alstyne (2018)	定量研究	・PFが最高の成長率を達成できる，PFのオープン度合いを数理モデルを用いて検討。 ・PFのオープン度合いと，知的財産権から得られる収益（専有可能性）の持続度合いとの最適なバランスを検討。	・オープン／クローズの意思決定

31	基盤	Ceccagnoli et al.（2012）	定量研究	・補完者が，PF エコシステム（SAP パートナーシップ）に参加することでどのような恩恵を得るか，どのような補完者が PF 内で高い競争力を発揮するかを検証。 ・大手 PF への参加が，補完者（小規模独立系ソフトウェアベンダー）の売上の増加や IPO の可能性の向上と関連することを実証。	・補完者の戦略
32	基盤	Huang et al.（2013）	定量研究	・どのような補完者が PF への参加可能性が高いかを，ソフトウェア業界を対象に議論。 ・知的財産権をより多く保有している補完者や，より強力な川下の能力（商標やコンサルティングサービスなど）を持つ補完者は，PF に参加する可能性が高いことを示唆。	・補完者の戦略
33	基盤	Mantovani & Ruiz-Aliseda（2016）	定量研究	・PF 上で補完者同士が協働するケースを想定し，ゲーム理論を用いて検討。補完者同士の協働は短期的には品質を高めコストを低下させるが，長期的には市場が飽和する。 ・PF は上記を考慮に入れたオープン／クローズ度合いを検討すべきことを示唆。	・オープン／クローズの意思決定
34	基盤	Foerderer（2020）	定量研究	・補完者（iPhone アプリの開発業者）同士の交流の，イノベーションへの影響を検証。 ・補完者間の交流が消費者からのフィードバック機会の活用や学習に影響を与え，補完者によるイノベーションを増加させることを示唆している。	・補完者マネジメント

参考文献

英語文献

Adner, R. (2006). Match your innovation strategy to your innovation ecosystem. *Harvard Business Review, 84* (4), 98-107. Retrieved from https://hbr. org/2006/04/match-your-innovation-strategy-to-your-innovation-ecosystem

Adner, R. (2012). *The wide lends: A new strategy for innovation.* Penguin Uk. (ロン・アドナー著，清水勝彦監訳『ワイドレンズ：イノベーションを成功に導くエコシステム戦略』東洋経済新報社，2013 年)

Adner, R. (2017). Ecosystem as structure: An actionable construct for strategy. *Journal of Management, 43* (1), 39-58. https://doi: 10.1177/0149206316678451

Agarwal, S., & Kapoor, R. (2023). Value creation tradeoff in business ecosystems: Leveraging complementarities while managing interdependencies. *Organization Science, 34* (3), 1216-1242. https://doi.org/10.1287/orsc.2022.1615

Ansoff, H. I. (1957). Strategies for diversification. *Harvard Business Review, 35* (5), 113-124.

Ansoff, H. I. (1965). *The concept of strategy.* (H・イゴール・アンゾフ著，広田寿亮訳『企業戦略論』産業能率大学出版部，1969 年)

Bacharach, S. B. (1989). Organizational theories: Some criteria for evaluation. *Academy of Management Review, 14* (4), 496-515.

Baldwin, C. Y., & Clark, K. B. (1997). Managing in an age of modularity. *Harvard Business Review, 75* (5), 84-93. (カーリス・Y・ボールドウィン，キム・B・クラーク著「モジュール化時代の経営」青木昌彦・安藤晴彦編著『モジュール化：新しい産業アーキテクチャの本質』東洋経済新報社，pp. 35-64, 2002 年)

Baldwin, C. Y., & Clark, K. B. (2000). *Design rules, Vol.1: The power of Modularity.* MIT Press. (カーリス・Y・ボールドウィン，キム・B・クラーク著，安藤晴彦訳『デザイン・ルール：モジュール化パワー』東洋経済新報社，2004 年)

Barney, J. (1991). Firm resources and sustained competitive advantage. *Journal of Management, 17* (1), 99-120.

Borner, K.J., Berends, H., Deken, F., & Feldberg, F. (2023). Another pathway to complementarity: How users and intermediaries identify and create new combinations in innovation ecosystems. *Research Policy, 52* (7), 104788. doi:10.1016/j.respol.2023.104788

Boudreau, K. (2010). Open platform strategies and innovation: Granting access vs. devolving control. *Management Science, 56* (10), 1849-1872. doi: 10.1287/mnsc.1100.1215

Boudreau, K. J. (2012). Let a thousand flowers bloom? An early look at large numbers of software app developers and patterns of innovation. *Organiza-*

tion Science, 23 (5), 1409-1427. doi: 10.2139/ssrn.1826702

Boudreau, K. J., & Jeppesen, L. B. (2015). Unpaid crowd complementors: The platform network effect mirage. *Strategic Management Journal, 36* (12), 1761-1777. doi: 10.1002/smj.2324

Bughin, J. R. (2007). How companies can make the most of user-generated content. *McKinsey Quarterly* (August). Retrieved from http://www0.cs.ucl.ac.uk/staff/d.quercia/others/ugc.pdf

Ceccagnoli, M., Forman, C., Huang, P., & Wu, D. J. (2012). Cocreation of value in a platform ecosystem: The case of enterprise software. *MIS Quarterly, 36* (1), 263-290. doi: 10.2307/41410417

Cenamor, J., Usero, B., & Fernández, Z. (2013). The role of complementary products on platform adoption: Evidence from the video console market. *Technovation, 33* (12), 405-416. https://doi.org/10.1016/j.technovation.2013.06.007

Cennamo, C. (2021). Competing in digital markets: A platform-based perspective. *Academy of Management Perspectives, 35* (2), 265-291. doi: 10.5465/amp.2016.0048

Cennamo, C., & Santalo, J. (2013). Platform competition: Strategic trade-offs in platform markets. *Strategic Management Journal, 34* (11), 1331-1350. doi: 10.1002/smj.2066

Christensen, C. M. (1997). *The innovator's dilemma: When new technologies cause great firms to fail.* Harvard Business Review Press. (クレイトン・クリステンセン著, 伊豆原弓訳『イノベーションのジレンマ：技術革新が巨大企業を滅ぼすとき（増補改訂版）』翔泳社, 2001 年)

Christensen, C. M., & Bower, J. L. (1996). Customer power, strategic investment, and the failure of leading firms. *Strategic Management Journal, 17* (3), 197-218.

Christensen, C. M., & Rosenbloom, R. S. (1995). Explaining the attacker's advantage: Technological paradigms, organizational dynamics, and the value network. *Research Policy, 24* (2), 233-257.

Chung, H. D., Zhou, Y. M., & Choi, C. (2024). When Uber Eats its own business, and its competitors' too: Resource exclusivity and oscillation following platform diversification. *Strategic Management Journal.* doi:org/10.1002/smj.3659

Cusumano, M. A., Gawer, A., & Yoffie, D. B. (2019). *The business of platforms: Strategy in the age of digital competition, innovation, and power.* Harper Business. (マイケル・A・クスマノ, アナベル・ガワー, デヴィッド・B・ヨッフィー著, 青島矢一監訳『プラットフォームビジネス：デジタル時代を支配する力と陥穽』有斐閣, 2020 年)

Cusumano, M. A., & Yoffie, D. B. (1998). *Competing on internet time: Lessons from Netscape and its battle with Microsoft.* Free Press. (マイケル・A・ク

スマノ，デヴィッド・ヨッフィー著，松浦秀明訳『食うか食われるか ネットスケープ vs. マイクロソフト』毎日新聞社，1999 年)

Dal Bianco, V., Myllarniemi, V., Komssi, M., & Raatikainen, M. (2014). The role of platform boundary resources in software ecosystems: A case study. Proceedings of the 2014 IEEE/IFIP Conference on Software Architecture, 11-20.

Daugherty, T., Eastin, M. S., & Bright, L. (2008). Exploring consumer motivations for creating user-generated content. *Journal of Interactive Advertising, 8* (2), 16-25. doi: 10.1080/15252019.2008.10722139

Edelman, B. (2014). Mastering the intermediaries. *Harvard Business Review, 92* (6), 86-92. (ベンジャミン・エデルマン著「強大なプラットフォームに抗う4つの戦略：依存する関係から，交渉できる関係へ」『DIAMOND ハーバード・ビジネス・レビュー』2015 年 4 月，pp. 102-110, 2015 年)

Eisenhardt, K. M. (1989). Building theories from case study research. *Academy of Management Review, 14* (4), 532-550. doi: 10.5465/amr.1989.4308385

Eisenhardt, K. M., & Graebner, M. E. (2007). Theory building from cases: Opportunities and challenges. *Academy of Management Journal, 50* (1), 25-32. doi: 10.5465/amj.2007.24160888

Eisenhardt, K. M., & Martin, J. A. (2000). Dynamic capabilities: What are they? *Strategic Management Journal, 21* (10-11), 1105-1121.

Eisenmann, T., Parker, G., & Van Alstyne, M. (2006). Strategies for two-sided markets. *Harvard Business Review, 84* (10), 92-101. (トーマス・アイゼンマン，ジェフリー・パーカー，マーシャル・ヴァンアルスタイン著「ツー・サイド・プラットフォーム戦略：『市場の二面性』のダイナミズムを活かす」『DIAMOND ハーバード・ビジネス・レビュー』2007 年 6 月，pp. 68-81, 2007 年)

Eisenmann, T., Parker, G., & Van Alstyne, M. (2011). Platform envelopment. *Strategic Management Journal, 32* (12), 1270-1285. doi: 10.2139/ssrn.1496336

Engert, M., Evers, J., Hein, A., & Krcmar, H. (2022). The engagement of complementors and the role of platform boundary resources in e-commerce platform ecosystems. *Information Systems Frontiers*, 1-19. Advance online publication. https://doi.org/10.1007/s10796-021-10236-3

Evans, D. S., Hagiu, A., & Schmalensee, R. (2006). *Invisible engines: How software platforms drive innovation and transform industries*. The MIT Press.

Evans, D. S., & Schmalensee, R. (2010). Failure to launch: Critical mass in platform businesses. *Review of Network Economics, 9* (4), 1-33. doi: 10.2139/ssrn.1353502

Foerderer, J. (2020). Interfirm exchange and innovation in platform ecosystems: Evidence from Apple's worldwide developers conference. *Management Science, 66* (10), 4772-4787. doi: 10.1287/mnsc.2019.3425

Gawer, A. (2009). Platform dynamics and strategies: From products to services.

In A. Gawer (Ed.). *Platforms, markets and innovation* (pp. 45-76). Edward Elgar Publishing.

Gawer, A. (2021). Digital platforms' boundaries: The interplay of firm scope, platform sides, and digital interfaces. *Long Range Planning, 54* (5), 102045. doi: 10.1016/j.lrp.2020.102045

Gawer, A., & Cusumano, M. A. (2002). *Platform leadership: How Intel, Microsoft and Cisco drive industry innovation.* Harvard Business School Press. (アナベル・ガワー，マイケル・A・クスマノ著，小林敏男監訳『プラットフォームリーダーシップ：イノベーションを導く新しい経営戦略』有斐閣，2005 年)

Gawer, A., & Cusumano, M. A. (2008). How companies become platform leaders. *MIT Sloan Management Review, 49* (2), 28-35.

Gawer, A., & Henderson, R. (2007). Platform owner entry and innovation in complementary markets: Evidence from Intel. *Journal of Economics and Management Strategy, 16* (1), 1-34.

Ghazawneh, A., & Henfridsson, O. (2013). Balancing platform control and external contribution in third-party development: The boundary resources model. *Information Systems Journal, 23* (2), 173-192.

Grove, A. S. (1996). *Only the paranoid survive: How to exploit the crisis points that challenge every company and career.* Currency Doubleday. (アンドリュー・S・グローブ著，佐々木かおり訳『パラノイアだけが生き残る』日経 BP，2017 年)

Guyader, H., & Piscicelli, L. (2019). Business model diversification in the sharing economy: The case of GoMore. *Journal of Cleaner Production, 215*, 1059-1069. doi:10.1016/j.jclepro.2019.01.114

Hagiu, A., & Spulber, D. (2013). First-party content and coordination in two-sided markets. *Management Science, 59* (4), 933-949. doi: 10.2307/23443820

Hagiu, A., & Yoffie, D. B. (2009). What's your Google strategy. *Harvard Business Review, 87* (4), 74-81. (アンドレイ・ハジウ，デヴィッド・B・ヨッフィー著「あなたの会社の『グーグル戦略』を考える：マルチサイド・プラットフォームをいかに活用するか」『DIAMOND ハーバード・ビジネス・レビュー』2009 年 8 月, pp. 22-33，2009 年)

Hamel, G., & Prahalad, C. K. (1994). *Competing for the future.* Harvard Business Press. (G. ハメル，C. K. プラハラード著，一條和生訳『コア・コンピタンス経営：大競争時代を勝ち抜く戦略』日経 BP マーケティング，1995 年)

Harmeling, C. M., Moffett, J. W., Arnold, M. J., & Carlson, B. D. (2017). Toward a theory of customer engagement marketing. *Journal of the Academy of Marketing Science, 45* (3), 312-335. doi: 10.1007/s11747-016-0509-2

Hein, A., Schreieck, M., Riasanow, T., Setzke, D. S., Wiesche, M., Böhm, M., & Krcmar, H. (2020). Digital platform ecosystems. *Electronic Markets, 30* (1), 87-98. doi: 10.1007/s12525-019-00377-4

Henderson, R. M., & Clark, K. B. (1990). Architectural innovation: The reconfiguration of existing product technologies and the failure of established firms. *Administrative Science Quarterly*, 9-30.

Huang, P., Ceccagnoli, M., Forman, C., & Wu, D. J. (2013). Appropriability mechanisms and the platform partnership decision: Evidence from enterprise software. *Management Science, 59* (1), 102-121. doi: 10.1287/mnsc.1120.1618

Iansiti, M., & Levien, R. (2004). *The keystone advantage: What the new dynamics of business ecosystems mean for strategy, innovation, and sustainability*. Harvard Business Press. (マルコ・イアンシティ, ロイ・レビーン著, 杉本幸太郎訳『キーストーン戦略：イノベーションを持続させるビジネス・エコシステム』翔泳社, 2007 年)

Isckia, T., De Reuver, M., & Lescop, D. (2020). Orchestrating platform ecosystems: The interplay of innovation and business development subsystems. *Journal of Innovation Economics & Management, 32* (2), 197-223. doi: 10.3917/jie.pr1.0074

Jacobides, M. G., Cennamo, C., & Gawer, A. (2018). Towards a theory of ecosystems. *Strategic Management Journal, 39* (8), 2255-2276. doi: 10.1002/smj.2904

Jain, S., & Qian, K. (2021). Compensating online content producers: A theoretical analysis. *Management Science, 67* (11), 7075-7090. doi: 10.1287/mnsc.2020.3862

Kane, G. C., & Ransbotham, S. (2016). Content as community regulator: The recursive relationship between consumption and contribution in open collaboration communities. *Organization Science, 27* (5), 1258-1274. 10.1287/orsc.2016.1075

Karhu, K., Gustafsson, R., & Lyytinen, K. (2018). Exploiting and defending open digital platforms with boundary resources: Android's five platform forks. *Information Systems Research, 29* (2), 479-497. doi: 10.1287/isre.2018.0786

Karhu, K., & Ritala, P. (2021). Slicing the cake without baking it: Opportunistic platform entry strategies in digital markets. *Long Range Planning, 54* (5), 101988. doi: 10.1016/j.lrp.2020.101988

Katz, M. L., & Shapiro, C. (1985). Network externalities, competition, and compatibility. *The American Economic Review, 75* (3), 424-440. Retrieved from http://www.jstor.org/stable/1814809

Kumar, V., Aksoy, L., Donkers, B., Venkatesan, R., Wiesel, T., & Tillmanns, S. (2010). Undervalued or overvalued customers: Capturing total customer engagement value. *Journal of Service Research, 13* (3), 297-310.

Kumar, V., & Pansari, A. (2016). Competitive advantage through engagement. *Journal of Marketing Research, 53* (4), 497-514. doi: 10.1509/jmr.15.0044

Lee, E., Lee, J., & Lee, J. (2006). Reconsideration of the winner-take-all hypothesis: Complex networks and local bias. *Management Science, 52* (12), 1838-1848. doi: 10.1287/mnsc.1060.0571

Leonard-Barton, D. (1992). Core capabilities and core rigidities: A paradox in managing new product development, *Strategic Management Journal, 13* (S1): 111-125.

Leonard-Barton, D. (1995). *Wellsprings of knowledge: Building and sustaining the source of innovation.* Harvard Business School Press. （ドロシー・レオナルド著，阿部孝太郎・田畑暁生訳『知識の源泉：イノベ ーションの構築と持続』ダイヤモンド社，2001 年）

Li, H., & Zhu, F. (2021). Information transparency, multihoming, and platform competition: A natural experiment in the daily deals market. *Management Science, 67* (7), 4384-4407. doi: 10.1287/mnsc.2020.3718

Li, Z., & Agarwal, A. (2017). Platform integration and demand spillovers in complementary markets: Evidence from Facebook's integration of Instagram. *Management Science, 63* (10), 3438-3458. doi: 10.1287/mnsc.2016.2502

Malone, T. W., Yates, J., & Benjamin, R. I. (1987). Electronic markets and electronic hierarchies. *Communications of the ACM, 30* (6), 484-497. doi: 10.1145/214762.214766

Malthouse, E. C., Haenlein, M., Skiera, B., Wege, E., & Zhang, M. (2013). Managing customer relationships in the social media era: Introducing the social CRM house. *Journal of Interactive Marketing, 27* (4), 270-280.

Mantovani, A., & Ruiz-Aliseda, F. (2016). Equilibrium innovation ecosystems: The dark side of collaborating with complementors. *Management Science, 62* (2), 534-549. doi: 10.1287/mnsc.2014.2140

McIntyre, D. P., & Srinivasan, A. (2017). Networks, platforms, and strategy: Emerging views and next steps. Strategic *Management Journal, 38* (1), 141-160. doi: 10.1002/smj.2596

McIntyre, D. P., Srinivasan, A., & Chintakananda, A. (2021). The persistence of platforms: The role of network, platform, and complementor attributes. *Long Range Planning, 54* (5), 101987. doi: 10.1016/j.lrp.2020.101987

Meyer, M. H. (1997). Revitalize your products lines through continuous platform renewal. *Research Technology Management, 49* (2), 17-28. doi: 10.1080/08956308.1997.11671113

Moazed, A., & Johnson, N. L. (2016). *Modern monopolies: What it takes to dominate the 21st century economy.* St. Martin's Press. （アレックス・モザド，ニコラス・L・ジョンソン著，藤原朝来訳『プラットフォーム革命：経済を支配するビジネスモデルはどう機能し，どう作られるのか』英治出版，2018 年）

Negoro, T., & Ajiro, S. (2013). An outlook of platform theory research in business studies. *Waseda Business & Economic Studies*, (48), 1-29. Retrieved from http://hdl.handle.net/2065/39563

Osterwalder, A., Pigneur, Y., Bernarda, G., & Smith, A. (2015). *Value proposition design: How to create products and services customers want.* John Wiley

& Sons.（アレックス・オスターワルダー，イブ・ピニュール，グレッグ・ベルナーダ，アラン・スミス著，関美和訳『バリュー・プロポジション・デザイン 顧客が欲しがる製品やサービスを創る』翔泳社，2015 年）

Osterloh, M., & Rota, S. (2007). Open source software development –Just another case of collective invention? *Research Policy, 36* (2), 157-171. doi: 10.1016/j.respol.2006.10.004

Parker, G., & Van Alstyne, M. (2005). Two-sided network effects: A theory of information product design. *Management Science, 51* (10), 1494-1504. doi: 10.1287/mnsc.1050.0400

Parker, G., & Van Alstyne, M. (2018). Innovation, openness, and platform control. *Management Science, 64* (7), 3015-3032. doi: https://doi.org/10.1287/mnsc.2017.2757

Parker, G., Van Alstyne, M., & Choudary, S. P. (2016). *Platform revolution: How networked markets are transforming the economy and how to make them work for you.* W. W. Norton & Company.（ジェフリー・パーカー，マーシャル・ヴァンアルスタイン，サンジート・P・チョーダリー著，妹尾堅一郎監訳『プラットフォーム・レボリューション：未知の巨大なライバルとの競争に勝つために』ダイヤモンド社，2018 年）

Petrik, D., & Herzwurm, G. (2020). Boundary resources for IIoT platforms-a complementor satisfaction study. Completed Research Paper in Forty-First International Conference on Information Systems, India 2020, 1-17.

Porter, M. (1980). *Competitive strategy.* Free Press.（マイケル・ポーター著，土岐坤・中辻萬治・服部照夫訳『新訂 競争の戦略』ダイヤモンド社，1995 年）

Qi, L., Song, H., & Xiao, W. (2024). Coopetition in platform-based retailing: On the platform's entry. *Management Science.*

Rayport, J. F., & Sviokla, J. J. (1994). Managing in the marketspace. *Harvard Business Review, 72* (6), 141-150.（ジェフリー・F・レイポート，ジョン・J・スビオクラ著，樋口泰行訳「情報流通がビジネスをつくる「空間市場」：マルチメディアによる新たな市場創造」『DIAMOND ハーバード・ビジネス・レビュー』1995 年 2-3 月, pp. 81-93, 1995 年）

Reeves, M., Lotan, H., Legrand, J., & Jacobides, M. G. (2019). How business ecosystems rise (and often fall). *MIT Sloan Management Review, 60* (4), 1-6. Retrieved from https://sloanreview.mit.edu/article/how-business-ecosystems-rise-and-often-fall/

Reillier, L. C., & Reillier, B. (2017). *Platform strategy: How to unlock the power of communities and networks to grow your business.* Routledge.（ロール・クレア・レイエ，ブノワ・レイエ著，根来龍之監訳，門脇弘典訳『プラットフォーマー 勝者の法則：コミュニティとネットワークの力を爆発させる方法』日本経済新聞出版，2019 年）

Restivo, M., & Van De Rijt, A. (2012). Experimental study of informal rewards in peer production. *PLOS ONE, 7* (3), e34358. doi: 10.1371/journal.pone.0034358

Rietveld, J., & Eggers, J. P. (2018). Demand heterogeneity in platform markets: Implications for complementors. *Organization Science, 29* (2), 304-322. doi: 10.1287/orsc.2017.1183

Rietveld, J., & Schilling, M. A. (2020). Platform competition: A systematic and interdisciplinary review of the literature. *Journal of Management, 47* (6), 1528-1563. https://doi.org/10.1177/0149206320969791

Rietveld, J., Schilling, M. A., & Bellavitis, C. (2019). Platform strategy: Managing ecosystem value through selective promotion of complements. *Organization Science, 30* (6), 1232-1251. doi: 10.1287/orsc.2019.1290

Roberts, J. A., Hann, I. H., & Slaughter, S. A. (2006). Understanding the motivations, participation, and performance of open source software developers: A longitudinal study of the Apache projects. *Management Science, 52* (7), 984-999. doi: 10.1287/mnsc.1060.0554

Rochet, J. C., & Tirole, J. (2003). Platform competition in two-sided markets. *Journal of the European Economic Association, 1* (4), 990-1029 doi: 10.1162/154247603322493212

Rochet, J. C., & Tirole, J. (2006). Two-sided markets: A progress report. *The RAND Journal of Economics, 37* (3), 645-667. doi: 10.1111/j.1756-2171.2006.tb00036.x

Rodgers, S., & Wang, Y. (2011). Electronic word of mouth and consumer generated content: From concept to application. In Eastin, M. S., Daugherty, T., & Burns, N. M. (Eds.), *Handbook of research on digital media and advertising: User generated content consumption* (pp. 212-231). IGI Global.

Rogers, E. M. (2003). *Diffusion of innovations* (5th ed.). Free Press. (エベレット・ロジャーズ著, 三藤利雄訳『イノベーションの普及』翔泳社, 2007 年)

Ross, J. M., & Sharapov, D. (2015). When the leader follows: Avoiding dethronement through imitation. *Academy of Management Journal, 58* (3), 658-679.

Rumelt, R. P. (1974). *Strategy, structure, and economic performance.* Harvard University Press. (R. P. ルメルト著, 鳥羽欽一郎・山田正喜子・川辺信雄・熊沢孝訳『多角化戦略と経済成果』東洋経済新報社, 1977 年)

Saadatmand, F., Lindgren, R., & Schultze, U. (2019). Configurations of platform organizations: Implications for complementor engagement. *Research Policy, 48* (8), 103770. doi: 10.1016/j.respol.2019.03.015

Schilling, M. A. (2003). Technological leapfrogging: Lessons from the US video game console industry. *California Management Review, 45* (3), 6-32.

Seamans, R., & Zhu, F. (2014). Responses to entry in multi-sided markets: The impact of Craigslist on local newspapers. *Management Science, 60* (2), 476-493. doi: 10.2139/ssrn.1694622

Shapiro, C., & Varian, H. R. (1998). *Information rules: A strategic guide to the network economy.* Harvard Business Press.（カール・シャピロ，ハル・R・バリアン著，千本倖生監訳『「ネットワーク経済」の法則』IDG コミュニケーションズ，1999 年）

Simon H. A. (1996). *The Science of the Arificial* (3rd ed.). MIT Press.（ハーバード・A・サイモン著，稲葉元吉・吉原秀樹訳『システムの科学（第 3 版）』パーソナルメディア，1999 年）

Singleton Jr., R. A., & Straits, B. C. (2005). *Approaches to social research* (4th Ed.). Oxford University Press.

Spector, R. (2000). *Amazon.com: Get big fast.* HarperBusiness.（ロバート・スペクター著，長谷川真実訳『アマゾン・ドット・コム』日経 BP 社，2000 年）

Suarez, F. F., & Lanzolla, G. (2007). The role of environmental dynamics in building a first mover advantage theory. *Academy of Management Review, 32* (2), 377-392.

Subramaniam, M. (2022). *The future of competitive strategy: Unleashing the power of data and digital ecosystems.* The MIT Press.

Subramanian, H., Mitra, S., & Ransbotham, S. (2021). Capturing value in platform business models that rely on user-generated content. *Organization Science, 32* (3), 804-823. doi: 10.1287/orsc.2020.1408

Tanriverdi, H., & Lee, C-H. (2008). Within-industry diversification and firm performance in the presence of network externalities: Evidence from the software industry. *Academy of Management Journal, 51* (2), 381-397. doi:10.5465/AMJ.2008.31767300

Tavalaei, M. M., & Cennamo, C. (2021). In search of complementarities within and across platform ecosystems: Complementors' relative standing and performance in mobile apps ecosystems. *Long Range Planning, 54* (5), 101994. doi: 10.1016/j.lrp.2020.101994

Teece, D. J. (1986). Profiting from technological innovation: Implications for integration , collaboration , licensing and public policy. *Research Policy, 15* (6), 285-305.

Teece, D. J. (2007). Explicating dynamic capabilities: The nature and microfoundations of (sustainable) enterprise performance. *Strategic Management Journal, 28* (13), 1319-1350.

Teece, D. J., Pisano, G., & Shuen, A. (1997). Dynamic capabilities and strategic management. *Strategic Management Journal, 18* (7), 509-533.

Thomas, L. D. W., Ritala, P., Karhu, K., & Heiskala, M. (2024). Vertical and horizontal complementarities in platform ecosystems. *Innovation: Organization & Management,* 1-25. doi:10.1080/14479338.2024.2303593

Tiwana, A. (2015). Platform desertion by app developers. *Journal of Management Information Systems, 32* (4), 40-77. doi: 10.1080/07421222.2015.1138365

Tiwana, A., Konsynski, B., & Bush, A. A. (2010). Platform evolution: Coevolution of platform architecture, governance, and environmental dynamics. *Information Systems Research, 21* (4), 675-687. https://doi.org/10.1287/isre.1100.0323

Tripsas, M., & Gavetti, G. (2000). Capabilities, cognition, and inertia: Evidence from digital imaging. *Strategic Management Journal, 21* (10-11): 1147-1161.

Tushman, M. L., & Anderson, P. (1986). Technological discontinuities and organizational environments. *Administrative Science Quarterly, 31* (3), 439-465. doi: 10.2307/2392832

Van Doorn, J., Lemon, K. N., Mittal, V., Nass, S., Pick, D., Pirner, P., & Verhoef, P. C. (2010). Customer engagement behavior: Theoretical foundations and research directions. *Journal of Service Research, 13* (3), 253-266. doi: 10.1177/1094670510375599

Von Hippel, E., & Von Krogh, G. (2003). Open source software and the "private-collective" innovation model: Issues for organization science. *Organization Science, 14* (2), 209-223. doi: 10.2139/ssrn.1410789

Wang, R. D., & Miller, C. D. (2020). Complementors' engagement in an ecosystem: A study of publishers' e-book offerings on Amazon Kindle. *Strategic Management Journal, 41* (1), 3-26. doi: 10.1002/smj.3076

Wareham, J., Fox, P. B., & Cano Giner, J. L. (2014). Technology ecosystem governance. *Organization Science, 25* (4), 1195-1215. doi: 10.1287/orsc.2014.0895

Yin, R. K. (1994). *Case study research: Design and methods* (2nd ed.). Sage Publication Inc. (ロバート・K・イン著，近藤公彦訳『新装版 ケーススタディの方法（第 2 版）』千倉書房，2011 年)

Yoffie, D. B., & Cusumano, M. A. (2015). *Strategy rules: Five timeless lessons from Bill Gates, Andy Grove, and Steve Jobs.* HarperBusiness. (デビッド・ヨッフィー，マイケル・クスマノ著，児島修訳『ストラテジー・ルールズ – ゲイツ，グローブ，ジョブズから学ぶ戦略的思考のガイドライン』パブラボ，2016 年)

Zhang, X. M., & Zhu, F. (2011). Group size and incentives to contribute: A natural experiment at Chinese Wikipedia. *American Economic Review, 101* (4), 1601-1615. doi: 10.1257/aer.101.4.1601

Zhao, Y., von Delft, S., Morgan-Thomas, A., & Buck, T. (2020). The evolution of platform business models: Exploring competitive battles in the world of platforms. *Long Range Planning, 53* (4), 101892. doi: 10.1016/j.lrp.2019.101892

Zhu, F., & Iansiti, M. (2012). Entry into platform-based markets. Strategic *Management Journal, 33* (1), 88-106. doi: 10.1002/smj.941

Zhu, F., & Iansiti, M. (2019). Why some platforms thrive and others don't. *Harvard Business Review, 97* (1), 118-125. (フェン・チュウ，マルコ・イアンシティ著，鈴木立哉訳『プラットフォームが成功する理由 失敗する理由』2019 年 8 月, pp. 16-27, 2019 年)

日本語文献

青木慶（2016）「企業と消費者の競争活動における，参加者のモチベーションに関する研究：クックパッド・楽天レシピ 比較事例研究」『マーケティングジャーナル』*35*（4），105-125.

青木哲也（2021）「顧客対応の可視性とカスタマー・エンゲージメント管理：YouTube コメントデータを用いた実証分析」『組織科学』*54*（3），59-71.

青木昌彦（2002）「産業アーキテクチャのモジュール化：理論的イントロダクション」青木昌彦・安藤晴彦編著『モジュール化：新しい産業アーキテクチャの本質』（pp. 3-31）東洋経済新報社.

足代訓史（2022）「プラットフォームの独自性の変容：ミクシィにみるユーザーのエンゲージメント行動の変化」『VENTURE REVIEW』*39*，47-61.

足代訓史・木川大輔（2022）「成熟プラットフォームビジネスの競争力の促進・阻害要因」『赤門マネジメント・レビュー』*21*（4），105-138.

足代訓史・木川大輔（2022）「CGM 型プラットフォームにおける規模追求がもたらす慣性」『日本経営学会誌』*51*，3-17.

網倉久永・新宅純二郎（2011）『経営戦略入門』日本経済新聞出版社.

池田信夫（2002）「ディジタル化とモジュール化」青木昌彦・安藤晴彦編著『モジュール化―新しい産業アーキテクチャの本質』（pp. 103-124）東洋経済新報社.

伊丹敬之（1984）『新・経営戦略の論理』日本経済新聞社.

伊丹敬之（2012）『経営戦略の論理（第 4 版）』日本経済新聞出版社.

今井賢一・國領二郎編著（1994）『プラットフォーム・ビジネス』情報通信総合研究所.

大木清弘（2010）「目指すべき多角化戦略とは何だったのか？：Rumelt 研究再考」『赤門マネジメント・レビュー』*9*（4），243-264.

小川紘一（2015）『オープン & クローズ戦略：日本企業再興の条件（増補改訂版）』翔泳社.

金森剛（2009）『ネットコミュニティの本質』白桃書房.

川浦康至・坂田正樹・松田光恵（2005）「ソーシャルネットワーキング・サービスの利用に関する調査：mixi ユーザの意識と行動」『コミュニケーション科学』（23），91-101.

木川大輔（2024）「プラットフォーム境界資源と補完者エンゲージメント：ニコニコ動画・ニコニコチャンネルの事例分析」『組織科学』*58*（2），60-72.

木川大輔（2025）「衰退する成熟プラットフォームビジネスの分析視角：補完者エンゲージメントの喪失に着目した理論的検討」『経済研究（明治学院大学経済学部）』*169*，85-98.

木川大輔・足代訓史（2022）「補完者エンゲージメントのマネジメントによるプラットフォームの生存戦略」『東洋学園大学社会科学系 Working Paper Series』*005*

木川大輔・足代訓史（2023）「既存プラットフォームが存在する市場への参入戦略：オンラインレシピサービス市場の事例に基づく探索的研究」『VENTURE REVIEW』*42*，51-65.

木川大輔・足代訓氏（2024）「ソーシャルメディア型プラットフォームにおける水平的補完性と補完者エンゲージメント」明治学院大学経済学部 Discussion Paper No.24-03，1-18.

木川大輔・高橋宏和・松尾隆（2020）「エコシステム研究の評価と再検討」『経済経営研究』(2), 1-22.

木村弘毅（2018）『自己破壊経営：ミクシィはこうして進化する』日経 BP 社.

國領二郎（1995）『オープン・ネットワーク経営』日本経済新聞社.

國領二郎（1998）「プラットフォーム型経営戦略と協働の未来形」『組織科学』*31*（4）, 4-13.

國領二郎（1999）『オープン・アーキテクチャ戦略』ダイヤモンド社.

澁谷覚（2009）「マーケティング研究におけるケース・スタディの方法論」嶋口充輝監修, 川又啓子・余田拓郎・黒岩健一郎編著『マーケティング科学の方法論』(pp. 111-139) 白桃書房.

嶋口充輝（1986）『統合マーケティング：豊饒時代の市場志向経営』日経 BP マーケティング.

立本博文（2017）『プラットフォーム企業のグローバル戦略：オープン標準の戦略的活用とビジネス・エコシステム』有斐閣.

田村正紀（2006）『リサーチ・デザイン：経営知識創造の基本技術』白桃書房.

出口弘（1995）「産業基盤としての情報インフラストラクチャ：分散サーバの時代を迎えて」『経営情報学会誌』*4*（2）, 21-36.

西川英彦・岸谷和広・水越康介・金雲鎬（2013）『ネット・リテラシー』白桃書房.

沼上幹（2008）『わかりやすいマーケティング戦略（新版）』有斐閣アルマ.

沼上幹（2009）『経営戦略の思考法』日本経済新聞出版社.

根来龍之（2017）『プラットフォームの教科書：超速成長ネットワーク効果の基本と応用』日経 BP 社.

根来龍之・大嵜昌子・木村俊也（2012）「SNS におけるアクティブユーザーの特性」『経営情報学会 2012 年春季全国研究発表大会要旨集』1-4.

根来龍之・加藤和彦（2010）「プラットフォーム間競争における技術「非」決定論のモデル：ソフトウェア製品における WTA のメカニズムと対抗戦略」『早稲田国際経営研究』(41), 79-94.

根来龍之・木村誠（1999）『ネットビジネスの経営戦略：知識交換とバリューチェーン』日科技連出版.

根来龍之監修・早稲田大学 IT 戦略研究所編（2006）『mixi と第二世代ネット革命：無料モデルの新潮流』東洋経済新報社.

延岡健太郎（1996）『マルチプロジェクト戦略：ポストリーンの製品開発マネジメント』有斐閣.

延岡健太郎（2006）「マルチプロジェクト戦略：自動車の製品開発におけるプラットフォーム・マネジメント」藤本隆宏・武石彰・青島矢一編著『ビジネスアーキテクチャ：製品・組織・プロセスの戦略的設計』(pp. 127-151) 有斐閣.

濱野智史・佐々木博（2011）『日本的ソーシャルメディアの未来』技術評論社.

ピクシブ通信編集部（2011）『pixiv 年鑑 2011 オフィシャルブック』エンターブレイン.

堀新一郎・琴坂将広・井上大智（2020）『STARTUP 優れた起業家は何を考え，どう行動したか』NewsPicks パブリッシング.

前中泉（2006）「現実とネットが交差するSNS：mixi」石井淳蔵・水越康介編著『仮想経験のデザイン：インターネット・マーケティングの新地平』（pp. 149-169）有斐閣.

山口真一（2016）「ネットワーク外部性の時間経過による効果減少と普及戦略：ゲーム産業の実証分析」『組織科学』49 (3), 60-71.

山畑健太郎（2018）「エブリー「DELISH KITCHEN」：分散型メディアの可能性と限界」『早稲田大学IT戦略研究所ケーススタディ』(30), 1-6.

山本晶・松村真宏（2017）「顧客のエンゲージメント価値の測定」『マーケティングジャーナル』36 (4), 76-93.

湯川鶴章（2007）『ウェブを進化させる人たち』翔泳社.

吉原英樹・佐久間昭光・伊丹敬之・加護野忠男（1981）『日本企業の多角化戦略：経営資源アプローチ』日本経済新聞社.

索　　引

【事項】

欧文

4G　112, 159
API　41, 137, 138, 148, 151, 160, 200, 217
Facebook　77, 138, 143, 149, 150, 160, 166, 237
get-big-fast 戦略　3, 19, 32, 176, 184, 235
KPI　62, 73, 163, 165
LTE　98, 157
MAU　62
mixi アプリ　137
mixi ページ　149
mixi ボイス　134, 138, 142, 149, 151, 161
pixiv　193, 194, 220
Twitter　77, 138, 143, 149, 150, 160, 166, 237
UGC　iii, 55, 57, 59, 60, 70-72, 127, 134, 168, 198, 202
WAU　62
winner-takes-all　i
YouTube　77, 92, 95, 98, 158, 166, 237
YouTuber　95, 98, 112, 157, 207

ア行

アーキテクチャ　38, 42, 43
足あと機能　136, 139, 145, 149, 150, 169, 173
アタリショック　43
アプリケーション境界資源　200
イイネ！　134, 138, 142, 145, 149-151, 161, 166
インストールド・ベース　14, 15, 152, 173
インセンティブ設計　237
インターフェース　38, 42
閲覧者　56

炎上事件　86, 88, 90, 92, 166, 167
オーバーエクステンション　188
オープン／クローズ　39, 43, 46

カ行

開発境界資源　200
カスタマーエンゲージメント　58
価値提案　35, 72, 74
環境変化　62, 65, 66, 74, 75, 77, 122, 146, 150, 162, 165, 166, 237, 240
慣性の優位性　104
間接ネットワーク効果　2, 13, 15, 34, 57, 98, 158, 230
関連多角化　187
企業ベース　63
基盤型プラットフォーム　29, 31, 51
規模の経済　134, 152, 169
クックパッド　i, 77, 107, 159
クラウディングアウト　40
クラシル　112, 113, 167, 173
クリエイター奨励プログラム　94, 95, 99, 158, 171
クリティカル・マス　14
経営者の認知的慣性　168
経済的インセンティブ　70
経済的動機　48, 51, 55, 57, 84
系列としてのエコシステム　28
コア・コンピタンス　187
構造としてのエコシステム　28
顧客ベース　63
コスト・リーダーシップ戦略　133
コミュニティ機能　136
コメント機能　87, 167, 171
固有の特色　132, 151-153,

169, 173, 238
コンサマトリー参加　48, 170
コンテクストベース　63

サ行

差別化　133, 152, 168, 169, 211
差別化された特色　37
事業の多角化　185
事実上の標準（デファクト・スタンダード）　12
市場地位別の戦略定石　133, 151
シナジー効果　186
社会的・互恵的な動機　48, 170, 198
社会的境界資源　200
勝者総取り　i, 2, 14, 33, 39, 152, 217, 235, 245
招待制　136, 148, 161, 169, 173
承認欲求　167, 168
情報資源の多重活用　188
垂直的補完性　216
スイッチングコスト　33, 34, 41, 46, 57, 65, 73
水平的補完性　216, 218, 230, 232, 239, 241
成熟プラットフォーム　43
成熟プラットフォームビジネス　21
製品アーキテクチャ　85
製品市場関連多角化戦略　189
ソーシャルメディア型プラットフォーム　47, 51, 53, 70, 192, 237
ソフトウェア開発キット　41, 200

タ行

代替品　64, 67, 74
ダイナミック・ケイパビリ

ティ　175, 241
多角化　242, 245
多面市場　15
チキンエッグ問題　15, 16, 19
蓄積された能力による慣性　126, 127, 168
調整効果　63, 66
直接ネットワーク効果　2, 12, 16, 57
デジタル・インターフェース　36, 56
デリッシュキッチン　112, 113, 167, 173
投稿者　56
同質化　133, 151-153, 167, 169, 173, 237
同質化対応　149
独自性の論理　42, 46

ナ行

内発的動機　48, 170, 198
ニコニコチャンネル　193, 201, 202
ニコニコ動画　i, 77, 87, 157
二重の慣性　126, 168
日記機能　136
認知的慣性　85, 101, 104, 126, 127, 167, 213
認知的な慣性　67
ネット動画元年　95, 112
ネットワーク外部性　6, 7
ネットワーク効果　2, 12, 14, 40, 41, 104, 151, 198, 199, 235, 245
能力増強型イノベーション　65
能力の硬直性　67
能力破壊型イノベーション　65

ハ行

媒介型プラットフォーム　29, 51
ハイブリッド・プラットフォーム　32, 52
ハッシュタグ検索　114
バンドリング戦略　17
非関連多角化　187
非経済的インセンティブ　70
非経済的動機　49, 51, 55, 84
ビジネス・エコシステム　28
ビジネスモデル　74
ファーストパーティー　190
ファーストパーティコンテンツ　126
負の間接ネットワーク効果　125, 159
プラットフォーム　47
プラットフォーム・エンベロープメント　17, 41, 190, 241
プラットフォーム関連多角化戦略　189
プラットフォーム境界資源　36, 194, 199, 212, 239, 241
プラットフォームの境界　36, 184, 200
プラットフォームの多角化　194, 216, 238, 246
プラットフォームビジネス　1, 10, 11
プラットフォーム離脱　41
分散型メディア　115, 126
補完資産　85
補完者エンゲージメント　43, 49, 58, 59, 61, 70-72, 192, 198
補完者エンゲージメント行動　60, 62, 99, 101, 124, 149,

163, 198, 230, 236, 237
補完者の動機づけ　237
補完者マネジメント　62, 64, 70-73, 99, 124, 148, 153, 162, 237
補完品　1, 11
補完品市場　189, 190, 192, 217

マ行

マルチサイドプラットフォーム　29
マルチホーミング　33, 37, 46, 65, 73, 75, 99, 101, 117, 125, 149, 150, 158, 166
見えざる資産　187
ミクシィ（mixi）　i, 77, 135, 160
ミクシィ疲れ　139
モジュール化　6
モジュラー型アーキテクチャ　6
モバイルインターネット　74, 100, 157, 159, 237
モバイルインターネット回線　85

ヤ行

ユーザー生成コンテンツ　→ UGC

ラ行

流通チャネルの支配力　152, 169
利用者　56
レーザー・アンド・ブレードモデル　104
レッドオーシャン　245

【人名】

欧文

Adner, R. 28
Agarwal, A. 37, 64, 126, 190, 192, 217
Agarwal, S. 216
Ajiro, S. 10, 29, 31
Anderson, P. 64, 66, 85, 126, 127, 153, 168
Ansoff, H. I. 185, 186
Bacharch, S. B. 243
Baldwin, C. Y. 6, 38, 39
Barney, J. 133
Borner, K. 216
Boudreau, K. J. 36, 39, 40, 43, 44, 48, 53, 58, 61, 72, 84, 151, 174, 176, 177, 198, 199, 212, 217
Bower, J. L. 66, 85, 105
Bughin, J. P. 57
Ceccagnoli, M. 44, 198
Cenamor, J. 190, 192, 217
Cennamo, C. 19, 27, 31-33, 38-40, 42, 44, 48, 52, 59, 60, 70, 132, 134, 152, 170, 173, 177, 198, 211, 212, 217, 244
Christensen, C. M. 66, 84, 85, 105, 126, 175, 213
Chung, H. D. 191
Clark, K. B. 6, 38, 39, 66, 85, 105, 126, 127, 153, 168
Cusumano, M. A. 3, 4, 8, 11, 14, 17, 20, 29, 31, 32, 38, 47, 52, 64-66, 235
Dal Bianco, V. 199, 200
Daugherty, T. 55
Edelman, B. 34
Eggers, J. P. 40, 53, 173, 177, 211
Eisenhardt, K. M. 76, 175, 241
Eisenmann, T. 11, 13, 14, 16-18, 29, 33, 35, 37, 41, 47, 64, 190, 192, 217, 241
Engert, M. 36, 199-201, 212

Evans, D. S. 14, 16, 35
Foerderer, J. 44
Gavetti, G. 67, 84, 85, 100, 104, 126, 127, 153, 167, 168
Gawer, A. 11, 29, 31, 36, 38, 39, 47, 56, 175, 177, 184, 185, 189, 190, 192, 200, 216
Ghazawneh, A. 199, 241
Graebner, M. E. 76
Grove, A. S. 4
Guyader, H. 191, 192, 218
Hagiu, A. 3, 11, 29, 126, 235, 240
Hamel, G. 133, 187
Harmeling, C. M. 58
Hein, A. 2, 10
Henderson, R. M. 66, 85, 105, 126, 127, 153, 168, 189, 190, 192, 216
Henfridsson, O. 199, 241
Herzwurm, G. 199, 200
Huang, P. 44
Iansiti, M. 8, 28, 42, 53, 132, 152
Isckia, T. 9, 20, 28, 33, 35, 151, 175, 185
Jacobides, M. G. 57, 59, 105
Jain, S. 48
Jeppesen, L. B. 48, 72, 84, 174, 198, 212
Johnson, N. L. 3, 16, 47, 53, 235, 240
Kane, G. C. 57
Kapoor, R. 216
Karhu, K. 2, 10, 31, 33, 36, 41, 132, 152, 199
Katz, M. L. 2, 12, 14, 132
Kumar, V. 58-60
Lanzolla, G. 105
Lee, C-H. 189
Lee, E. 2, 19, 32, 177
Leonard-Barton, D. 66, 67, 84, 104, 126, 127, 153, 168, 176
Levien, R. 28
Li, H. 33, 34, 37, 38, 64, 65
Li, Z. 64, 126, 190, 192, 217

Malone, T. W. 11
Malthouse, E. C. 58
Mantovani, A. 44
Martin, J. A. 175, 241
McIntyre, D. P. 9, 20, 32, 34-36, 38, 42, 43, 46, 73, 132, 152, 169, 185
Meyer, M. H. 10
Miller, C. D. 34, 65
Moazed, A. 3, 16, 47, 53, 235, 240
Negoro, T. 10, 29, 31
Osterloh, M. 48, 170, 175, 198
Osterwalder, A. 35
Pansari, A. 58
Parker, G. 3, 8, 11, 15, 16, 20, 29, 35, 43, 47, 49, 53, 132, 235, 240
Petrik, D. 199, 200
Piscicelli, L. 191, 192, 218
Porter, M. 64, 187
Prahalad, C. K. 133, 187
Qian, K. 48
Ransbotham, S. 57
Rayport, J. F. 11
Reeves, M. 20
Reillier, B. 9, 20
Reillier, L. C. 9, 19
Restivo, M. 48, 170, 175, 198
Rietveld, J. 39, 40, 43, 53, 173, 177, 190, 192, 211, 217
Ritala, P. 2, 10, 31, 33, 36, 41, 132, 152, 199
Roberts, J. A. 48, 170, 175, 198
Rochet, J. C. 15, 33, 65
Rodgers, S. 55
Rosenbloom, R. S. 66, 105
Ross, J. M. 151
Rota, S. 48, 170, 175, 198
Ruiz-Aliseda, F. 44
Rumelt, R. P. 187
Saadatmand, F. 29, 43, 44, 58, 198
Santalo, J. 19, 40, 42, 44, 132, 152, 177, 211, 217
Schilling, M. A. 132, 152,

190, 192, 217
Schmalensee, R. 14
Seamans, R. 49, 132
Shapiro, C. 2, 12, 14, 15, 132
Sharapov, D. 151
Simon, H. A. 6
Singleton Jr., R. A. 79
Spector, R. 235
Spulber, D. 126
Srinivasan, A. 32, 34, 38, 73, 132, 152, 169
Straits, B. C. 79
Suarez, F. F. 105
Subramaniam, M. 200
Subramanian, H. 34, 48, 56, 66, 75, 175
Sviokla, J. J. 11
Tanriverdi, H. 189, 189
Tavalaei, M. M. 42
Teece, D. J. 85, 175, 241
Thomas, L. D. W. 216, 217, 232, 241
Tirole, J. 15, 33, 65
Tiwana, A. 36, 40, 43, 44, 53, 61, 191, 192, 199, 212, 218
Tripsas, M. 66, 67, 84, 85, 100, 104, 126, 127, 153, 167, 168
Tushman, M. L. 64, 66, 85, 126, 127, 153, 168
Van Alstyne, M. 3, 16, 35, 43, 49, 235, 240

Van De Rijt, A. 48, 170, 175, 198
Van Doorn, J. 59, 60, 63, 74
Varian, H. R. 15
Von Hippel, E. 48, 170, 175
Von Krogh, G. 48, 170, 175
Wang, R. D. 34, 65
Wang, Y. 55
Wareham, J. 9, 43, 176, 177
Yin, R. K. 77
Yoffie, D. B. 3, 4, 12, 17, 29, 235, 240
Zhang, X. M. 48, 170, 175, 198
Zhao, Y. 37, 64, 191, 192, 218
Zhu, F. 8, 34, 38, 42, 48, 49, 53, 64, 65, 132, 152, 170, 175, 198

和文

青木昌彦 6
足代訓史 84, 132
網倉久永 169
池田信夫 6
伊丹敬之 133, 176, 187, 188
今井賢一 11
小川紘一 39
笠原健治 135, 137, 144, 145,

152
加藤和彦 19
金森剛 48, 170
川浦康至 145
川上量生 88, 89
木川大輔 7, 12, 57, 132
木村弘毅 144
木村誠 11
栗田穣崇 89
グローブ, A. 5, 4
國領二郎 6, 11, 37
澁谷覚 76
嶋口充輝 151, 169
新宅純二郎 169
立本博文 17, 39, 61
田村正紀 76
出口弘 11, 31, 38
夏野剛 207, 208
西川英彦 145
沼上幹 133, 169, 186, 187
根来龍之 11, 19, 29, 31, 80, 135, 136, 137, 150
延岡健太郎 10
堀新一郎 80
前中泉 80, 135, 136, 145
松村真宏 60, 134
山口真一 40
山畑健太郎 80, 126
山本晶 60, 134
湯川鶴章 137
吉原英樹 185, 187
早稲田大学 IT 戦略研究所 80, 135-137

■著者紹介

木川　大輔　（きかわ　だいすけ）　　編著者　〔序章－終章〕

明治学院大学経済学部 准教授

1982 年生まれ。2017 年首都大学東京（現 東京都立大学）大学院社会科学研究科博士後期課程修了，博士（経営学）。民間企業勤務を経て，2018 年東洋学園大学現代経営学部専任講師，2021 年同准教授を経て，2023 年より現職。日本ベンチャー学会第 12 回清成忠男賞論文部門本賞（2017 年），同第 9 回書籍部門（2021 年）受賞。

研究分野：
経営戦略，イノベーション・マネジメント

主要業績：
『医薬品研究開発のエコシステム』中央経済社，2021 年
『コーポレート・アントレプレナーシップ：日本企業による新事業創造（都市経営研究叢書 8）』日本評論社，2021 年（分担執筆）
「外部知識の獲得と技術のライフサイクル：バイオテクノロジー産業における抗体医薬品の事例」『組織科学』49（4），2016 年

足代　訓史　（あじろ　さとし）〔第 1，4-6，10 章〕

専修大学経営学部 教授

1978 年生まれ。2002 年早稲田大学商学部卒業。2008 年早稲田大学大学院商学研究科博士後期課程単位取得満期退学。博士（商学）。株式会社日本総合研究所，拓殖大学商学部等を経て，2023 年より現職。

研究分野：
アントレプレナーシップ，競争戦略

主要業績：
『この一冊で全部わかる ビジネスモデル：基本・成功パターン・作り方が一気に学べる』SB クリエイティブ，2020 年（共著）
「プラットフォームの独自性の変容：ミクシィにみるユーザーのエンゲージメント行動の変化」『VENTURE REVIEW』（42），2022 年
「マーケティング機能をめぐるプラットフォームと個別事業者の相互作用的進化」『マーケティングジャーナル』41（2），2021 年（共著）

成熟プラットフォームの持続的成長戦略
―競争環境下の衰退現象と再成長への着目

▨ 発行日──2025年3月31日　初版発行　　　　〈検印省略〉

▨ 編著者──木川　大輔

▨ 発行者──大矢栄一郎

▨ 発行所──株式会社　白桃書房
　　　　　　〒101-0021　東京都千代田区外神田5-1-15
　　　　　　☎03-3836-4781　📠03-3836-9370　振替00100-4-20192
　　　　　　https://www.hakutou.co.jp/

▨ 印刷・製本──藤原印刷

Ⓒ KIKAWA, Daisuke 2025　　ISBN 978-4-561-26798-0 C3034　　Printed in Japan

本書のコピー，スキャン，デジタル化等の無断複製は著作権法上での例外を除き禁
じられています。本書を代行業者等の第三者に依頼してスキャンやデジタル化する
ことは，たとえ個人や家庭内の利用であっても著作権法上認められておりません。

JCOPY ＜出版者著作権管理機構　委託出版物＞
本書の無断複写は著作権法上での例外を除き禁じられています。複写される場合は，
そのつど事前に，出版者著作権管理機構（電話 03-5244-5088，FAX 03-5244-5089，
e-mail : info@jcopy.or.jp）の許諾を得てください。

落丁本・乱丁本はおとりかえいたします。

好 評 書

西山浩平【著】
オンラインプラットフォームの経営
　　―ユーザー参加を促すメカニズムのデザイン

本体価格 3364 円

進藤美希【著】
デジタルマーケティング大全
　　―新時代のビジネスモデルを切り拓く

本体価格 2727 円

菅谷 実・山田徳彦【編著】
情報通信産業の構造変容
　　次世代移動ネットワークがもたらすイノベーション

本体価格 2545 円

石井正道【著】
非連続イノベーションの戦略的マネジメント［改訂版］

本体価格 2818 円

大薗恵美・児玉充・谷地弘安・野中郁次郎【著】
イノベーションの実践理論

本体価格 3500 円

喜田昌樹【著】
ビジネス・データサイエンス入門
　　―データ分析業務の自動化とデータサイエンティストのリスキリング

本体価格 3364 円

D・ロジャース【著】　笠原英一【訳】
ＤＸ戦略立案書
　　― CC-DIV フレームワークでつかむデジタル経営変革の考え方

本体価格 4200 円

―――――― 東京　白桃書房　神田 ――――――

本広告の価格は本体価格です。別途消費税が加算されます。